Edition Flusser · Band II

EDITION FLUSSER
Herausgegeben von
Andreas Müller-Pohle

Die Geschichte des Teufels ist Vilém Flussers erstes Buch und, nach Meinung seines Freundes Milton Vargas, sein bestes. Obwohl in deutscher Sprache geschrieben und bereits 1965 in São Paulo unter dem Titel *A história do diabo* erschienen, ist dies die erste deutschsprachige Veröffentlichung.

»Die Geschichte des Teufels, das ist die Geschichte des Fortschritts«, schreibt Vilém Flusser, »wir hätten unser Buch ebensogut ›Evolution‹ nennen können. Und Fortschritt ist selbstverständlich mit Geschichte identisch: Nur was sich entwickelt, das hat Geschichte. Wir sehen also, Teufel und Fortschritt und Geschichte, das sind Synonyme. Wir hätten unser Buch auch ›Die Geschichte der Geschichte‹ oder ›Teufel des Teufels‹ nennen können.«

Anhand der sieben Todsünden entwickelt Vilém Flusser eine Kritik der Wissenschaft, der Technik, der Ökonomie, der Kunst und so weiter in der Hoffnung, die Fäden des Netzes, die unseren Geist gefangenhalten, zu zerreißen und so einen neuen Blick auf unsere Lage zu gewinnen. Diese Absicht, der brasilianischen Ausgabe vorangestellt, gilt für Vilém Flussers gesamtes weiteres Denken und macht dieses Buch zum wohl wichtigsten Schlüssel zu seinem Gesamtwerk.

Vilém Flusser, 1920–1991, Kultur- und Kommunikationsphilosoph. Hauptwerke: *Für eine Philosophie der Fotografie* (Göttingen 1983), *Ins Universum der technischen Bilder* (Göttingen 1985), *Die Schrift – Hat Schreiben Zukunft?* (Göttingen 1987), *Gesten* (Bensheim 1991).

Vilém Flusser

Die Geschichte des Teufels

EDITION FLUSSER

Uxori omnia mea.

Flusser, Vilém: Edition Flusser / hrsg. von Andreas Müller-Pohle. –
Berlin: European Photography. ISBN 3-923283-38-5

Bd. 2. Flusser, Vilém: Die Geschichte des Teufels. – 3. Aufl. – 2006

Flusser, Vilém: Die Geschichte des Teufels / Vilém Flusser. – 3. Aufl. –
Berlin: European Photography, 2006
(Edition Flusser; Bd. 2). ISBN 3-923283-40-7

Zweite Auflage 1996
Dritte Auflage 2006

Herstellung: Hubert & Co., Göttingen

Edition Flusser, Postfach 08 02 27, 10002 Berlin, www.flusser.net

INHALT

Gott ist ein lauter Nichts, ihn rührt kein Nun noch Hier,
je mehr du nach ihm greifst, je mehr entwird Er dir.
Angelus Silesius

EINLEITUNG

Ob in der deutschen Sprache das Wort »Geschichte« mit dem Wort »Schicht« zusammenhängt, wollen und müssen wir den Etymologen überlassen. An unserem etymologisch naiven Ohr wollen wir jedoch diesen geheimnisvollen Akkord unkritisch vorbeiklingen lassen und uns erfassen lassen von seinem viel- und tiefgründigen Schillern, wenn wir darangehen, uns dem Fürsten der dunklen Schichten zu nähern. Denn ganz wie dem Gottessucher der Herr erscheint in unendlich vielen Aspekten, so daß er aus *embarras de choix* nicht weiß, wo ihn zu fassen, so erscheint auch dem Teufelssucher der Teufel. Nur ist die Gottheit zeitlos, sie *ist* ganz einfach, und anderswo rollt der Strom des Geschehens. Der Teufel hingegen mag unsterblich sein, doch hat er einen Anfang. Er schwimmt im Strom der Zeit, vielleicht lenkt er ihn, jedenfalls hat er eine Geschichte. Man könnte sogar so weit gehen, zu sagen, daß mit dem Teufel die Zeit beginnt, daß sein Erschaffen oder sein Sturz der Auftakt zum Drama der Zeiten ist, daß Geschichte und Teufel eins sind. Man könnte sagen, daß die Flucht vor dem Teufel ein Auftauchen aus dem Zeitlichen ist, ein Erheben ins Reich der zeitlosen Mütter. Allein damit hätten wir einen negativen Standpunkt zum Teufel eingenommen. Voreingenommen gegen ihn würden wir uns ihm nähern. Wenn wir ihm aber gerecht werden wollen, dann müssen wir uns hüten, gleich zu Beginn der antiteuflischen Propaganda zu verfallen. Ein Fürst, der im Laufe der menschlichen Geschichte so viele von uns erfaßt hat und mitgerissen und zu dessen Ruhm so viele Märtyrer, Hexenmeister und Hexen mit glühender Hingabe in die Flammen schritten, so einer verlangt, daß man sich zu ihm mit offenem Geist wende, will man von ihm auch nur einen Teil seines Wesens erfahren.

Wir Okzidentalen sind allerdings gewöhnt, den Teufel in negativen Farben zu malen, als Gegenspieler Gottes. Aber selbst das ist vielleicht zu viel gesagt, in letzter Zeit scheint sich der Westen mit dem Malen des Teufels wenig beschäftigt zu haben. Selbst unsere Religionen scheinen es unterlassen zu wollen, den Teufel an die Wand zu malen. Doch uns scheint dieses Verschweigen und Vergessen des Teufels, dieses »Nicht gedacht soll seiner werden«, nicht ganz geheuer. Uns scheint, als ob die Epochen, in denen der Teufel auf der Tagesordnung der öffentlichen Debatten stand (also das dreizehnte bis sechzehnte Jahrhundert), gerade solche Zeiten waren, in denen seine Stellung wankte. Eine Betrachtung der jüngsten Geschichte hingegen läßt eher auf eine Konsolidierung seiner Herrschaft schließen. Eben diese Überlegung ist eines der Motive für das Entstehen dieses Buches. Wie gesagt, sind wir gewöhnt, den Teufel negativ zu schildern. Für uns ist er der Geist, der stets verneint, verführt, verwirrt und vernichtet. Selbst wenn wir diese Attribute nicht vorschnell zu werten versuchen und also offen lassen, ob er das alles nicht mit Recht tut, so glauben wir nicht, daß wir auf diese Weise zu einem Verständnis des Teufels gelangen. Um seine Motive, seine Methoden, kurz: um sein Schicksal kennenzulernen, müssen wir uns nach positiven Aspekten seines Charakters umsehen. Sein Wirken und Walten in der Welt und in uns ist ja so reich und mächtig, daß es uns an Fingerzeigen nicht eben fehlen sollte. Die ganze Sinfonie der Gesittung, das Stürmen der Menschheit gegen die göttlichen Grenzen, das promethische Ringen um das Feuer der Freiheit, mit anderen Worten: Wissenschaft, Kunst und Philosophie, sind ja, von seinem Standpunkt aus gesehen, ein herrliches Werk des Teufels. Oder, vom umgekehrten Standpunkt, sind sie ein Teufelsblendwerk. Andererseits sind auch unsere kleinen und ganz privaten Freuden, das Sammeln von Kapital und das Huren zum Beispiel, dem Teufel zu verdanken. Wenn wir bedenken, welch eine Entwicklung all diese Tätigkeiten im Laufe der Geschichte erfuhren und wie himmelweit sie sich entfernt haben vom naiven Sündenfall im Paradies, dann gewinnen wir einen Sinn für die unendlich vielen positiven Aspekte des Teufels.

Allerdings wird es uns schwerfallen, in diesem beinahe unendlichen Strom der Phänomene den teuflischen Einfluß vom göttlichen zu trennen. Diese Schwierigkeit ist uns allen ja zur Genüge bekannt, sie bildet das Thema des Gewissens und damit das Thema des Lebens. Wir wollen daher in unserem Buch (vielleicht ganz willkürlich), um uns die Sache einfach zu machen, alles, was aus der Zeit hinausweist, »göttlichen Einfluß« nennen, und alles zeitlich Gebundene dem Teufel zuschreiben. Als Entschuldigung für eine solche Simplifikation wollen wir auf die jahrtausendealte Tradition von Osten und Westen weisen. Wir werden das Göttliche so verstehen, daß es wirkt in der Welt der Phänomene, um diese aufzulösen und zu erlösen, das heißt zum »Ding an sich«, zum reinen zeitlosen Sein zu reduzieren. Der Teufel aber wirkt in der Welt, um die Phänomene zu erhalten, um zu verhüten, daß sie zu Noumena werden. Vom Standpunkt des Dings an sich ist Gott Schöpfer und Erhalter, und der Teufel ist Vernichter. Vom Standpunkt der phänomenalen Welt ist der Teufel das erhaltende Prinzip und Gott, euphemistisch gesagt, des Schmiedes reinigendes Feuer. Diese Überlegung allein verwirrt schon unsere traditionellen Begriffe von Himmel und Hölle. Die Aufgabe des Teufels scheint es zu sein, die Welt in der Zeit zu erhalten. Eine Niederlage des Teufels (so unvorstellbar sie auch ist) wäre eine kosmische Katastrophe. Die Welt würde sich plötzlich auflösen und erlösen in Gott dem Herrn, und nichts bliebe übrig. Wenn wir bedenken, daß die Welt und der Teufel von Gott erschaffen wurden, dann beginnen wir, die Aufgaben und die Motive des Teufels positiv zu werten, sie kommen uns ein klein wenig näher. Was dunkel bleibt und dunkler wird, das sind die Motive der Gottheit. Wir erkennen schon jetzt, daß der Teufel uns bei weitem näher ist als der Herr, daß er uns viel verwandter ist und daß zu ihm zu gelangen viel einfacher und bequemer ist, als sich durchzuringen zum Herrn. Doch wollen wir auch mit diesem Satz kein Urteil gegen den Teufel fällen. Im Gegenteil, in unserem Inneren entsteht die erste Sympathie mit dieser verwandten und vielleicht auch unglücklichen Seele. Allerdings, so nah verwandt und verständlich ist uns der Teufel doch nicht. *Er* ist einheitlich, *er* kennt seine Pflicht, *er* fühlt sich im Recht, *wir* aber sind vom Zweifel zerrissen. Sein Weg ist ihm klar gezeichnet, und er erfüllt seine Aufgabe, besonders in unseren Tagen, in bewundernswertem Glanze. Wir aber können ihm oder der Gottheit folgen und irren daher im Kreise. Der wahre Fortschritt in der Welt ist eine Sache des Teufels. Der schreitet seinen Weg, und die Geschichte singt den Ruhm seines glänzenden Fortschritts. Die Menschheit ist so nah oder fern vom Ziel wie Adam und Eva. Einige von uns sind zwar seither zu Gott gelangt und andere haben sich zum Teufel geschert, aber im großen und ganzen schwanken wir in der Mitte. Die Geschichte des Teufels, das ist die Geschichte des Fortschritts, wir hätten unser Buch ebensogut »Evolution« nennen können. Und Fortschritt ist selbstverständlich mit Geschichte identisch: Nur was sich entwickelt, das hat Geschichte. Wir sehen also, Teufel und Fortschritt und Geschichte, das sind Synonyme. Wir hätten unser Buch auch »Die Geschichte der Geschichte« oder »Teufel des Teufels« nennen können.

Wenn wir schon beim Wortspiel sind, wollen wir uns an die »Schicht« erinnern. Wir wollen versuchen, uns vor Augen zu halten, auf wie unendlich geschichtete Art der Teufel wirkt und waltet. Und in jeder Schicht seines Reiches erwecken der Teufel und sein Fortschritt unsere Bewunderung und unser Staunen. Wenn wir zum Beispiel aus der Fülle der Werke des Teufels nur seine einfachsten Werkzeuge heben und die Entwicklung vom Liebestrunk zum Vitamin E betrachten, oder vom Hexenbesen zum Sputnik, dann gewinnen wir einen ersten und kurzen Einblick in seine geniale Methode des Fortschritts.

So interessant und so aufregend es sein mag, den Weg des Teufels auf möglichst vielen Schichten zu verfolgen, so ist das doch im Prinzip nicht die Methode, die wir in unserem Buche anwenden wollen. Zwar werden wir oft Gelegenheit haben, auf einzelne Phasen des teuflischen Fortschritts auf vielen Niveaus hinzuweisen, doch ist das nicht das Ziel dieses Buches. Sondern wir hoffen, den Teufel als Ganzen kennenzulernen, sozusagen eine Warte zu erklimmen, die uns einen Ausblick auf die Gesamtheit des Teufels bietet.

Andererseits wollen wir uns die Sache auch nicht wieder gar zu einfach machen und nur von oben herab über den Teufel schreiben. Wir werden uns also nicht nur auf die Beschreibung seiner äußeren Form beschränken und etwa schildern, wie aus der Urmutter Schlange, aus Ahriman und aus Prometheus im Laufe der Jahrtausende der wissenschaftlich geschulte und künstlerisch schöpferische Philosoph entstand, der heute den Teufel darstellt. Die Sache ist nämlich leider nicht gar so einfach. Neben dem modernen Teufel leben alle vergangenen Formen noch weiter, wie uns die Tiefenpsychologen täglich vor Augen führen. In den dunklen Gebieten des Unterbewußtseins herrscht der Teufel noch ganz gemütlich in seinen archetypischen Formen, nur im klaren Lichte des wachen Bewußtseins muß er sich verwandeln. Die Evolution des Teufels läuft parallel mit der Entwicklung des Lebens, und das Reptil ist noch immer ersichtlich im durchgeistigten Teufel unserer nobleren Zeiten. Man könnte sogar behaupten (und wir werden es an späterer Stelle versuchen), daß die ganze Entwicklung des Lebens nichts ist als eine Inkarnation der Entwicklung des Teufels. Wir bitten den Leser, seine gerechte Empörung über die Behauptung vorläufig zu hemmen, er wird Gelegenheit haben, sie später auszuleben. Was wir an dieser Stelle versuchen, ist einen Keim des Zweifels zu pflanzen, nämlich die Überlegung, ob das geduldige Protoplasma vergangener Äonen mehr oder weniger vom Teufel erfaßt war als etwa die gierige Ameise oder die spekulierende Menschheit. Wie gesagt, eine bloße Morphologie des Teufels würde seine Geschichte bei weitem nicht erschöpfen, sondern bestenfalls illustrieren. Es wäre, als sollten wir die Geschichte der Menschheit aus der Mode erklären.

Keine der beiden Methoden führt uns also zum Ziel. Das Verfolgen des Teufels durch möglichst viele Schichten zerschellt an ihrer Vielfalt. Die Schilderung seiner Form zerfließt im Trivialen. Wir werden daher nach einer anderen Methode suchen müssen, die unseren Geist nicht verstrickt und ihn doch auch wieder befriedigt. Eine solche Methode bietet uns eine alte Weisheit der katholischen Kirche.

Der Teufel, so lehrt man uns dort, bedient sich der sieben Todsünden, um die Seelen an sich zu reißen. Die Kirche, in ihrem antiteuflischen Kampf, ist selbstverständlich tendenziös in der Nomenklatur dieser Sünden. Sie nennt sie Hoffart, Geiz, Wollust, Neid, Völlerei, Zorn sowie Trägheit und Trauer des Herzens. Es ist jedoch nicht schwer, den Todsünden neutralere Namen zu geben, welche verhüten, daß wir die Wege des Teufels von vornherein verwerfen. Statt Hoffart kann man Selbstbewußtsein sagen, statt Geiz Wirtschaft, statt Wollust Instinkt (oder Lebensfreude), statt Völlerei Heben des Lebensstandards, statt Neid Kampf um soziale Gerechtigkeit und politische Freiheit, statt Zorn Entrüstung über die Welt und die Grenzen des menschlichen Willens und statt Trägheit und Trauer des Herzens philosophische Ruhe. Das also sind die Methoden des Teufels, die Menschheit und die Welt an sich zu reißen und dem göttlichen Einfluß zu entziehen. Und unser Buch wird sich daher nach diesen Sünden gliedern. Dabei werden wir die traditionellen Namen der Todsünden beibehalten, aber den gehässigen Beigeschmack dieser Namen zu vergessen suchen. Es wird also unsere Aufgabe sein, die Entwicklung und die Verfeinerung der Waffen des Teufels auf dem Gebiet der Todsünden bis zu uns zu verfolgen. So vielleicht werden wir zu einer neuen Ansichtsfläche auf unsere heutige Lage gelangen.

Es liegt auf der Hand, daß die Todsünden aus verschiedenen Schichten stammen und verschiedene Flächen bedecken. Wirtschaft, Politik und Technik, das sind gesellschaftliche Sünden, Selbstbewußtsein, Entrüstung und philosophische Schau sind eher psychologischer Art, Instinkt und Lebensfreude gehören der Biologie an. Doch ist das mit den Schichten eine seltsame Sache. Sie durchkreuzen einander und lassen sich weder organisieren noch trennen. Die Kirche hat recht, wenn sie die Sünden kunterbunt aufzählt.

Wir hingegen werden die Todsünden einteilen müssen, aus systematischen Gründen. Bevor wir das tun, wollen wir aber versuchen, im Auge zu behalten, daß eigentlich jede Sünde alle übrigen in sich birgt, daß ein geiziger Mensch auch wie von selbst der Trägheit des Herzens huldigt oder ein wollüstiger Mensch hoffärtig ist und neidisch. Die Todsünden sind ein einziger Strom, der über und unter der Menschheit rollt und sie mitreißt in seinem Fortschritt.

An den Todsünden werden wir den Teufel zu erkennen versuchen, soweit er die Menschen angeht. Wir wissen jedoch, daß er weit älter ist als die Menschheit und daß seine Aufgabe viel weiter reicht als zum bloßen Verführen der Menschen. Natürlich interessiert uns vor allem und fast ausschließlich nur der menschliche Teufel. Aus einem Gefühl für Ganzheit jedoch, also aus ästhetischen Gründen, wollen wir unser erstes Kapitel dem vormenschlichen Teufel widmen, dem prähistorischen Teufel. Wenn auch der Teufel im ersten Kapitel nicht eigentlich sündhaft erscheinen wird, so hoffen wir doch, durch eine detachierte Schilderung einen ersten Einblick in ihn zu gewinnen. Alle übrigen Kapitel werden den Sünden gewidmet sein, und wir werden versuchen, sie vom historischen Standpunkt zu ordnen. Die Wollust, die Lebensfreude, scheint uns die älteste Waffe zu sein, mit der der Teufel die Gottheit bekämpft, und diese ist auch die einzige Sünde, die über die Menschheit hinausgeht und alles Leben einschließt. Sie bildet daher unser zweites Kapitel. Die Trägheit und Trauer des Herzens jedoch, die philosophische Distanz, sie ist beinahe schon übermenschlich, sie weist in Gebiete, wo sich der Mensch schon definitiv zum Teufel trollt, sie ist daher unser letztes Kapitel. Die übrigen Sünden sprießen organisch aus der ersten und münden in die letzte. Aus Wollust entsteht wie von selbst der Zorn über die Unmöglichkeit, ständig in Libido (Lebensfreude) zu leben. Die Völlerei, sie ist das Übermaß der Freude. Der Neid, das ist das Gekränktsein um die verlorene Freude. Der Geiz ist der Versuch, die Freude zu akkumulieren und so den Neid zu vermeiden. Die Hoffart wird sich des »Ich« bewußt, das da genießt von der Freude des Lebens. Und schließlich Trauer und Trägheit des Herzens, das ist der Verzicht auf die Lebensfreude, weil diese Trauben zu sauer sind, es ist das Abwenden vom Blendwerk der Wollust und der Eingang in die Hölle. Und damit hat sich der Kreis geschlossen, den der Teufel um die Menschen zieht, und sie sind ihm verfallen. Allerdings schließt sich der Kreis, wo immer man ihn zu ziehen beginnt, wir haben ganz willkürlich bei der Wollust begonnen und in ihr geendet. Wir hätten ebensogut mit der Völlerei beginnen können oder mit der Hoffart, aber uns Menschen des zwanzigsten Jahrhunderts ist die Wollust besonders nahe ans Herz gewachsen, sie erscheint uns nicht nur verlockender als zum Beispiel der Neid, sie ist uns auch bekannter, dank den Psychologen der Tiefe.

Aus der Wollust werden wir dem Teufel in das Gebiet des Zornes folgen, zu den Wissenschaften. Von dort hoffen wir leicht zur Völlerei zu gelangen, in die Gefilde der Technik. Hier wird unser Weg etwas verwirrt durch die Verschränkung und die Verwandtschaft der Sünden, und etwas gewollt werden wir zum Neide schreiten, zum politischen Kapitel. Der Geiz, die Wirtschaft, kommt als nächstes, sie sind ja Zwillingsbrüder. Das Gebiet der Hoffart, also der Kunst, das heben wir uns bis zum Schluß auf, bis knapp vor die Trauer des Herzens. Denn diese beiden letzten Sünden, Kunst und Philosophie, sie sind der Teufel im Destillat, die Quintessenz des Teufels. Hoffart und Trauer des Herzens, sie haben in unseren Ohren einen ganz anderen Klang als alle übrigen Sünden. Beim bloßen Erwähnen dieser Sünden beschreien wir den Teufel. Wir werden also unsere ganze Energie aufbringen müssen, um nicht gar zu hastig diesen beiden letzten Kapiteln zuzueilen, dem Ziel dieses Buches in mehr als einem Sinne. Denn diese beiden Sünden sind geistig, so wie der Teufel ein Geist ist. Diese beiden Sünden sind daher das Endziel des Teufels und damit vielleicht auch der menschlichen Geschichte.

Das also ist das Programm dieses teuflischen Buches. Teuflisch nämlich, weil sich der Autor gleichermaßen der Sündhaftigkeit bewußt ist, so ein Buch zu schreiben, wie es nicht zu schreiben. An anderer Stelle sagten wir schon, daß eines der Motive dieses Buches die Betrachtung der Gegenwart ist, in der der Teufel zu herrschen scheint in noch nicht dagewesener Weise. Und zwar scheint er die Welt dort draußen zu lenken und unsere Seelen im Inneren.

Programm und Motiv sind also erwähnt, wenn auch bei weitem nicht erklärt, es gilt nun, von der Absicht des Buches zu sprechen. Da stockt uns der Atem, denn wenn wir sie beichten, dann haben wir unsere Vorurteile gestanden. Und wir hatten ja vorgegeben, sie nicht zu besitzen. Doch wollen wir uns und den Leser nicht weiter betrügen und läppisch Objektivität gegen den Teufel spielen. Wir haben zwar die ehrliche Absicht, vom Teufel so kühl und »wissenschaftlich« zu sprechen wie möglich, aber es kann uns nicht gelingen, ihn entweder nicht zu lieben oder nicht zu hassen. Wir wollen es also gestehen, es ist unsere Absicht, ihn aufzudecken, um ihm entfliehen zu können. Warum wir vor ihm fliehen, das ist eine andere Frage, vielleicht wird uns vergönnt sein, am Ende des Buches diese Frage wieder zu stellen. Wer kann denn das Ende eines Buches auch nur erahnen, wenn er darangeht?

Wir wollen den Leser nun bitten, trotz eingestandener Vorurteile die Reise mit uns in die Hölle zu wagen. Wir wollen ihm zur Lokkung versprechen, neben Grauen auch Freuden zu finden, die denen des Himmels ähneln, wenn sie sie nicht übertreffen.

ERSTES KAPITEL: DIE KINDHEIT DES TEUFELS

1. Seine Geburt

Geschrieben steht: Im Anfang schuf der Herr den Himmel und die Erde. In diesem Satz ist jedes einzelne Wort ein Geheimnis. Wir wollen unseren Geist nicht mit den Begriffen des Herrn und des Schaffens belasten. Der Herr ist eigentlich nicht ein Begriff, er übersteigt unser Fassungsvermögen und weist aus den Gebieten des Fassens in die Gefilde des Glaubens. Das Schaffen wirft Probleme auf, die mit Ethik und mit Ästhetik zusammenhängen. Uns scheint, als könnten wir uns ihm nur als Künstler oder Heilige nähern. Wir wollen darum diesen ganzen Komplex hier noch beiseite lassen. Außerdem schließt das Schaffen in dieser Verbindung noch das Problem »ex nihilo nihil« ein, und als moderne Menschen sind wir nicht geneigt, diese mittelalterliche Frage von neuem anzuschneiden. Was übrigbleibt vom oben erwähnten Satz, nämlich der Anfang, der Himmel und die Erde, das sind Begriffe, die uns schon zur Genüge verwirren. Wenn wir versuchen, uns vor Augen zu führen, was sie besagen, so sind wir zum ersten überrascht, mit welcher naiven Selbstverständlichkeit wir gewohnt sind, sie hinzunehmen, zum zweiten aber, wie der gesamte gigantische Kommentar der Wissenschaftler und Philosophen im Laufe der Jahrtausende nichts an der Einfachheit und dem Geheimnis des ersten Bibelsatzes zu ändern vermochte. Zwar haben unsere Weisen den Anfang immer tiefer geschoben in den gähnenden Schlund der Zeiten; zwar haben sie den Himmel zu schier unvorstellbaren Dimensionen auseinandergezerrt und gebogen; zwar haben sie die Erde mundgerecht abgerundet, an verschiedenen Stellen angebohrt und sind im Begriff, sie prekär zu verlassen, aber Anfang ist Anfang geblieben, und Himmel Himmel, und auch die Urmutter Erde birgt uns noch immer in ihrem nährenden Schoß wie am ersten Tag der Schöpfung. Seit eh und je hat etwas die Menschen verleitet, die drei Grenzen des ersten Bibelsatzes zu brechen oder zumindest auseinanderzuzerren. Seit eh und je haben sich Menschen bemüht, hinter den Anfang zu sehen, den Himmel mit unseren Werkzeugen oder zumindest mit unserem Geist zu erobern und sich von der Erde im wahren oder zumindest im übertragenen Sinn des Wortes zu lösen. Diese Bemühungen werden wir in den Kapiteln des Zornes und der Hoffart betrachten. Nie hat sich der Teufel abgefunden mit diesen drei Fesseln der Schöpfung. Ob ihm mit unserer Hilfe gelingen wird, sie einmal in fernster Zukunft zu lösen, das ist nicht nur unserer Kenntnis, sondern auch unserer Fantasie verschleiert. Eine unbegrenzte, unendliche und ewige Welt übersteigt unser Vorstellungsvermögen. In seiner bisherigen Laufbahn ist es dem Teufel gelungen, die Fesseln etwas zu lockern. Doch drängt der menschliche Geist den weichenden Grenzen nach wie ein sich ausdehnendes Gas und fühlt sich gefesselt wie immer. Allerdings müssen wir das eben Gesagte etwas modifizieren. Wenn wir sagten, daß eine unendliche und ewige Welt unvorstellbar sei, dann müssen wir gleich hinzufügen, daß eine zeitlich und räumlich gebundene sich mindestens ebenso wehrt, vorgestellt zu werden. Bei der unendlichen Welt fragt der Geist nach ihren Grenzen, bei der endlichen nach dem Jenseits der Grenzen. Wenn unsere Weisen uns lehren, daß die »Welt« zeitlich und räumlich begrenzt sei, dann verstehen wir ebensowenig, was sie damit meinen, wie wenn unsere Religionslehrer behaupten, sie sei ewig und unendlich. Wenn also der Mensch bemüht ist, die Fesseln der Welt zu brechen, dann ist das nichts als ein Versuch, aus einer unvorstellbaren Welt in eine andere zu flüchten, also eine Unwirklichkeit gegen eine andere zu tauschen. Von diesem Standpunkt gesehen, verliert das faustische Drängen des forschenden Geistes etwas von seinem Glanz. Es ist darum nur selbstverständlich, daß wir vernünftigerweise von unseren Weisen nicht erwarten können, sie mögen uns näher über den ersten Bibelsatz belehren. Gleichgültig, was sie in dieser Sache behaupten, sie bleiben uns immer gleich unverständlich, und das naive Hinnehmen des ersten Satzes scheint uns aufgezwungen.

Doch verwehrt uns dieser Umstand nicht, eine Analyse dieses Satzes zumindest zu versuchen. Auf den ersten Blick bemerken wir, daß der Anfang die Zeit in sich birgt und Himmel und Erde ihr Raum sind. Der Anfang entrollt sich sozusagen im Himmel und auf der Erde wie eine aufgezogene Feder – bis er sich gänzlich entrollt haben wird und der Anfang ein Ende findet. Für den Herrn, der die Feder aufgezogen, fallen selbstredend Anfang und Ende zusammen, er sieht die ganze Feder. Nur sind wir bei dieser Überlegung verleitet, den Satz anders zu stilisieren. Geschrieben sollte eigentlich stehen: In den Himmel und auf die Erde schuf der Herr den Anfang. Durch diese Neustilisierung des Satzes, so unschuldig sie auch aussieht, gewinnen wir einen völlig neuen Aspekt auf die Welt, wir verlassen die Orthodoxie und beginnen, des Teufels zu werden. Wir sind uns nämlich gewöhnlich nicht des wörtlichen Sinnes bewußt, den unser Bibelsatz verbirgt oder, besser gesagt, offenbart, nämlich daß Himmel und Erde in den Anfang hineingeschaffen wurden. Mit anderen Worten, der Raum ist eine Schöpfung des Herrn, die Zeit hingegen, in Form des Anfangs, hat Er vorgefunden. Das kann aber doch nicht wirklich so gemeint sein. Die Zeit kann doch ohne den Raum auf keine Weise bestanden haben, sie klebt doch an den räumlichen Dingen. Diesem Umstand wird unsere Neustilisierung gerecht, denn sie besagt, daß der Herr die Zeit schuf. Erst mit dem Erschaffen der Zeit beginnen Himmel und Erde zu *werden*. Ohne Zeit *ist* der Raum nur, aber er *wird* nicht. Mit anderen Worten, ohne Zeit ist der Raum nur »an sich«. Er wird erst phänomenal mit Hilfe der Zeit, der Herr hat die Welt erschaffen, als er die Zeit erschuf, er hat die Dinge aus dem Bereich der bloßen Ideen in das Reich der Veränderung heruntergerissen, und damit hat er die sinnliche Welt erschaffen.

Wenn wir nun den Leser an die in der Einleitung versuchte Charakterisierung des Teufels erinnern, wo wir zu zeigen versuchten, daß der Teufel identisch ist mit der Zeit und mit der Geschichte und mit der Veränderung, dann sind wir nun zu folgender Neuformulierung des ersten Bibelsatzes verleitet: Geschrieben sollte stehen: In den Himmel und auf die Erde schuf der Herr den Teufel. Die Zeit, so sagten wir, ist es, die die Dinge aus dem Bereich der Noumena ins Reich der Phänomene heruntereißt, und das erscheint uns als eine einleuchtende Schilderung des Sturzes des Teufels.

Wenn wir nun diese letzte Form des Schöpfungssatzes betrachten, dann erscheint uns der Teufel als die eigentliche, wenn nicht die einzige Schöpfung des Schöpfers. Er ist mit der Welt identisch, und Himmel und Erde, der bloße Raum, sind nichts als die leere Bühne des Schöpfungsdramas. Aber Welt mit Teufel zu identifizieren, so weit wollen wir unseren Puritanismus doch lieber nicht treiben. Wir wollen unsere zersetzende Analyse des ersten Bibelsatzes doch freiwillig etwas hemmen. Wir wollen zum Zweck des Weiterschreibens an unserem Buch den Satz mit hoffentlich löblicher Mäßigung wie folgt formulieren: Es schuf der Herr den Raum und die Zeit, das heißt den Himmel, die Erde und den Teufel. In dieser Formulierung erscheint der Teufel nur als ein Teil der Schöpfung, und zwar als jener Teil, der sie phänomenal macht. Damit sind wir vielleicht dem illusionären, dem »Maja«-Charakter des Teufels gerecht geworden und wollen darum bis auf weiteres an dieser Formel festhalten.

2. Sein Spiel mit dem Kreisel

Mit dieser Überlegung haben wir bereits die erste Situation, die Geburt des Teufels, verlassen. Wir wollen das junge Teufelchen nun auf seinem Sturz begleiten bis zur ersten Todsünde, der Wollust. Genau genommen, so sagen unsere Weisen seit einigen Jahren, sind Himmel und Erde vielleicht nicht gemeinsam geschaffen worden, sondern die Erde konzentrierte sich erst aus dem Himmel. Im biblischen Satz, der dieses Ereignis äußerst komprimiert, das heißt dichterisch beschreibt, ist dieser Umstand durch das Erwähnen des Himmels vor dem der Erde symbolisch angedeutet. Unsere Wissenschaftler scheinen zu sagen, daß der Teufel in seinem Sturz den nulldimensionalen, punktartigen, also unwirklichen, unendlich schweren Himmel erfaßte und begann, ihn zu peitschen und auseinanderzuwirbeln, so daß er in Millionen und Abermillionen von Brocken zersprang, die seither wie rasend auseinanderstieben. Und einer von diesen Brokken ist unsere Mutter Erde. Sie ist also von diesem Standpunkt aus eine Schöpfung des Teufels und nur indirekt eine Schöpfung Gottes. Wie gesagt, erzählen uns unsere Astronomen, daß der oben geschilderte Kreisel noch immer wie irr herumschwirrt. Noch immer stürzen in rasender Flucht die Spiralnebel vom einstigen Nullpunkt davon und dem gähnenden Nichts entgegen. Sie fliehen also vom Nichts zum Nichts, und in diesem Sinne ist die »Welt« räumlich und zeitlich endlich. Bei dieser Explosion der kosmischen Atombombe wird ständig Energie frei, das heißt mit anderen Worten, es geht ständig Masse verloren. Das Ende dieser Explosion ist natürlich der definitive Verlust aller Materie, der schwerelose, unendliche Himmel. Der Anfang, wie wir den Leser erinnern, war der dimensionslose, unendlich schwere Himmel, also ist alles in bester logischer Ordnung. Im heutigen Zwischenstadium ist der Himmel räumlich begrenzt, wenn auch ziemlich groß, und sein Gewicht ist berechenbar, wenn auch ziemlich beträchtlich. Wir bitten den Leser, sich in dieses Bild vom Standpunkt des Teufels aus ein wenig zu vertiefen. Vom Standpunkt der himmlischen Scharen ist diese ganze Explosion natürlich illusorisch. Die phänomenale Welt war nichts und ist nichts und wird zu nichts, das ist nicht problematisch. Der »Anfang«, das ist der »Kältetod«, das »Ende«, das ist der »Wärmetod«, und das heutige Zwischenstadium, das ist das Blendwerk des Teufels. Aber vom Standpunkt des Teufels ist das ein wunderbarer, ein produktiver Prozeß, denn er erzeugt Dinge aus dem Nichts, aus dem nulldimensionalen Ursprung, von dem doch niemand behaupten kann, daß er ein »Etwas« gewesen ist in irgendeinem verständlichen Sinne. Sub specie aeternitatis, von Gott aus gesehen, ist der ganze Kosmos im besten Falle ein Gleichnis, im schlechtesten ein eitles Teufelsspielzeug. Vom Teufel aus gesehen ist hingegen das Entstehen der Spiralnebel, der Sterne, der Planeten, der Monde ein schöpferisches Kunstwerk. Natürlich hat diese Explosion als Teufelswerk, das sie ist, einen katastrophalen, das heißt infernalen Charakter. Aber in den Details, in den Gestirnen, in ihren Formen und ihren Bahnen und in den Kräften und Spannungen, herrschen Harmonie und Schönheit. Siehe, die erste Dialektik am Teufel ist erschienen: Die Explosion ist katastrophal, aber ihr Produkt ist von Gesetzen gelenkt, welche Katastrophen auszuschließen scheinen. Schon in seiner frühen Jugend kann man am Teufel den Doppelcharakter der Brutalität und des Künstlertums entdecken. Ja, in diesem zarten Stadium ist vielleicht die enge Verbindung dieser beiden Seiten des Teufels am ehesten zu erkennen. Die Katastrophe der Explosion ermöglicht erst die schönen Gesetze der Sphären. Und diese gesitteten Himmelskörper scheinen, wie wir noch sehen werden, nichts anderes zu bezwecken, als den katastrophalen Durchbruch des Lebens möglich zu machen. Wir können also am Teufel den Verbrecher vom Künstler (und auch vom Gesetzgeber und Richter) nicht trennen. Hätte er keine Gesetze geschaffen, er hätte sie nicht durchbrochen. Und hätte er sie nicht durchbrochen, sie wären nicht entstanden.

Wir Okzidentalen sind meistens geneigt, die Harmonien der Sphären als Gottes Werk zu preisen. Auf den ersten Blick mag es manchen verwirren, wenn wir durch unsere Überlegungen ganz sacht zu dem Urteil geführt wurden, sie dem Teufel zuzuschreiben. Was uns aber bei der Betrachtung des gestirnten Himmels so göttlich erscheint, das ist nicht seine Ordnung, sondern seine Dauer. Gemessen an uns und unserer Dauer, sind die Sterne und ihre Bahnen eigentlich tatsächlich ewig. Sie scheinen dem Zeitlichen enthoben und darum ein Fingerzeig Gottes. Wir wissen aber genau, daß das nur ein Trug ist. Die Sterne sind ebenso zeitlich begrenzt wie alles in der Welt der Sinne, und sie gehorchen denselben Gesetzen wie unsere Maschinen, sie sind Imperpetua mobilia ganz wie diese. Abgesehen von ihrer Größe und ihrer Dauer, unterscheiden sich die Gestirne eigentlich wenig von unseren Maschinen. Außer natürlich, daß unsere Maschinen exakter funktionieren, wie unsere Astronomen mit leisem Lächeln festzustellen beginnen. Wenn wir die Sterne blasphemischerweise der Gottheit zuschreiben würden, dann müßten wir ihr ebenso unsere Rechen-, Werkzeug- und Mordmaschinen zu unterschieben versuchen. Wenn wir uns aber entschließen, die Riesenmaschine der Sterne dem Teufel zuzuschreiben, dann wird alles plausibel. Unser Maschinenpark entpuppt sich dann als die Nachkommenschaft der Sterne. Unsere Apparate, diese späten Enkel der kosmischen Ordnung, werden dann als Raffinement, als Verfeinerung des Teufels verständlich. Wenn wir diese Perspektive im Auge behalten, dann verstehen wir auch, warum uns schon mindestens seit Newton der Geist, der die Sterne regelt, als so verwandt anmutet. Es muß doch eigentlich einen jeden verwundern, daß die Gesetze, nach denen die Sterne sich drehen, so einfachen mathematischen Gesetzen gehorchen und von diesen Gesetzen zum Teil abweichen, sich sozusagen irren. Es ist, als sei der Himmel von einem sehr talentierten, aber nicht gerade hervorragenden Mathematiker zusammengesetzt worden. Wenn wir in diesem Mathematiker das junge Teufelchen und sein Spiel mit dem Kreisel erkennen, dann müßten wir eigentlich hoch erfreut sein, denn dann erkennen wir uns ja selbst in den Sternen wieder, oder, besser gesagt, wir erkennen, wenn wir Astronomie betreiben, das Teufelchen in unserem Inneren. Unsere mathematische Denkart haben wir scheinbar ihm zu verdanken. Der Umstand, daß wir den Himmel wahrscheinlich besser organisieren würden, als wir ihn vorfinden, ist auf die höhere Entwicklung des Teufels in unserem Geist zurückzuführen, der sich seit der Erschaffung des Himmels natürlich immer verfeinert. Wir dürfen ja auch mit Vergnügen konstatieren, daß in unseren Tagen mit unserer Hilfe der Teufel darangeht, die infantilen Fehler in der Konstruktion der Welt zu rektifizieren. Unsere Guided missiles und unsere Satelliten sind dafür vielleicht schon heute die ersten Zeichen.

Doch es besteht scheinbar ein gewaltiger Unterschied zwischen der Sternmaschine und unseren Apparaten. Die menschlichen Maschinen sind zweckhaft, sie haben eine Aufgabe, und damit gehören sie eigentlich in das Gebiet des Lebens. Die Zielhaftigkeit, die Entelechie, ist, wie wir unter »Wollust« noch zu zeigen versuchen werden, ein Charakteristikum des Lebens. Ganz im Gegensatz zu der anorganischen Welt, der der Begriff des Zweckes vollkommen fremd ist. Das Wort »anorganisch« will auf die Welt der Sterne allerdings nicht passen. Sie ist nicht nur organisiert, sondern besteht geradezu aus Organen. Man kann, wenn man will, die Sterne als Organe der Spiralnebel ansehen, die Planeten als Organe der Sterne, die Monde als Planetenorgane und die Spiralnebel selbst als Organe des riesigen Himmelsgeschöpfes. Aber trotz dieser Hierarchie erscheint der Himmel als zwecklos. Im Reiche des Lebens dient die Leber der Erhaltung des Körpers und die Fliege der Erhaltung der Spinne und alle Pflanzen und Tiere der Erhaltung des Menschen (wenigstens von unserem Standpunkt). Aber der Mars dient weder der Sonne, noch dient er der Venus, noch dient er irgend etwas. Er ist, wie der gestirnte Himmel, vollkommen überflüssig. Der Himmel hat zwar das Ziel, wie wir schon sagten, sich selbst im Wärmetod aufzulösen, aber man kann diesen kosmischen Selbstmord nicht gut als »Lebenszweck« ansehen. Würden wir uns zu dem Standpunkt der Nutzlosigkeit des Himmels entschließen, dann erschiene uns sein Schöpfer, der Teufel, als der echte Künstler. Der Himmel wäre *l'art pour l'art*, doch gelangen wir bei dieser Überlegung auf einem zu steilen Stege zur Hoffart. Denn es gibt ja noch einen anderen und uns viel vertrauteren Standpunkt. Der Himmel ist nämlich in »Wirklichkeit« eine Maschine zur Erzeugung des Lebens. Die beiden möglichen Standpunkte dem Himmel gegenüber beleuchten erneut den Doppelcharakter des Teufels. Er ist zugleich ein reiner Künstler und ein Lebensspender. Oder anders gesagt, er ist Richter und Verbrecher. Wir wollen nicht hartnäckig auf unserer Ansicht beharren und es dem Leser überlassen, ob es trostreicher ist, im Himmel ein nutzloses Kunstwerk zu sehen oder die etwas besudelte Windel des Lebens.

3. Sein Spiel mit dem Baukasten

Der doppelte Charakter des Teufels, nämlich die reine Schönheit, wenn man die Welt als nutzlos betrachtet, und die brutale Entsetzlichkeit, wenn man in ihr einen Zweck sieht, gilt nicht nur für die Sterne. Es gilt auch für die Bausteine, aus denen sie bestehen. Die Frage, ob die Gestirne aus den Atomen und ihren Teilen entstanden, ob sich diese kleinen »Dinge« sozusagen zu Sternen ballten oder ob die Atome nur ein Aspekt der Sterne sind, ist eine schiefe Frage. Es ist, als wollten wir fragen, ob das Dreieck aus den Winkeln entstand oder die Winkel aus dem Dreieck. Wir müssen eben hinnehmen, daß die mathematische Harmonie, die über den Sternen waltet, unendlich tiefer greift, als es dem Sternengucker auffällt. So einheitlich scheint diese Harmonie zu sein, daß für den Nuklearphysiker die Sterne nichts sind als ein Beispiel der Atomgesetze im Großen, und für den Astronomen sind die Atome nichts als ein Spezialfall der Himmelsgesetze. Unserer Zeit ist es gestattet, eine Brücke zwischen dem unvorstellbar Großen und dem unvorstellbar Kleinen zu schlagen, so daß sie dicht beieinander zu liegen scheinen. Unser Geist kann mühelos, wenn auch ohne Verständnis, vom Proton zum Sirius reisen und von Alpha Centauri zum Meson. Doch sollten wir eine solche Brücke nur mit Vorsicht beschreiten. Ganz abgesehen von dem Umstand, daß das Atom keineswegs ein Planetensystem in Miniatur ist, wie unsere Eltern hofften, scheinen in letzter Zeit die gemeinsamen grundlegenden Gesetze auf dem Gebiet des Atoms ins Wanken zu geraten. Unsere Wissenschaftler scheinen in letzter Zeit sagen zu wollen, daß die durchgreifende Harmonie, die der Schaffung des Himmels und der Erde obgewaltet hat, auf eine statistische Täuschung hinausläuft. Auf dem Gebiet der winzigen Komponenten (wir wagen nicht, Teilchen zu sagen und zu konkret zu werden) scheinen diese Gesetze nicht nur nicht zu funktionieren, sondern gegenstandslos zu werden. Das sollte uns nicht sehr überraschen, denn die Komponenten sind ja nicht »Gegenstände«. Sie führen ein seltsames Dasein, bald sind sie Masse, bald Energie, bald mathematische Symbole. Bald kreisen sie umeinander wie Sterne, bald schießen sie auseinander wie Strahlen, bald springen sie von Bahn zu Bahn, ohne den Zwischenraum zu durchkreuzen, wie die Geister der Spiritisten. Sie sind zwar alle miteinander verwandt, diese Elektronen, Protonen, Neutronen und übrigen Onen, aber sie sind trotz allem Bemühen nicht voneinander abzuleiten oder aufeinander zu reduzieren. Die imposante Einheitlichkeit auf dem Gebiet der Sterne ist, leider Gottes, auf dem Gebiet der Atome nicht mehr wiederzufinden. Die Abweichungen in den Sternenbahnen, von denen wir oben sprachen, sie werden leider auf dem Gebiet der Nuklearphysik zur Regel. Es mag sein, daß dieser Unterschied an den Wissenschaftlern liegt und nicht in den Phänomenen. Es mag sein, daß die Atomphysik schon weiter sieht als die Astronomie und infolgedessen »Fehler« in der Schöpfung entdeckt, die der Astronomie noch verhüllt sind. Es mag auch umgekehrt sein, daß die Astronomie weiter sieht und daß die Physik die Harmonie noch immer nicht entdeckt hat. Das alles mag sein, aber wir glauben, daß die Ursachen tiefer, nämlich im Teufel liegen. Die Welt der Sterne ist eine dingliche Welt, in ihr läuft die Zeit in eindeutiger Richtung, daher kennt sie Ursache und Wirkung und ist daher mehr oder weniger harmonisch. Die Welt der Atome ist nicht richtig dinglich, sondern »nur« eine Bedingung der Dinge. Sie steht an der Grenze zwischen Ding und Gedanke. Dadurch verwirrt sich die Zeit in ihr, und Ursache und Wirkung beginnen zu tanzen. Das ist der Grund, warum unser Geist, wenn er sich in diese kleinsten und feinsten Dinge vertieft, zu philosophieren beginnt statt zu wiegen und messen. Das kalte Entsetzen, das uns erfaßt, wenn wir im Atomkern wühlen, in des Pudels Kern, beweist, daß wir in unerlaubte Grenzgebiete stoßen. Wir können ja die intellektuelle und moralische Verwirrung unserer Atomwissenschaftler nicht anders denn als »religiös« bezeichnen. Doch wollen wir diese Gedankenbahn schleunigst wieder verlassen. Sie weist auf das Gebiet der Trauer des Herzens, auf unser letztes Kapitel.

Wenn wir sagten, daß auf dem Gebiet der Atome die Zeit sich verwirrt, daß Zukunft und Vergangenheit manchmal ihre Rollen vertauschen, dann bedeutet das, daß in dieses Gebiet der Teufel nicht recht hineinpaßt. Diese schwankende Grenze zwischen Ding und Begriff, das Noch-nicht-Stoffliche und Nicht-mehr-Gedankliche, das die Atome bilden, das ist, wenn man so sagen darf, ein Übergang von der Gottheit zum Teufel. Das Atom ist die Stelle am Saum des Kleides der Gottheit, an der dieses Kleid im Begriff ist, phänomenal zu werden. Zu unserer Zeit hat die Wissenschaft diesen entsetzlichen Kampfplatz zwischen Gott und dem Teufel entdeckt und enthüllt, was Wunder, wenn wir erschauern. Es ist ein unmenschlicher Kampfplatz, und ganz anders kämpft dort der Teufel als in unserer Seele. Unserem forschenden Geist ist er gänzlich unverständlich, denn hier kämpft der Teufel gegen Gott ganz außerhalb der Sünde. Es scheint, als sei sich der Teufel seiner Geburt im Raume bewußt und als zwinge er mit Gewalt in die Atome die Zeit hinein, um sie sinnlich und damit teuflisch zu machen. Er preßt sich in den Kern und wirbelt die Elektronen und zerreißt den Kern und bildet neue und überschwere Kerne. Kurz, er tut alles, um das Atom zu einem Ding zu machen. Und trotz diesem Bemühen und trotz der enormen Entwicklung des Teufels bleibt das Atom noch immer eine Idee, zwar eine vom Teufel infizierte Idee, aber im Prinzip bleibt sie göttlich.

Wir können diese Situation vielleicht folgendermaßen schildern: Als der Teufel in seinem Sturz den Raum zu durchwirbeln begann, da machte er ihn stofflich. Aber im innersten Gewebe der Dinge, in den Atomen, blieb die geistige Herkunft des Stoffes für immer ersichtlich. Dem Menschen war dieser geheime Beweis für die Geistigkeit alles Stofflichen bis unlängst verborgen. Dem Teufel hingegen ist er seit je bekannt, und er versucht, ihn zu verdrängen. Es will ihm wahrscheinlich auch nicht so recht passen, daß er die Menschheit zur Entdeckung dieses geheimen Umstandes verführt hat. Es wäre doch geradezu absurd, wenn die Menschheit durch die Physik, also durch eine Todsünde, sich der Illusion der Dinge bewußt werden und so sich vom Teufel lösen sollte. Wenn ein Mensch durch den Glauben die Dinge verwirft und zur Gottheit strebt, dann muß sich der Teufel wohl oder übel abzufinden versuchen mit dem Verlust dieser Seele. Wenn aber jemand mittels Atomforschung die Fesseln der Illusion bricht und sozusagen den Teufel mit dessen eigenen Waffen schlägt, das ist ihm ungemütlich. Doch mag diese hypermoderne Methode der Erleuchtung dem Teufel andererseits auch ein Lächeln entlocken. Sie bringt nämlich nicht nur ihn, sondern auch höhere Mächte in eine mißliche Lage. Auch dem Petrus zum Beispiel, am Tor zum Reich der ewigen Gedanken, wäre es etwas unbequem, einer pochenden Seele Eingang gewähren zu müssen, nur weil sie sich mit dem Zertifikat eines Laboratoriums für Nuklearphysik ausweisen kann und darum vorgibt, die Fesseln der Illusion gebrochen zu haben. Doch noch ist die Wissenschaft nicht ganz so weit. Noch ist das Atom für die Menschen dank der gigantischen Arbeit des Teufels auf gewundene Weise stofflich. Es ist dem Teufel gelungen, unseren Wissenschaftlern den stofflichen Charakter der Atome bis zu einem gewissen Grade vorzugaukeln und plausibel zu machen. Allerdings waren die Kosten dieser Arbeit beträchtlich, und der Teufel mußte auf mathematische Ordnung innerhalb des Atoms weitgehend verzichten. Aus den schönen und einfachen Gesetzen, die bis vor kurzem alles Dingliche regierten (sehr zur Freude des Teufels und unserer eigenen), werden hochkomplizierte statistische Formeln, aus denen der Teufelscharakter mindestens ebenso klar hervorstrahlt wie aus den verworrenen Sprüchen der mittelalterlichen Hexen. Auf dem Gebiet der Atome also ist der Teufel weit mehr Verbrecher und weit weniger Künstler als auf dem Gebiet der Sterne. Wir haben an früherer Stelle gesagt, daß die Künstlernatur des Teufels ersichtlich wird, wenn wir die Welt als nutzlos betrachten, und die Verbrecheraspekte hervortreten, wenn wir sie als zielhaft betrachten. Diese Behauptung finden wir hier bestätigt. Die Sternenwelt sind wir gewöhnt, als nutzlos zu betrachten. Die Atome hingegen können wir nicht mehr mit der gleichen Distanziertheit betrachten. Sie sind nicht nur Bausteine der Sterne, sondern auch des Lebens. Darum ist es selbstverständlich, daß in ihnen der Teufel einen Aspekt gewinnt, der von weitem schon auf den Teufel des Lebens deutet. Die Atome haben Eigenschaften, die das Leben geerbt hat. Sie sind in gewissem Sinn eine Vorstufe der Biologie, infolgedessen sehen wir in ihnen einen Sinn und ein Ziel, und Katastrophen wie Quanten sind bei ihnen zu erwarten. Das Katastrophale ist ja eine typische Sache des Lebens; genau gesehen, besteht das Leben aus einer Serie von Katastrophen. Alle Versuche, eine Ordnung in die Phänomene des Lebens zu schmuggeln, haben etwas Erzwungenes an sich, Systeme wollen zum Leben nicht passen. Darum meinten wir, daß das Fehlen der Ordnung in den Komponenten der Bausteine des Lebens, eben der Atome, wahrscheinlich nicht auf eine fehlerhafte Art der Betrachtung zurückgeführt werden kann, sondern vielmehr eine Eigenschaft der Atome ist. Die Physiker beginnen, sich der Biologie zu nähern, und mit einem Mal erscheint die Physik als ein Sonderfall der Biologie und nicht, wie frühere Zeiten hofften, die Biologie als eine sehr komplizierte Physik.

4. Sein Zusammensetzspiel

Wir wollen nun das Gebiet der Sterne und der Atome verlassen, diesen ersten Tummelplatz des Teufels, und uns der Erde zuwenden, unserer engeren Heimat. Wir werden versuchen, zu verstehen, wie der Teufel auf ihr waltet. In der letzten Zeit ist es Mode geworden, sich den Kopf zu zerbrechen, ob unsere Erde ein einzigartiger Körper im Kosmos ist oder ob unter der Unzahl der kugelähnlichen Körper, welche im Kosmos kreisen, der eine oder andere Erdencharakter aufweist. Es ist mit anderen Worten das alte Problem, das die Menschheit immer beschäftigt, ob nämlich unsere Erde in irgendeinem Sinne eine Ausnahme unter den Sternen bildet. Ob sie, anders gesagt, in der Welt eine Zentralstellung einnimmt. Der Streit zwischen Ptolemäus und Kepler gehört zu den wenigen Themen, die

die Geschichte der Menschheit begleiten. Jeder kopernikanischen Revolution folgt eine anthropozentrische Restauration auf dem Fuße. Zu unserer Zeit ist eine fieberhafte kopernikanische Stimmung die Mode. Man ist krampfhaft bemüht, erdenähnliche und vielleicht bewohnte Gebilde im Weltall zu finden. Unserer Meinung nach würde so ein Fund dem Streit kein Ende bereiten. Sicher würde sich nämlich herausstellen, selbst wenn man so einen Planeten auffinden könnte, daß unsere Erde unter bestimmten Aspekten ein Unikat ist. Beim heutigen Stand der Dinge scheint uns trotz aller Science-fiction ein Kontakt mit anderen Lebewesen des Kosmos nicht sehr wahrscheinlich. Die lateinisch sprechenden Marsbewohner, die menschenfressenden Pflanzen der Venus und die Ameisen von Betelgeuse sind eher Produkte Hollywoods und der Massenpsychose als des wissenschaftlichen Fortschritts. Wenn wir auf Konversation mit anderen Sternen ausgehen, dann müssen wir uns an Anthroposophen und nicht an die Wissenschaft wenden. Das Auffinden von erdenverwandten Gebilden im Weltall ist der sprichwörtlichen Suche nach der Nadel im Heuhaufen zu vergleichen. Wir wollen es also der Fantasie der reiferen Jugend und späteren Jahrtausenden überlassen. Die Erde unterscheidet sich von allen uns bekannten Gebilden in zwei entscheidenden Dingen. Diese beiden Dinge, die unsere Erde auszeichnen, sind, wenn nicht einzigartig, so doch äußerst selten, und sie scheinen einander zu widersprechen. Erstens ist unsere Erde ein äußerst gemütlicher Körper. Weder sprüht sie vor Glut, noch erstarrt sie in Frost, noch wechseln Gluten und Fröste. Sie rast nicht um ihre Achse und in ihrer Bahn, sie ist nicht (oder noch nicht) von Hunderten von Monden begleitet, in allem hält sie Maß und goldene Mitte. Andererseits ist unsere Erde in ständigen Änderungen begriffen. Ihre Wolken ziehen, ihre Berge entstehen und verfallen, ihre Kontinente verschieben sich, und ihre Ozeane wandern. Sie ist konservativ und fortschrittlich, mit einem Worte: gesittet. Die übrigen Körper, die wir mehr oder weniger kennen, sind entweder extreme Revolutionäre, auf denen Explosion auf Explosion folgt, oder sie kreisen erstarrt in ständiger Gleichheit monoton in ihren Bahnen. Ihre Temperatur ist entweder Höllenglut oder absoluter Nullpunkt. Die Erde befindet sich scheinbar in einem prekären und sehr labilen, ja, flüchtigen Zwischenstadium zwischen diesen Extremen. Schier unendlich viele und komplizierte Umstände müssen eingetreten sein, um dieses kostbare und fruchtbare Gleichgewicht hervorbringen zu können. Wenn ein einziger Umstand ausgefallen wäre, das Gleichgewicht wäre gebrochen. Es mußte zum Beispiel ein Planetensystem entstehen und in diesem Planetensystem ein Planet von ganz bestimmter Größe, in genau bestimmter Entfernung von der Sonne, und diese Sonne wieder mußte eine genau bestimmte Größe und exakte Eigenschaften haben. Dieser Planet mußte einen Mond von genauer Größe und in genauer Entfernung besitzen. Er mußte aus genau bestimmten Elementen in exakter Mischung bestehen, und chemische Reaktionen mußten sich dann auf ihm auf ganz bestimmte Art in genauen Zeitläufen abrollen, und Tausendes und Abertausendes mehr, damit der heutige scheinbar ganz unwahrscheinliche Zustand eintreten konnte, der das Leben ermöglicht. Dieses Zusammenspiel der Umstände, dieser ganz unwahrscheinliche Zufall ist sicher einzigartig. Jedoch, man kann hier guten Gewissens nicht von Zufall sprechen. Es handelt sich evidenterweise um eine klare Absicht. Die übrigen Körper der Welt sind entweder dazu da, um das Leben auf der Erde möglich zu machen, oder sie sind das Resultat einer uns fremden und völlig verhüllten Absicht. Wir wollen darum die Erde entweder als Zentrum der Welt schlechthin betrachten oder zumindest als Zentrum einer einzigartigen Absicht der Schöpfung, auch wenn wir vorziehen sollten, »Zufall« statt »Absicht« zu sagen. Auf die Natur angewandt, sind diese Worte Synonyme, sie sind identisch mit Wunder. Lassen wir es darauf beruhen, die Erde ist ein Wunder. Wenn manche Leute auf dem Mars oder der Venus Lebewesen erwarten, so zeugt das nicht von Fantasie, sondern von ihrem Fehlen. Sie tun es, weil diese beiden Körper uns geografisch am nächsten sind und darum in gewissen Dingen ähnlich. Wenn unsere Erde eine einzigartige Absicht der Schöpfung verkörpert, dann ist diese Ähnlichkeit selbstverständlich und hat nichts zu bedeuten. Wenn aber jeder Körper der Welt eine eigene Absicht bedeuten sollte, dann sind solche Ähnlichkeiten nicht nur nichtssagend, sondern verwirrend. Dann nämlich sind Mars und Venus zu einem uns vollkommen fremden Zweck da, und die Ähnlichkeiten mit unserer Erde verschleiern uns diese absolut andere Absicht. Zu erwarten, daß sich auf diesen Gebilden eine Entwicklung abspielt, die unserer Lebensentwicklung entspricht oder ihr parallel läuft, hieße, die unerhörte Verwicklung und Verzwicktheit des Lebens völlig verkennen. So eine Erwartung ist derartig kindisch, daß es uns wundert, daß man sie überhaupt duldet. Sie ist nämlich nicht nur naiv, sie läßt es auch an Ehrfurcht vor Gott und Respekt vor dem Teufel fehlen. Sie unterschiebt der Schöpfung Armut an Gedanken und verkennt die einmalige Art, auf die sich Gott und der Teufel auf der Erde manifestieren. Wir wollen also demütig das Leben auf der Erde als ein einmaliges Wunder hinnehmen und uns abfinden mit der Einsamkeit des Lebens. Diese Demut schließt nicht aus, daß sich irgendwo in den enormen Schlünden des Himmels etwas uns Ähnliches findet. Wir wissen nicht, ob es der Astronomie gelungen ist oder gelingen wird, einen Stern zu finden, der Planeten besitzt, die unseren ähneln. Und ob unter diesen Planeten ein Körper ist, der irgendwie wie die Erde aussieht. Bei der enormen Zahl der Sterne ist so etwas nicht vollkommen ausgeschlossen. Aber selbst wenn es auf der Welt irgendwo eine Kopie unserer Welt gäbe (ein für uns absurder Gedanke), und selbst wenn auf vollkommen unwahrscheinliche Weise sich diese Kopie unserer Welt in ungefähr gleichem Entwicklungsstadium befände, das heißt, wenn sie belebt wäre (von Menschen ganz zu schweigen), so scheint uns ein Versuch, mit ihr Kontakt aufzunehmen, ein Fehlen an Demut. Wir stehen infolgedessen im kosmischen Streit auf seiten des Ptolemäus.

Nach unserer Meinung hat die Himmelsmaschine den Zweck, die Erde hervorzubringen. Und die Erde ist entstanden in der offenkundigen Absicht, das Leben möglich zu machen und mit dem Leben die Menschheit, und mit der Menschheit den erkennenden Geist, der da genießt von der Frucht der Erkenntnis des Guten und des Bösen. Kurz, die Erde ist eine einzigartige Waffe des Teufels, die Welt an sich zu reißen. Und außerdem (das nur nebenbei) haben das Leben und die Menschheit und der erkennende Geist vielleicht auch noch andere höhere Zwecke. Vom Standpunkt des Teufels hat diese Waffe noch lange nicht ausgedient, sondern sie ist im Schmieden begriffen: Der erkennende Geist ist erst daran, geschliffen zu werden, das beendete Produkt liegt noch in unvorstellbarer Zukunft. Und die Todsünden sind die Schleifsteine, die diese Waffe schärfen.

Wir hatten in diesem Abschnitt eigentlich die Absicht, uns mit der Erde zu befassen, wie sie sich zusammensetzt aus den Atomen, um Bühne des Lebens zu werden. Die Feder ist uns etwas ausgeglitten, wir haben uns in vielleicht nicht ganz pertinenten Überlegungen verloren, man möge uns diesen Exkurs verzeihen. Wir kehren nun schnell zum Thema zurück und werden versuchen zu schildern, wie der Teufel auf der Erde die Atome zusammensetzt; wir werden die Erde als ein Puzzlespiel des Teufels zu sehen versuchen. Man kann die Atome nämlich nicht nur als ein Konglomerat ihrer halb abstrakten Teile betrachten, sondern auch als soziale Geschöpfe. Sie haben die Neigung, sich miteinander zu höherer Einheit zu binden. Die Chemiker erzählen uns, wie die Atome ihre Händchen hilfesuchend strecken und einander reichen. Wie sie einander bei einer Hand oder bei vielen Händchen packen und wie dabei einfache oder sehr komplizierte Gebilde entstehen, nämlich die Moleküle. Wir hatten versprochen, an den Atomen lebensähnliche Phänomene zu finden, und beginnen, unser Versprechen zu halten. Die Parallele mit dem Leben geht aber noch viel weiter. Die Gesellschaft der Atome kennt nämlich genaue Wertskalen wie die Gesellschaft des Lebens. Die Chemiker erzählen uns, daß es ganz ordinäre Atome gibt, einwertige nämlich, daneben aber auch vielwertige Aristokraten. Es gibt nicht etwa unendlich viele Arten von Atomen, sondern nur zweiundneunzig, und diese wenigen Arten stehen in einem hierarchisch geordneten Feudalsystem zueinander. Die dingliche Welt ist, wie wir sagten, begrenzt, und da es also nur eine begrenzte Anzahl von Atomen auf der Welt gibt, so ist die Begrenztheit der Arten der Atome eine selbstverständliche Sache. Aber daß es gerade zweiundneunzig gibt, das will uns nicht so recht passen. Für unseren Geist wäre es leichter, sich mit einer Art von Atomen oder im schlimmsten Fall mit zwei oder drei abzufinden. Oder dann doch zumindest mit einigen Millionen. Darum bemüht sich auch der wissenschaftliche Geist, die Atome eins ums andere zu reduzieren, und andererseits, ihre Zahl künstlich zu vergrößern. In letzter Zeit werden daher Atome geschaffen, die immer größer und schwerer werden und die die natürlichen Atome weit in den Schatten stellen. Andererseits werden Gebilde erzeugt, die leichter sind als der Wasserstoff, also eigentlich weniger als eins sind. Wir haben ja schon zu zeigen versucht, wie sich der Teufel in unseren Tagen bemüht, die Natur mit Hilfe der Menschheit zu korrigieren. So haben wir denn den Stein der Weisen gefunden und können nicht nur Gold, sondern auch Thorium und Plutonium in unseren Retorten erzeugen. Das Resultat ist allerdings ein klein wenig unheimlich, und das Mittelalter scheint recht zu behalten mit dem Alchimistenverbrennen. Daß auch uns dieser Umstand bekannt ist, beweisen die Namen, mit denen wir diese neuen Teufelsgebilde bezeichnen. Thor und Pluto sind ja Archetypen des Teufels. Schon der Name des Urans, des Urahns der Atome, ist nicht ganz geheuer. Er beweist, wie der Teufel schon im vorigen Jahrhundert prophetisch im Unterbewußtsein der taufenden Chemiker wirkte. Denn Uranos ist der Gemahl der Gea, unserer Erde, und wurde von Kronos entmannt (der vielleicht mit Chronos verwandt ist?), und aus dieser Katastrophe entstand sonderbarerweise die schaumgeborene Venus, also das Leben. Wenn uns solche Wortspiele zusagen, dann können wir mit Vergnügen bemerken, wie die Atomphysik und die Chemie unbewußt ihren Weg in die griechische Theogonie zurückgehen, aus der sie einmal entstanden sind, und wie der Teufel Atomenergie (also das Verbrechen) mit Venus (also der Schönheit) verbindet. Doch ist vielleicht eine solche Betrachtung ein wenig zu radikal, sie führt zu steil zum Ziel dieses Buches. Wir wollen sie verlassen und uns den Atomen zuwenden, die da trachten, sich zu verbinden.

Wir haben die Parabel von den gereckten Händchen gebraucht, mit denen die Atome winken, ein Bild, das uns aus der Chemie vertraut ist. Eindrucksvoll erscheinen die Arme in den magischen Strukturformeln der Chemiker, in den vielzackigen und verschrobenen Sternen und Benzolringen, die so stark an Zeichnungen von Paranoiden und an tibetanische Mandalas erinnern. Wir könnten ebensogut von den mit Kerben und Häkchen versehenen Atomen des Demokrit sprechen, wenn wir uns ein Bild von dem zum Molekül strebenden Atom machen wollen. So wirbeln scheinbar die Atome durch den gähnenden leeren Raum, und wenn sie einander finden und zueinander passen, dann fassen sie einander und bilden ein Molekül, und erst so ist ein »wirklicher« Körper entstanden. Für sich allein sind die Atome nicht eigentlich Dinge, sondern Stoff in statu nascendi. Wir kommen von einer anderen Seite zum Problem der Quelle des Stoffes. Wieder einmal erscheint uns der Stoff als eine illusionäre Folge des Geistes, der die Schöpfung duchhaucht und der sich den Teufel schuf, um die Dinge sinnlich zu machen. Wir wollen diesen Punkt hier nicht erneut berühren. Nur soviel: Das Atom ist eigentlich nichts, außer es ist ein Teil des Moleküls, erst durchs Molekül wird es wirklich. Dasselbe gilt nämlich vielleicht auch vom Lebewesen, das wirklich wird erst in der Gesellschaft. Also wieder eine Parallele zwischen Atom und Leben. Ganz primitive Atome können vielleicht ein Einzelleben führen, sie sind dann sozusagen Atome und Molekül zugleich, eine unheimliche Sache. Dasselbe gilt ja auch von den einzelligen Wesen, sie sind zugleich Zelle und Organismus. Auf etwas höherer Stufe gilt dasselbe von den doppelgeschlechtlichen Wesen, welche zugleich Individuum sind und Familie. »Normalerweise« aber müssen sich die Atome mit anderen verbinden, um wirklich zu werden. Die Gesetze, die dieses Verbinden regieren, haben mit Elektrizität, mit Magnetismus, mit Wärme zu tun, sie sind eine Brücke zwischen Himmel und Erde. Theoretisch sind sie also ebenso strahlend und klar wie die Gesetze der Astronomie, aber praktisch sind die Phänomene verworren, weil wir uns bei ihnen dem Leben, also dem Zweckvollen, nähern. Die ganze Chemie ist geheimnisvoll trächtig von der organischen Chemie, um nicht Biologie zu sagen. Die Moleküle, die da nach den sogenannten exakten Gesetzen entstehen, sind von verwirrender Buntheit. Und diese Komplikationen sind sehr verständlich, wenn man bedenkt, wie viele mögliche Kombinationen bestehen aus zweiundneunzig Elementen und ihren zahlreichen Händen. Wenn der Teufel beginnt, Moleküle zu bauen, dann sollte man eigentlich von Zusammensetzspiel nicht mehr sprechen. Er ist fortan mehr mit einem Schachspieler zu vergleichen, denn er kombiniert mit mathematischer Strenge und doch mit Fantasie, und er hat einen Gegenspieler. Die Kindheit des Teufels nähert sich in der Chemie ihrem Ende. Manche von den chemischen Verbindungen sind allerdings noch sehr primitiv, sie stammen aus der Urzeit. Außerhalb der Erde scheint sich der Teufel zum Beispiel nur mit Verbindungen gleichartiger Atome zu begnügen. Der Weltraum außerhalb der Erde besteht scheinbar zum größten Teil aus chemischen Elementen. Auf der Erde aber erreichen diese Verbindungen eine manchmal fantastisch komplizierte Struktur, sie sind verschlungen wie Schlangen. Es kommt bei ihnen nicht nur darauf an, aus welchen Atomen sie bestehen, sondern auch auf die Stellung der Atome in ihnen. Bei so komplizierten Molekülen verliert das Atom gleichsam seine Eigenart nicht, wenn es auch darin aufgeht. Es behauptet eine individualisierte Rolle je nach der Stellung, die es darin einnimmt. Wiederum eine Parallele zum Leben. Auch dieses kennt primitive Gesellschaften, die das Individuum verschlucken, und komplizierte Gesellschaften, in denen dem Individuum in einer Pyramide eine Stelle zukommt. Genau wie im Falle der Lebensgesellschaft sind auch die chemischen Verbindungen desto gebrechlicher, je komplizierter sie sich aufbauen. Das freie Spiel der Chemie, Analyse und Synthese, Säuren und Basen und Salze (ganz zu schweigen von Alkohol und Äther) sind aufgebaut auf der Schwäche und Korrumpierbarkeit der Moleküle. Ganz wie das Spiel der menschlichen Säuren und Basen, also des Geistes, sich auf der Schwäche und der Gebrechlichkeit der menschlichen Gesellschaft aufbaut. Von diesem Standpunkt sind die hochkomplizierten Polymere beinahe schon sündhaft. An ihrer dickflüssigen Viskosität kann man, wenn man will, beinahe schon Wollust entdecken. Tatsächlich sind uns ja diese schmierigen Öle beinahe unappetitlich, und wenn wir in sie hineingreifen, haben wir fast das Gefühl, in Leben hineinzufassen.

Diese vielleicht etwas pornografische Überlegung führt uns zum Problem des Aggregatzustandes, zur Bindung und Übergesellschaft der Moleküle. Auch hier nimmt unsere Erde einen besonderen Stand ein. Dort draußen im Weltall ist das Aggregat eigentlich nicht problematisch. Die in rasender Glut begriffenen Körper bestehen wahrscheinlich aus Gasen, und die sind eigentlich keine Verbindungen von Molekülen, sondern auseinanderstrebende Mengen. Die am Nullpunkt erstarrten Gebilde sind fest im wahren Sinne des Wortes. Die Moleküle liegen dort starr beieinander und bewegen sich nicht, sie bilden eine Gesellschaft nur im negativen Sinne des Haufens. Bei uns auf der Erde hingegen verhält sich die Lage anders. Besonders in der Kruste der Erde, also im Mittelgebiet zwischen feurigem Kern und luftiger Hülle, bildet der Aggregatzustand eine mysteriöse Verwirrung. In den sogenannten festen Körpern umspielen die Moleküle einander auf elastische Weise, in den Gasen ziehen sie ihre seltsamen brownschen Kreise. Und in den Flüssigkeiten, die weder Fisch noch Fleisch sind, strömen sie einher und dem Leben entgegen. Bei einer Verschiebung der Temperatur oder des Druckes, die gemessen am Weltall lächerlich klein ist, verwandeln sich feste Körper in Gase, oder die Gase erstarren. Schon von diesem Standpunkt aus gesehen zeigt sich die Sonderstellung der Erde, auf der nichts definitiv ist. Dabei ist damit die Lage der Dinge noch nicht richtig geschildert. Man kann nämlich keinen Körper nach seinem Zustand definieren, fest geht in flüssig und flüssig in gasförmig über. Wenn wir »fest« oder »gasförmig« sagen, dann sprechen wir entweder von absurden Extremen, oder wir gebrauchen logische Bilder. Wie alles auf der Erde ist auch das Aggregat nur relativ zu verstehen im Vergleich zu anderen Körpern.

Dort, wo die Definition am schlimmsten versagt, wo die Sache am meisten im Flusse ist, dort ist das Leben entstanden. Es ist völlig sinnlos, beim Protoplasma, mit seinen Körnern und seinen Bläschen, von Aggregat zu sprechen. Wir nennen das Leben flüssig, weil wir damit seine Problematik und seine Labilität auch vom chemischen Standpunkt am besten umschreiben. Ganz abgesehen vom Protoplasma, müssen wir jetzt schon auf unserem Weg in die Schöpfung schaudernd innehalten. Schon jetzt beginnen die Begriffe zu fließen, alles wird verschwommen und relativ, wir haben den Halt an dem Zeitlosen verloren. Die Zeit hat uns verschlungen, wir haben uns von der Gottheit entfernt. In den Sternen und in den Atomen, dort hatten wir noch den Wahn der ewigen Klarheit. In der Chemie (und nicht nur wegen der Relativität der Aggregatzustände) fällt es wie ein Schleier von unseren Augen oder, besser gesagt, beginnt ein Schleier, unseren Blick zu verhüllen. Wir gewinnen das Gefühl für die Täuschung der Dinge. Wir fühlen die Welt als Blendwerk des Teufels, kurz, als den Schleier der Maja.

Wir müssen, bevor wir dieses Kapitel verlassen, noch zweier ganz besonderer Spezies von Atomen gedenken. Und zwar des Siliziums und des Kohlenstoffs. Diese beiden Elemente scheinen die Grundlage für besonders verteufelte Verbindungen zu bilden. Auf unserer Erde bildet natürlich nur der Kohlenstoff die Basis für die organische Chemie, er ist der Selbstauslöser des Lebens. Die moderne Chemie kann jedoch auch auf Basis des Siliziums komplizierte Polymere erzeugen. Es bleibt der Fantasie des Lesers überlassen, sich irgendwo, vielleicht auf einem anderen Stern, eine komplette Teufelsorganisation des Siliziums vorzustellen, also ein »Antileben«. Im periodischen System ist zwar das Silizium dem Kohlenstoff benachbart (unter einem besonderen Gesichtspunkt), hat aber selbstverständlich ganz andere und teils entgegengesetzte Eigenschaften. Eine wahre Science-fiction sollte unsere Bibliotheken und Kinos mit Siliziumungeheuern oder Siliziumgöttern beleben.

Auch auf dem Gebiet der Chemie greift der menschliche Geist verbessernd in die Natur ein. Es entstehen Verbindungen, die sich der Teufel in seiner Kindheit nicht hat träumen lassen. Der Dünger aus der Luft und das Gewebe aus Harnstoff sind als Beispiele anzuführen. An ihnen sieht man einen Zug an der Gestalt des Teufels, der dem Mittelalter vertraut war. Er ist nämlich unappetitlich, und außerdem stinkt er. Wenn man vorschlägt (und zwar sehr plausibel), unser Jahrhundert das plastische zu nennen, so spielt man, bewußt oder unbewußt, auf diesen Aspekt an, der unseren Fürsten kennzeichnet.

Wir haben uns nun von allen Seiten dem Gebiet des Lebens genähert. Wir wollen darum die unbelebte Natur, den Teufel als Baby, verlassen. Wir hoffen, durch das vorher Gesagte etwas vom Urcharakter des Teufels beleuchtet zu haben. Er wird uns nicht mehr völlig fremd sein, wenn wir versuchen werden, ihn jetzt im Reich des Lebens zu finden. Alles, was wir bisher über ihn sagten, interessierte uns eigentlich nur intellektuell, er weckte nicht eigentlich unsere Abscheu und Ehrfurcht, sondern unsere Neugier. Auf dem Gebiet des Lebens wird er real, er gewinnt einen ethischen Charakter. Er wird mit anderen Worten zum Teufel der Menschheit. So wollen wir denn den Weg in die Sünde nicht weiter verzögern und entschlossen den Vorhang zum Leben lüften, das heißt, zu uns selbst.

ZWEITES KAPITEL: DIE WOLLUST

Wir haben zu zeigen versucht, wie aus dem Himmel und aus der Erde – zufalls-, schicksals- und absichtsvoll – die Einflüsse rieselten und sich zu unzähligen Tributarbächen sammelten, um schließlich, vor Millionen von Jahren, in den Strom des Lebens zu münden. Aus Geist haben sich Himmel und Erde verdichtet, um den Strom des Lebens zu erzeugen, der da rollt dem Ozean des Geistes entgegen. Wenn wir bei der Beschreibung des Lebens das Gleichnis des Wasserkreislaufs aufgreifen, so geschieht das aus dichterischen Gründen. In dieser banalen Parabel ist eine Reihe von Lebensaspekten zu *einem* Bild verdichtet. Erstens die Flüssigkeit, die Flüchtigkeit, die Labilität und die Plastizität des Lebens. Zweitens der geistige Ursprung und das geistige Ziel des Lebens und wie Ziel und Ursprung zusammenfallen und miteinander identisch sind. Drittens verbirgt dieses Bild die Vorstellung von Samsara, vom immer wiederkehrenden Rad des Lebens. Viertens erscheint das Leben als ein einheitlicher und amorpher Prozeß, die einzelnen Lebewesen sind ebenso unwesentlich und illusionär wie Wassertropfen im Flusse. Und vieles andere schwingt in dem Gleichnis vom kreisenden Wasser mit, das auf die Gottheit und auf den Teufel weist und das wir nicht einmal andeuten, geschweige denn aussprechen wollen. Denn das Gleichnis vom kreisenden Wasser ist zwar auch bei uns im Westen banal, doch ist es bedeutungsschwanger. Uns will es so scheinen, als habe eigentlich nur der Osten wirklich versucht, es zu Ende zu denken. Uns westlichen Menschen ist zwar das strömende Leben ein verstandesmäßiger Begriff, wir wissen von der Einheit des Lebensprozesses und von der fliehenden Unbeständigkeit der einzelnen Lebewesen auf seiner Oberfläche. Wir sind aber in unserer Individualität auf solche Weise verkapselt, daß wir diese uns bekannte Tatsache nicht erleben können. Wir leisten der Überzeugung vom Lebensstrom Lippendienst, sind aber weder geneigt noch befähigt, uns ihr zu ergeben. Darum wollen wir auch den vollen Impakt der Wasserparabel der bedächtigen Überlegung des Lesers überlassen und vielleicht späteren Kapiteln unseres Buches und einer andächtigeren Laune.

In diesem Kapitel wollen wir ganz auf dem Boden des Westens bleiben und versuchen, das Flüssigsein des Lebens im westlichen, das heißt im wörtlichen Sinn zu beschreiben.

1. Das Leben

Bisher haben wir versucht (mit vielleicht problematischem Erfolg), eine detachierte Stellung zur Schöpfung einzunehmen. Wir haben versucht, die Welt ebenso vom Standpunkt der Sinnlosigkeit und der Schönheit zu beleuchten wie vom Standpunkt der Zweckhaftigkeit und des stürmenden Strebens. Auf dem Gebiet des Lebens wird uns diese Trägheit und Trauer des Herzens nicht ebenso leicht gelingen. Wir werden darum für den Moment gar nicht darauf bestehen. Mit pochendem Herzen und aufgewühlt wollen wir beschreiben, wie aus dem Stand der Sonne zu den Planeten, aus der chemischen und physikalischen und Gott weiß welcher Konstellation der Dinge auf Erden in einem schicksalsschweren Moment das erste Protoplasma entstand, der erste Tropfen Leben. Wie sich die ganze enorme Schöpfung verschwor, diesen winzigen Tropfen aus ihrem Schoß zu gebären. Der Kosmos kreiste, die Erde verkrampfte sich in rasenden Ebben und Fluten und trommelnden Regengüssen, und am Strand eines vergessenen Meeres entstand der erste Schleim, die schaumgeborene Venus. Dieses im wahrsten Sinne des Wortes epochemachende Ereignis ist unserem Blick durch die riesige zeitliche Entfernung verschleiert, so daß wir uns nicht einmal vorstellen können, wie dieser Urschleim aussah. Dem wissenschaftlichen und vom Teufel angefeuerten Geist ist es noch nicht gelungen, die damaligen Verhältnisse im Laboratorium zu wiederholen und den Homunkulus zu erzeugen. Das vom Menschen geschaffene künstliche Leben liegt noch in der Zukunft, und sollte es gelingen, es wäre ein Sieg des Teufels, der das Beherrschen der toten Natur durch den Menschen weit in den Schatten rückte. Wieder einmal müssen wir uns über den Mangel an Fantasie unserer Utopienschreiber wundern. Sie bevölkern ihre Welten mit mechanischen Robotern oder frankensteinschen Geschöpfen, statt sie mit wandelnden Muskeln und Därmen und Geschlechtsorganen und Hirnen zu besiedeln. Sollte das künstliche Leben gelingen, die Welt wäre voll von solchem Gesindel, ein tröstlicher Gedanke. Wir können Gott danken, daß wir in diesem Sinne noch Großeltern sind, nicht Enkel.

Die provisorische Unfähigkeit unserer Wissenschaftler, das Entstehen des Lebens zu reproduzieren, hat eine Unzahl von Gründen. Vor allem den Umstand, daß wir uns eine Orthogenese nicht vorstellen können. In der Natur können wir diesen Prozeß nirgends wiederfinden. Seit Millionen von Jahren gilt der Satz: Omne vivum ex vivo. Es will so scheinen, als sei das Entstehen des Lebens ein einmaliges Ereignis gewesen. Nur einmal ist die tote Natur vom Lebensodem angehaucht worden, scheint die Schöpfung zu sagen. Ein einmaliges Ereignis ist aber für den wissenschaftlichen Geist nicht zu fassen: Die Wissenschaft ist eine geistige Disziplin, die sich nur auf periodische Phänomene anwenden läßt, am Einmaligen, das heißt am Wunder, zerschellt sie. Darum ist es der Wissenschaft selbstredend unsympathisch, und sie läßt die Hypothese der Orthogenese nur widerwillig gelten. Sie würde lieber das Entstehen des Lebens in frühere Zeiten und auf andere Sterne verschieben, um dem Dilemma des Wunders teilweise auszuweichen. Wir wollen aber der Wissenschaft auf ihrer Flucht in den Ausweg nicht folgen und uns mit dem Wunder der Fleischwerdung auf der Erde begnügen.

Es ist nun die Zeit gekommen, einen flüchtigen Blick durch das Mikroskop des Biologen zu werfen, der seit einiger Zeit sein Objektiv auf das Protoplasma wendet, um es auszuspähen. Allerdings, was da unter das Mikroskop geschoben wird, ist natürlich nicht der Urstoff des Lebens. Es ist modernes Protoplasma, ein Tropfen aus dem heutigen Lebensstrom. Der Urstoff des Lebens, so wie er entstand am ersten Tage des Fleisches, er ist uns für immer verloren. Die unendliche Komplikation, die schier unwahrscheinliche Verwirrung, die vom chemischen, vom elektromagnetischen, ja, vom morphologischen Standpunkt im Protoplasma herrscht, ist daher vielleicht eine moderne Erscheinung. Ganz abgesehen von der Überlegung, daß sie vielleicht nur aus dem Auge des Beschauers hervorkommt. Das urtümliche Protoplasma war vielleicht von kristallener Klarheit. Die Wissenschaftler belehren uns ja, daß das Protoplasma ein flüssiges Kristall ist. Von diesem Standpunkt gesehen, ist das Protoplasma nichts als der letzte, aber erfolgreiche Vorstoß der Schöpfung in Richtung des Lebens. Die unbelebten Kristalle sind vielleicht gescheiterte Versuche des Teufels, Lebensodem in den Stoff zu hauchen. Diese seltsamen und etwas unheimlichen Gebilde, die sich im finsteren Schoß der Berge entfalten, haben leider mit dem Leben eine große Verwandtschaft. Sie haben ähnliche geometrische, optische, elektrische und andere Eigenschaften. Sie vermehren und ernähren sich und recken zum Teil ihre Tentakeln lüstern dem Licht entgegen. Sie bilden eine teuflische Brücke zwischen dem amorphen Stoff und dem Leben. Von diesem Standpunkt gesehen, ist die Biologie ein Spezialfall der Kristallografie, sie behandelt komplizierte flüssige Kristalle. Es verwaschen sich für unser Auge wieder alle Grenzen der Schichten der Erkenntnis. Alle Versuche der Definition werden wieder zunichte. Wir verstricken uns immer tiefer im Reiche der Maja.

Bei dieser Überlegung wird ein charakteristischer Zug des Lebens ersichtlich, nämlich seine Methode, sich zu entwickeln. Tausende und Abertausende von Kristallen wurden vom Teufel versucht, bis ihm gelang, das Protoplasma zu weiterer Entwicklung zu verführen. Die übrigen Kristalle ließ er dann entweder erstarrt beiseite, oder er verwarf sie. Derselbe Prozeß der Versuchung, der Verführung und des Verwerfens kennzeichnet die ganze Evolution, die Engländer nennen ihn *trial and error*. Der Teufel weiß zwar, was er will, aber scheinbar kennt er nicht den kürzesten Weg, um zum Ziel zu gelangen. Darum ist der Weg der Entwicklung verschroben und verwickelt und kennt so viele Sackgassen und absurde Fehlkonstruktionen. Aber im Prinzip ist doch die ganze Entwicklung im ersten Tropfen des Protoplasma im Keime enthalten. Alle pflanzlichen und tierischen Körper, alle verstorbenen und ungeborenen Menschen, alle gedachten und noch zu denkenden Gedanken, alle zukünftigen Formen bis hinauf zum Engel und zum Dämon schlummern im Protoplasma. Wenn wir diesen ungeheuerlichen Umstand im Auge behalten, dann kann es uns nicht verwundern, daß sich das Protoplasma weigert, unter dem Mikroskop verstanden zu werden. Wir finden es dann nur selbstverständlich, daß zum Beispiel eine

Analyse oder gar eine Synthese der chemischen Überverbindungen, die das Protoplasma bilden, bisher nicht erreicht ist. Im Gegenteil, wir beginnen zu zweifeln, ob dieser ganze Versuch überhaupt zur Sache gehört, ob sich unsere Biologen dabei nicht auf einem Holzweg befinden. Zwar ist das Leben ganz unmerklich und sacht aus der Chemie entstanden, aber plötzlich scheint die Chemie zum Leben nicht mehr zu passen. Sie scheint einen wichtigen Teil des Lebens nicht zu berühren. In diesem Sinne vor allem facit natura saltum.

Nichtsdestoweniger setzt der analysierende Geist seine Skalpelle ans Leben an und erkennt das Protoplasma als Zelle, an der er den Kern vom Inhalt und von den Wänden unterscheidet. Bevor wir jedoch, wenn auch ganz flüchtig, dieser Analyse zu folgen versuchen, müssen wir uns einen ganz entsetzlichen Umstand vor Augen halten. Die Biologen sind nämlich gezwungen, lebendes von totem Protoplasma zu unterscheiden. Schon jetzt und so früh auf dem Wege des Lebens stehen wir vor der Frage des Todes. Denn dieser Ausfall des Tropfens aus dem Strom des Lebens und Rückfall in die amorphe Masse der Dinge ist ein Prozeß, der die ganze Geschichte des Lebens seit seinem Anfang begleitet. Die Überlegung, daß das Leben als solches den Tod nicht kennt, daß es dahinströmt in unaufhörlichem Schwalle und in immer breiteren und tieferen Fluten, kann uns das kalte Entsetzen des Todes keineswegs lindern. Und noch weit weniger die Überlegung, daß das tote, verstorbene Leben aufgesogen wird vom ewig lebenden Leben, daß es Nahrung ist für das vorwärts stürmende, unsterbliche Protoplasma. Etwas Entsetzliches ist geschehen, wenn auch nur ein einziger Tropfen den Strom des Lebens verlassen hat. Dieses uns im Innersten betreffende und aufrührende Thema wollen wir schleunigst verlassen. Wir werden ihm nur zu oft im Laufe dieses Buches begegnen.

2. Die Zelle

Die Schwierigkeiten des Biologen beginnen schon vor der Betrachtung des Protoplasma. Bevor er es unter das Mikroskop schiebt, muß er das Leben in den meisten Fällen töten. Schon die Nuklearphysik teilt uns mit, daß bei der Beobachtung des Atoms durch den Physiker eine ähnliche Katastrophe eintritt. Es gibt Vorgänge im Atom, bei denen man den Beobachter vom Beobachteten nicht richtig trennen kann, der Beobachter greift durch das bloße Beobachten ins Gefüge der Phänomene ein. Was in der Physik ein erkenntnistheoretisches Problem ist, gewinnt auf dem Gebiet des Lebens eine ethische Färbung. Ein zur Beobachtung isolierter Tropfen Leben wurde aus dem Lebensstrom gerissen zum Zweck des Versuchs, er ist, selbst unter den größten Vorsichtsmaßnahmen, nicht mehr lebendig. Was uns daher die Biologen über das Protoplasma erzählen, bezieht sich meistens auf Ex-Protoplasma. Doch wissen wir, daß das lebende Protoplasma gewöhnlich hochorganisiert ist, nämlich als Zelle. Die Zelle scheint die Form zu sein, nach der sich das Leben kristallisiert, sie ist die Weise, in der sich der Geist im Stofflichen ausdrückt. Es gibt zwar auch ungezelltes Leben, zum Beispiel den Virus. Doch lebt dieses ungezellte Leben vom organisierten Leben, es schmarotzt auf den Zellen. Es kann also nicht eine Vorstufe der Zelle sein, sondern nur eine Verfallserscheinung. Man kann die Zelle selbstverständlich von beinahe unendlich vielen Seiten beleuchten. Man kann sie als einen Motor betrachten, den die Sonne geheimnisvoll antreibt. Man kann in ihr eine chemische Fabrik von unglaublicher Feinheit sehen, in der ein kostbares Gleichgewicht der Reaktionen den immer drohenden Zusammenbruch im letzten Moment verhütet. Man kann die Zelle als Radioröhre betrachten, als elektronische Rechenmaschine, als Bibliothek oder als Safe aller erdenklichen vergangenen und zukünftigen Lebenseigenschaften, als Gebärmutter des Geistes, der Wahrheit, der Schönheit, der Güte. Ja, man kann, wenn man will, die Zelle als Gebärmutter Gottes betrachten. Wir haben uns aber, Gott sei Dank, vorgenommen, den Schichten auszuweichen. Darum beschränken wir uns bei der Zelle auf ihren Aspekt als Sitz und Ursprung der Wollust.

Dieser winzige Tropfen Lebens, dessen Wände durchlässig sind und doch den Inhalt schützend versperren, dessen Saft sich geheimnisvoll in Körnchen und Bläschen gliedert, dessen Kern aus Perlenschnüren besteht, die sich winden, verwirren und trennen, und jede einzelne Perle, das Gen, die Weisheit der Jahrmillionen darstellt und auf unendliche Zukunft hinweist, dieser Tropfen reckt sich und streckt sich und wendet sich dem Lichte zu und sendet lüsterne Pseudopodien aus, und gierig verschlingt er Nahrung, und im extremen Paroxysmus windet er sich und wallt er auf und ejakuliert und teilt sich und spendet neues Leben. Die Biologen versuchen, mit kaltem, strengem, prüdem und ganz unpornografischem Geist diese Wunder zu schildern. Sie berechnen auf mathematische Weise, wie diese rasenden Wogen von Ebbe–Flut in der Zelle entstehen, wie die Gene sich schamlos vermischen und reuig auseinanderfallen, wie post festum sich eine Scheidewand in die Zelle hineinschiebt und hypokritisch die Sünde verdeckend den Zellenleib zweiteilt. Doch geht diese distanzierte Art, die Dinge zu schildern, ganz an der Glut und der rasenden Lust vorbei, die den Teufel in der Zelle erfaßt hat. Auf dem Gebiet der Sterne und der Atome, der Polymere und der Kristalle lassen wir uns die logische Art der Betrachtung mit Freuden gefallen. Auf dem Gebiet des Lebens hingegen will uns ein Ekel befallen, wenn wir ihrem Gedankengang folgen. Wenn ein Wesen sich in äußerster Lust und äußersten Qualen windet, wenn es sich gänzlich hingibt der Lust und in Selbstaufgabe sich spaltet, wenn es in den entsetzlichen Geburtswehen zerspringt, um Leben zu erzeugen, wenn es mit einem Worte an den Pforten des Himmels und der Hölle zugleich steht: Sollen wir da wiegen und messen und rechnen?

3. Der Organismus

Zu Beginn war die Zelle, wahrscheinlich für viele Millionen von Jahren, für den größten Teil der Geschichte des Lebens die einzige Lebensform. Und der oben geschilderte Vorgang, die wollüstige Teilung der Zelle, war der Zweck und das Ziel allen Fleisches. Dieses Geschehen können wir je nach unserer Neigung als heroischen Selbstmord im Interesse des Lebens ansehen oder als ewig sich teilendes und sich verbreitendes Leben, dem der Begriff des natürlichen Todes vollkommen fremd ist. Vom Standpunkt der Zelle gesehen, ist der Tod ein Akzident, ein von außen kommender Zufall. Im

Plan der Zelle ist der Tod nicht vorgesehen gewesen. Der größte Teil des Lebensstroms besteht auch heute noch immer aus solchen einzelligen Wesen. Noch heute rollt der Teilungsprozeß vor unseren Augen unter dem Mikroskop, in unseren Körpern und als Teil unseres Blutes ab, er charakterisiert den alles erhaltenden und alles zersetzenden riesigen Schwall der »Aufgußtiere«, der Bakterien, eines großen Teils des Planktons im Meer und unserer Leukozyten. Diese Wesen bilden die geografische Grenze des Lebens hinauf in die Lüfte und hinab in die Schlünde der Meere. Sie sind die Hülle, die alles übrige Leben umgibt, die es gänzlich durchdringt und die es ernährt, um es dann wieder zu verschlingen. Vom Standpunkt der einzelligen Wesen ist alles übrige Leben ein Auswuchs, ein Krebsgeschwür auf dem enormen, ewig wachsenden und unsterblichen Körper des Lebens. Die mehrzelligen Wesen sind entweder ein pathologisches Gebilde des Lebens oder ein Luxus. Sie sind eine teuflische Zugabe, ein Höllengewächs, das sich aus dem Nährboden der einzelligen Wesen herauskristallisiert hat. Und diese Wesen sind sterblich in einem neuen Sinn des Wortes. Sie *können* nicht nur sterben, wie die Protozoen, sondern sie *müssen* sterben. Aber die Erinnerung an das Nichtsterbenmüssen der Protozoen ist in ihnen aufrecht geblieben, sie leben so, als ob sie ewig leben sollten. Wir wissen, daß der Begriff des natürlichen Todes den sogenannten primitiven Völkerstämmen fremd ist, den naturnächsten aller Menschen. Diese Leute erkennen den Tod als Mord, den ein menschlicher oder übermenschlicher Feind an ihnen verübt, und verlangen Genugtuung für den Verlust eines jeden Stammesmitglieds. Auch wir, die wir doch vorgeben, den Tod als notwendig zu erkennen, fühlen ihn als Leid, als Beleidigung und als Schande der Zivilisation und suchen nach dem Elixier des Lebens. Wenn dem nicht so wäre, das ganze enorme Gebäude der Medizin wäre nicht entstanden. Diesen durch nichts zu erschütternden Glauben an unsere fleischliche Unsterblichkeit schöpfen wir aus der Erinnerung an den einzelligen Zustand, aus dem tiefsten Grund des »id« im jungschen Sinne des Wortes. Doch wenn wir uns logisch gebärden, dann wollen wir glauben machen, daß wir uns mit dem Tode abgefunden haben. Die aristotelischen Syllogismen beginnen mit dem Satz: Alle Menschen sind sterblich.

Wir wollen darüber nicht spekulieren, ob der Tod des Fleisches real oder eine Illusion ist und also der dumpfe Glaube des Unterbewußtseins »im Recht« ist. Wahrscheinlich ist diese Frage ein linguistisches Problem, abhängig von der Definition, die wir dem Begriff »Tod« erteilen. Sie ist also Standpunktsache. Von unserem Standpunkt des Teufels wollen wir nur folgendes zu bedenken geben: Vielleicht ist die Amöbe unsterblich, weil sie noch keine Seele aufzugeben hätte. Wozu sollte sie also der Teufel sterblich machen?

Um eine »Seele« hervorzubringen, hat es der Teufel so eingerichtet, daß nach der Zellteilung die Geschwisterzellen beisammenblieben in enger und mysteriöser Verbindung. Es entstand ein Überwesen, eine Familie, die keine mehr ist, sondern ein neues Ich, eine Art »Über-Ich« ist. Man kann von diesem Wunder erzählen, doch glauben wir nicht, daß man es je wird erklären können. Man sagt, es seien biochemische Vorgänge, die diese Familie binden. Wir können uns aber nicht vorstellen, wie diese chemischen Vorgänge, sozusagen exotherm, das »Ichsein« der neuen Geschöpfe provozieren. In diesem scheinbar so trivialen Prozeß der Entwicklung von Zelle zu Gewebe ist unserer Meinung nach nicht nur das Geheimnis des »Ichseins« begraben. Sondern die Natur ist wieder einmal gesprungen. Die Zelle verübt auf einmal nämlich nicht mehr Selbstmord, um Leben zu schaffen, sondern sie verübt einen Selbstmord von ganz neuem Gepräge. Sie gibt ihre Eigenart auf und opfert sich dem Gewebe. Das, scheint uns, hat eine ethische, ja religiöse Bedeutung. Und diese Bedeutung ist nicht geheuer, sie deutet auf die Todsünden, sie ebnet den Weg des Teufels. Die Arbeitsteilung der Zellen im Gewebe und später der Gewebe in den Organen, der Organe im Organismus und der Organismen in »höheren« Gebilden, das ist der Auftakt zur Hierarchie, das heißt zum Neid, zum Geiz, zur Hoffart, zu allen Sünden des Todes. Vielleicht ist das der Grund für die Sterblichkeit der vielzelligen Wesen. Was vielzellig ist, ist ein verschleierter Kampfplatz, der vorgibt, eine Kooperative zu sein, und muß am Ende an der eigenen Dialektik zerspringen. Der Aufstand des Magens gegen den Kopf, den die alten Römer zur Zeit der Sklavenaufstände vergleichsweise zitierten, ist eine wörtliche Tatsache in unseren Körpern. Der Kampf zwischen Darm und Herz ist echt im medizinischen wie im übertragenen Sinne des Wortes. Der Organismus ist das Resultat von sich kreuzenden Todsünden und lebt nur so lange, als die Sünden sich gegenseitig beheben. Gewinnt eine Sünde die Oberhand, dann ist das Gleichgewicht gestört, es tritt der natürliche Tod ein.

Man kann natürlich dieselbe Sache optimistischer schildern. Man kann sagen, daß das vielzellige Wesen tatsächlich kooperativ ist, daß aber die Integration der Einzelteile noch nicht richtig erreicht ist, und darum erscheinen diese Wesen als Kampfplatz. Tatsächlich ist ja das vielzellige Leben im Vergleich zu den Protozoen noch ein junges Experiment, es hat das Recht, nicht ganz einwandfrei zu funktionieren. Ein wirklich integriertes Geschöpf wird keine Probleme haben (so kann man vielleicht behaupten), das vielzellige unsterbliche Lebewesen ist eine Sache der Zukunft. Wir wundern uns eigentlich, daß eine solche optimistische Meinung in unserer Zeit nicht häufiger verzapft wird. Die Kommunisten, Feudalisten und überhaupt alle Systemebauer müßten sich einer solchen Meinung eigentlich freudig öffnen. Nur erscheint uns im Vergleich zur Jugendlichkeit der Weichtiere die Jugendlichkeit der menschlichen Gesellschaft noch zarter. Die Hoffnung auf eine integrierte menschliche Gesellschaft erscheint darum als noch verfrühter als die Hoffnung auf wohl integrierte Korallenriffe.

Der innere Zwist im Organismus, das Teuflische am Organismus macht ihn also sterblich. Andererseits aber macht ihn diese innere Unruhe plastisch. Sie befähigt ihn und treibt ihn an, sich weiterzuentwickeln. Wir werden zu zeigen versuchen, daß diese innere Unruhe identisch ist mit der Wollust. Und je weiter sie die Entwicklung jagt, desto unruhiger, desto wollüstiger, ja, desto sterblicher ist sie. Wir können an dieser Stelle behaupten, daß ein Organismus desto sterblicher ist, je höher er organisiert ist. (Wenn das Wort »sterblich« eine Steigerung zuläßt.) So gesehen, ist der Mensch das sterblichste aller Wesen. Doch wollen wir auf diesem grammatikalischen und religiösen Kuriosum lieber nicht beharren.

Die sich kreuzenden Todsünden der Zellen, der Gewebe und der Organe im Organismus sind also die Wurzeln seiner Entwicklung. Sie bewirken, daß der Organismus versucht, sich wollüstig ins Unendliche auszubreiten, so als wollte er durch seine Masse und seine Ausdehnung den inneren Streit übertönen. Die Form der Entwicklung ist aber durch den Widerstand gegeben, den die Umgebung diesem wollüstigen sich Strecken und Recken bietet. Aus dem Zusammenspiel dieser beiden (und vielleicht anderer) Kräfte beginnt sich der Organismus zu formen. Das Gewebe der Zellen breitet sich flächenartig aus, und wenn es auf Widerstand stößt, so rollt es sich zu einer Röhre zusammen. Bei weiterem Widerstand windet es sich vor Angst und stülpt sich selbst um wie ein Handschuh, und in äußeren Kämpfen und inneren Krämpfen, die sich über Jahrmillionen erstrecken, entstehen so die Leibeshöhlen, die Keimblätter, die Organe. Es wäre aufregend und aufschlußreich für die Methoden des Teufels, den Abenteuer- und Ritterroman auch nur eines Teils des Gewebes zu schildern. Zum Beispiel den Weg vom Nerv über das Oberschlundganglion bis zum Gehirn, zum Auge und zur Antenne. Doch fürchten wir, mit einem solchen Versuch den Rahmen dieses Buches zu sprengen.

Auch den Weg, den der Organismus als Ganzes betrachtet durchgemacht hat, wollen wir nur flüchtig begleiten. Er ist ja allgemein bekannt, und das Teuflische an ihm ist nur allzu klar ersichtlich. Denn es treibt uns, zum Menschen vorzudringen und endlich zum menschlichen Teufel zu kommen, dem Ziel dieses Kapitels. Wir eilen, zu schildern, wie die Wollust bis zum Menschen gedrungen ist, wie sie ihn treibt und erfaßt und über ihn selbst hinaustreibt zu höheren und uns noch unbekannten Lüsten. Wie sie ihn verführen will zu immer höherer Entwicklung, das heißt zu noch komplizierteren und sündigeren Wesen, als wir sind. Doch wollen wir über die Methode dieser Entwicklung einige Worte sagen.

Wir haben sie schon bei den Kristallen erwähnt, es ist die Methode, wahllos chaotisch nach vorne zu fließen. Dabei spaltet sich der Lebensstrom in zahllose Arme, von denen sich die meisten als unproduktiv erweisen. Sie werden alsdann vom Lebenselan verlassen, versickern zu stagnierenden Sümpfen oder vertrocknen und verdorren. Der Weg des Lebens ist nicht nur von einer Unzahl von Gräbern der gefallenen Individuen gezeichnet, sondern ebenso der geopferten Arten, Genera und Phyla. Mit brutalem und jedem Skrupel fremden Optimismus opfert der Teufel in seinem wilden Drange das Individuum der Art, die Art dem Genus, das Genus dem Phylum und das ganze enorme Phylum, wenn nötig, dem Individuum, von dem der Teufel glaubt, daß es im Moment in die gewünschte Richtung des Lebens weist. Diese sympathische Methode, diese Brutalität, sich wahllos auszubreiten und dann rücksichtslos die verworfenen Arme zu amputieren, nannte das neunzehnte Jahrhundert die »Zuchtwahl«. Von »Zucht« und »Wahl« ist allerdings nur wenig zu entdecken. Der Darwinismus hätte vielleicht einen besseren Namen für diese entsetzliche Metzelei finden können, die die Lebensentwicklung bezeichnet. Aber der Darwinismus und das neunzehnte Jahrhundert überhaupt sympathisierten vielleicht mit einer solchen Methode.

Es entsteht die Frage, welche Art in die »richtige« Richtung weist. Die Antwort liegt selbstredend im Auge des Beschauers. Die Relativität der Schichten der Erkenntnis tritt wieder einmal zutage. Vom Standpunkt des Riesenpolypen der Tiefsee zum Beispiel repräsentieren die Cephalopoda das höchste Genus des Lebens. Alle Phyla nach den Mollusca sind entartete Stagnationen. Dieser Standpunkt des Polypen ist jedoch unsympathisch. Wir sind nämlich nicht geneigt, uns der Evolution gegenüber objektiv zu verhalten. Wir schwimmen in ihr und können uns nicht über sie erheben. Von uns aus gesehen, sind die Mollusca nur primitive Ahnen der Chordata, sie sind die Gebärmutter der Vertebrata und damit des Menschen. Die Cephalopoda haben trotz ihrer vielen Beine von unserem Standpunkt aus einen Holzweg beschritten. Von uns aus gesehen, ist der Mensch mit seinem Großhirn, seinen Händen, seinem erkennenden Geist und seiner Zivilisation, das heißt raffinierten Wollust, das höchste aller Wesen. Und wenn uns das die Zoologen nicht bestätigen wollen, dann wenden wir uns verärgert an die Religionen. Die Zoologen weigern sich, ein solches Zertifikat zu stellen. Jede Art von Pflanze und Tier, solange sie nicht ausstirbt, repräsentiert unter einem typischen Aspekt den Höhepunkt des Lebens. Jede Art ist ein Versuch sui generis des Teufels, die Welt an sich zu reißen.

Wir wollen also den bekannten Argumenten nicht lauschen, die von den elektronischen Sinnen und sozialen Anatomien der Ameisen erzählen, sondern wir wollen nun hastig den Weg zum Menschen betrachten. Wir sind unerbittlich entschlossen, im Lebensstrom nur eine Bedeutung zu sehen, nämlich den Menschen. Alle Pflanzen und Tiere sind entweder Ahnen des Menschen oder Nahrung des Menschen oder überflüssig. Dagegen hätte vielleicht der Bandwurm folgendes einzuwenden oder ergänzend hinzuzufügen: Wenn alle Pflanzen und Tiere dem Menschen dienen und der Mensch dem Bandwurm dient (was ja evident wahr ist), dann ist natürlich der Bandwurm das Ziel der Lebensentwicklung. Was uns berechtigt, diesen Einwand des Bandwurms mit Hohn zurückzuweisen, ist unsere größere Wollust. Zwar hat der Bandwurm eine Unzahl von Geschlechtsorganen. Jedes einzelne Glied seiner Kette ist mit einem ganz besonders komplizierten männlichen und weiblichen Geschlechtsapparat versehen, er könnte von sich vielleicht behaupten, er sei wollüstig in einem besonderen Grade. Doch ist bekanntlich beim Menschen die Lage noch komplizierter. Bei ihm ist das männliche Geschlechtsorgan vom weiblichen durch Barrieren getrennt, die an gesellschaftlicher und religiöser Verwicklung im gesamten Bereich des Lebens nicht ihresgleichen kennen. Wenn man diese Barrieren betrachtet, dann wundert man sich, daß die Menschheit nicht überhaupt ausstirbt, daß es doch noch hie und da Fälle gibt, wo die beiden Geschlechtsorgane zueinander gelangen. Die wollüstige Sehnsucht, diese Barrieren zu brechen, ist, so lehren die Freudianer, die Sprungfeder aller herrlichen Zivilisationen. In puncto Wollust kann sich der Bandwurm also vor dem Menschen bis in die dunkelsten Tiefen des Darmes verstecken. Wir sind entschlossen, den Freudianern für den Moment Glauben zu schenken, denn wir finden keine andere Legitimation für den Vorrang des Menschen im Reich des Lebens.

Jetzt erst dürfen wir mit Vergnügen betrachten, wie das Leben durch Jahrmillionen der menschlichen Libido zuströmt. Wie es sich bald zu Beginn in Pflanzen und Tiere spaltet. Wie den Pflanzen die Aufgabe zukommt, die Tiere zu ernähren, und den Tieren das Recht, auf den Pflanzen zu parasitieren. Allerdings ist auch diese Grenze verwischt, die einzelligen Tiere mit Fotosynthese bringen selbstredend auch diesen Versuch, zu definieren, ins Wanken. Das Pflanzenreich wollen wir mit Verachtung beiseite lassen, es ist nicht wollüstig in unserem Sinne des Wortes, trotz gegenteiliger Behauptung der romantischen Dichter, welche Rosen und Lotusblumen küssen. Allerdings ist auch diese Behauptung vollkommen subjektiv, sie verträgt keine objektive Kontrolle. Das sanfte Gleiten des Pollens zur Narbe ist nur in unseren Augen nicht mit der extatischen Lust des Menschen zu vergleichen. Der Lebensrhythmus der Pflanzen ist vielleicht einfach nur langsamer als der Rhythmus der Tiere. Beschleunigte Filme zeigen uns, daß die scheinbare Bedächtigkeit der Pflanzen in Wahrheit ein krampfhaftes Ringen ist um den Platz an der Sonne und an der Seite der Geliebten. Ein beschleunigter tropischer Urwald zum Beispiel, mit seinen Lianen, schillernden Blüten und fleischfressenden Gewächsen böte vielleicht einen zur Genüge teuflischen Anblick. Wie dem auch sei, das Reich der Tiere ist jedenfalls eine Sinfonie, in der das Thema des Geschlechts jeden Satz begleitet, um beim Menschen seinen vollsten und schönsten Akkord zu erreichen. Das Thema an sich ist vielleicht etwas dürftig. Zu Beginn teilt sich das Tier, ganz wie sich die Zelle teilte. Dann übernehmen spezialisierte Organe das Geschäft des Geschlechts. Zuerst liegen diese Organe beisammen, dann verteilen sie sich auf verschiedene Individuen, so daß Männchen und Weibchen entstehen. Die beiden Organe passen ziemlich gut zueinander, sie haben ja einen gemeinsamen Ursprung. (Die Franzosen haben recht, wenn sie den »kleinen« Unterschied hochleben lassen.) Aber die Armut des Themas ist mehr als wettgemacht durch den Reichtum der Variationen. Wenn wir die Inszenierung der Paarung betrachten, dann erscheint uns der Teufel als dramatischer Künstler allerersten Ranges. Es handelt sich um ein klassisches Drama, dessen erster Akt ein sanfter Auftakt ist zur eigentlichen Handlung, der zweite Akt erhöht die Spannung und führt zum Höhepunkt, zur Katastrophe, also zum Geschlechtsakt im engeren Sinne des Wortes, und der dritte Akt ist der Abgesang, das »omne animal post coitum triste«. Wir wollen einen ganz kurzen Blick auf die Geschichte dieser Tragödie der Wollust zu werfen versuchen.

In allen Phasen der Lebensentwicklung wird dieses Drama von wunderlichen Pantomimen begleitet, und die gewundenen Tänze, die schwülen und feierlichen Gesänge und die bunten Kostüme geben diesem Theater eine festliche Note. Uns allen sind ja die Hochzeitsgewänder von Männchen und Weibchen, die brünstigen Rufe, das stolze Schreiten, das langsame Kreisen, das sich Zeigen und sich Verbergen, das neckische Fliehen und das scheinbar aggressive Verfolgen der Tiere (und auch der Menschen) vertraut, und der ganze wollüstige Vorgang ist uns ans Herz gewachsen. Schon die physiologische Art der Begattung und die daraus folgenden Posen der Schauspieler verwandeln sich auf dem Lebensweg, und je näher dieser zum Menschen rückt, desto inniger wird diese Beziehung und desto intimer. Der Reichtum der Variationen verbietet uns den Versuch, das Drama der Liebe im ganzen Tierreich schildern zu wollen. Wir wollen nur einen flüchtigen Blick auf die Vertebraten, die Wirbeltiere, zu werfen versuchen, auf die »Ahnen« der Menschheit.

Bei den Fischen zum Beispiel spielt sich die Befruchtung noch ganz äußerlich ab, coram publico und schamlos. Nach verschlungenen Tänzen des Männchens um das Weibchen, die in immer wilderen Jagden das Schauspiel eines Kampfes aktivieren und dabei in immer größere und lüsternere Erregung geraten, preßt sich das Männchen an den Körper des Weibchens, und in gleichzeitigem Orgasmus werden Eier und Spermen ausgestoßen, um sich im Wasser zu vermischen. Die Geschlechtsorgane dieser Fische kommen dabei nicht in Berührung. Bei den Amphibien ist der Geschlechtsakt schon weitaus intimer. Männchen und Weibchen spielen spezifische Rollen auf der Bühne der Wollust. Der Frosch zum Beispiel erpreßt die Eier der Fröschin mit seinen Beinen, und auch wenn er seinen Samen ins Leere ergießt und nicht in den geliebten Körper, und die Befruchtung also noch immer publik ist, so hält er das Objekt seiner Wollust doch inniglich umschlungen. Wir wollen einen Moment bei dem Bild des ejakulierenden und Eier erpressenden Frosches verharren. Es ist das Bild, das die im antiteuflischen Kampfe stehenden Religionen von der Wollust überhaupt zu malen versuchen. Sie wollen der Menschheit vormachen, daß die Wollust in ihrer Entwicklung vom Frosch zum Menschen keine Veredelung erfährt und leugnen damit (allerdings mit geringem Erfolg) die ästhetische Seite des Teufels. Schon beim Salamander, dem nahen Verwandten des Frosches, verwandelt sich dieser etwas unappetitliche Vorgang zu einem feierlichen Ritus. Das Männchen schreitet in langsamen Schritten dem Weibchen voran und streut mit Samen bedeckte Sekrete auf den Boden. Das Weibchen folgt den männlichen Spuren und sammelt sie in ihrem Schoße, und die Befruchtung erfolgt im Inneren des weiblichen Körpers. Wir wollen jedoch unser Vorhaben bremsen, die pornografische Schilderung des Reichs der Wirbeltiere auf die Spitze zu treiben. Der Leser nehme unser Wort, daß die geschlechtliche Liebe von den Amphibien über die Reptilien und die Mammalia bis zu den Primaten an Schönheit, an Intimität und an Inbrunst weiter und weiter zunimmt. Und damit an Schamhaftigkeit, am Verbergen, an Geheimnis, kurz, sie wird zur Sünde. Denn ist nicht das Schämen ein Symptom der Sünde? Ist unsere Hemmung, weiter über die Paarung zu schreiben, nicht ein Zeichen des Unerlaubten? Man kann zwar behaupten, daß das fortschreitende sich Verbergen des Weibchens unter dem Männchen und des Männchens im Weibchen physiologisch bedingt ist. Man kann leugnen, daß sich die Tiere schämen im menschlichen Sinne des Wortes. Man kann aber nicht hinwegdiskutieren, daß sich das Leben als solches der Sünde bewußt wird, daß die Tiere ein physiologisches »Gewissen« erhalten. Das Tierreich wird beim Aufstieg zum Menschen immer mehr von der Sünde erfaßt, also vom Teufel. Aber es will sich auch immer mehr vor dem Teufel verbergen, je mehr es fühlt, ihm zu verfallen. Mit dem Gewissen, so dumpf es auch ist, ist etwas Neues in die Geschichte des Lebens getreten. Der Vorhang beginnt sich zu lüften über dem Kampf um die Seele.

Wir sind unerbittlich entschlossen, in diesem Kapitel Freudianer zu bleiben. Worte wie »Seele« oder gar »Gott« wollen wir darum vermeiden. Wir sagen lieber »Hemmung«. Das klingt viel wissenschaftlicher und kühler, und jedenfalls ist es weit weniger heilig. Man kann sich dem Wort »Hemmung« viel ungehemmter nähern. Wir wollen also nur sagen, daß die höheren Säugetiere in ihrer Wollust gehemmt sind. Vom Standpunkt des Lebens, also des Teufels, ist das natürlich unangenehm, es ist beinahe pathologisch. Darum ist auch die Hemmung so typisch für den Menschen, das kränkste aller Geschöpfe. Er ist seelisch im tiefsten Grunde erkrankt, denn er will sich vor der Sünde verbergen. Seltsamerweise verhütet das nicht, daß er trotz dieser Hypochondrie eine widerstandsfähige Art ist und in allen geografischen Längen und Breiten vorkommt. Er ist beinahe so kosmopolitisch wie die Bakterien oder die Ratten. Aber im Gegensatz zu den Ratten lebt er ein ungesundes Leben, weil er gehemmt, das heißt kultiviert ist. Hemmung ist ja ein Synonym für Kultur, und Kultur ist die Arena des Wettkampfes zwischen Engel und Teufel.

Soweit die Tiere also gehemmt sind, soweit haben sie ein »Gewissen«. Der Übergang von Tier zu Mensch ist graduell, man kann auch vom Standpunkt der Sünde keine Grenzen ziehen. Ein Versuch, einen Aspekt des Lebens als tierisch zu bezeichnen und einen anderen als menschlich, bricht ebenso zusammen, wie alle Versuche zu definieren. Es ist ein schwerer Defekt der europäischen Religionen, die Grenze zwischen Tier und Mensch definieren zu wollen. Die Primaten insbesondere äffen den Menschen nach auf unangenehme Weise. Es ist peinlich und faszinierend zugleich, vor einem Schimpansenkäfig zu stehen und sozusagen in Fleisch und Blut das eigene Unterbewußtsein vor Augen zu haben. Man kann da zum Beispiel beobachten, wie sich das Weibchen tief aus der Hüfte vor dem Männchen verbeugt und ihm so ihre Reize betörend entschleiert. Das Männchen verfällt diesen Reizen, und während es sich sentimental betätigt, entwendet ihm die Geliebte seine Banane, um sie im Lauf des Aktes gierig zu verschlingen. Eine solche Verbindung von Wollust und Geiz, das heißt also Prostitution, ist doch eigentlich typisch menschlich. Solche teuflische Spitzenleistung bei Tieren zu entdecken, erweckt in uns komplizierte Gefühle, die zu analysieren wir lieber nicht versuchen. Mit dem Schimpansen und mit der Prostitution haben wir schon eine schwindelnde Höhe im aufwärtsstürmenden Keil des Lebens erklommen, wir haben uns der Krone der Schöpfung schon unmittelbar genähert. Schon schlagen unsere Herzen höher, denn aus den schmatzenden Lippen, den lüsternen Blikken und gierigen Griffen dieser hochentwickelten Tiere strahlt uns schon das Antlitz des Menschen entgegen.

4. Der Mensch

Unvermittelt, genau wie das Leben, schreiten wir vom Tier zum Menschen. Zwar ist der Mensch, wie wir sagten, vom Tier nicht zu unterscheiden, und alle seine Eigenschaften sind im Prinzip im Tierreich auch zu entdecken. Andererseits ist aber nicht minder wahr, daß der Mensch vom Standpunkt des Teufels eine Sonderstellung einnimmt. Er ist ein genialer Einfall des Teufels und scheint darum auch unvermittelt und plötzlich aus dem Strom des Lebens entsprungen zu sein, ein glücklicher Griff des Bösen. Keine von den vorhandenen Arten gehört zu unseren Ahnen. Auch in den Fossilien haben wir weder Vater noch Großvater finden können, sondern bestenfalls Großonkel und Schwiegereltern. Unsere Brücke zum Tierreich besteht aus lauter fehlenden Gliedern oder aus Hilfsfiguren. Logisch müssen wir durch Mutation einmal aus dem Stamm der Primaten entstanden sein, aber historisch ist dieser Vorgang nicht mehr zu rekonstruieren. Plötzlich waren wir scheinbar da, komplett ausgestattet mit allen Schikanen, und wir hinterließen keine nächsten Verwandten. Wir sind aus dem Haupte des Teufels gewappnet entsprungen wie Pallas Athene, und das Suchen nach den verschiedenen Hominiden und ähnlichen Kretins und zurückgebliebenen Wesen scheint auf einem naiven Irrtum zu beruhen. Darum wollen wir an dieser Stelle unsere pseudohistorische Methode, zum Menschen zu kommen, verlassen. Wir wollen von jetzt ab vergessen, daß der Mensch ein Tier ist. Es ist an der Zeit, die Wollust zu schildern, so wie sie uns alle erfaßt in unseren reifen und hochentwickelten Tagen. Natürlich werden wir dabei im Unterbewußtsein behalten, was wir über sie auf ihrem Weg von der Amöbe bis zur Schimpansenhure zu sagen die Frechheit hatten.

Die Tiefenpsychologie der freudischen Schule belehrt uns, daß uns die Wollust nicht etwa erfaßt, wenn wir zur Geschlechtsreife gelangen, wie wir vielleicht naiver- und keuscherweise annehmen könnten. Sondern sie springt mit uns schon im Mutterleibe um und läßt uns als zarte Kinder nicht einen Augenblick locker. Aus dieser Belehrung ersehen wir, daß die Wollust nicht nur auf die Vermehrung des Lebens abzielt. Ihre Absicht ist weit großartiger, wie der

Leser ja wahrscheinlich schon zugeben wird, und es ist darum nur selbstverständlich, daß sie weiter ausholt. Im Mutterleibe erfaßt sie uns, in jenem seltsamen Zustand, in dem wir die Geschichte des Lebens gleichsam rekapitulieren. Die Wollust hat es so eingerichtet, daß wir im embryonalen Zustand uns alle ihre untermenschlichen Formen in Erinnerung rufen, um das Pensum des selbständigen und von der Mutter getrennten Lebens bestehen zu können. Wir sind zuerst eine wollüstig sich teilende Zelle, wir krümmen uns zum Blastocoel und Gastrocoel und ähnlich unappetitlichem Gewürm, bevor wir zum Reptil und zum Säuger avancieren und schließlich das Licht der Welt als Menschen erblicken. Auch von dieser Seite erkennen wir die Unmöglichkeit, eine Grenze zwischen Tieren und Menschen vom Standpunkt der Religionen zu ziehen. Das dunkle, sich im Uterus windende Gewürm ist sündhaft, es hat eine Seele, und darum verbieten die Religionen die Abtreibung ganz wie den Mord an fertigen Menschen. Worin liegt aber der Unterschied zwischen dem Uteruswurm und dem Regenwurm vom Standpunkt der Seele? Der Uteruswurm führt zum Menschen im Laufe von neun Monaten, der Regenwurm im Laufe von neuen Milliarden Jahren. Wären wir konsequent, wir müßten das Töten von Regenwürmern ebenso als Mord verfolgen wie den Abortus. Tatsächlich tun das ja radikale indische Sekten, denen die Einheit des Flusses des Lebens nicht nur Theorie ist und die bei ihrer Selbstbetrachtung den Regenwurm in der Tiefe der eigenen Seele entdecken. Doch wollen wir uns zwingen, auf die Inder vorläufig nicht zu hören, sie sind trotz tiefster Einsicht der Hoffart verfallen. Wir werden von ihnen in späteren Kapiteln noch viel zu sagen haben.

Wenn wir die Entwicklung der Wollust im Mutterleib im Auge behalten, dann finden wir es nur selbstverständlich, daß die Freudianer mit so viel Vergnügen am zarten Kinde, am Herzensgenuß unserer trauten Heime, die brutalsten und ungeheuerlichsten Gelüste entdecken. Sie behaupten (und wahrscheinlich mit Recht), in den Windeln die Motive zu allem Wahn und allem Verbrechen entdecken zu können. Vom Standpunkt der Wollust ist ja das neugeborene Wesen nichts als ein frustrierter Regenwurm, eine sich empörende Echse.

Mit der Trennung des Kindes vom Mutterleib greift nämlich eine neue Macht in das Gefüge des Lebens ein, die viel gewaltiger ist als die Zange des Arztes, nämlich die schon einmal erwähnte Hemmung. Die Amme, das Kindermädel, die Schwester in der Geburtsanstalt, die die Flasche dem saugenden Munde entzieht und damit der Wollust Grenzen setzt, bringt eine unabsehbare Kette von Ursachen und Folgen ins Rollen. Sie beginnt, eine Mauer in der Seele des Kindes zu bauen, die sie für immerdar spalten wird in Bewußtsein und Unterbewußtsein. Die Unmöglichkeit, ständig zu saugen, der kategorische Imperativ, der das ständige Saugen verbietet, eben dies verwandelt den Säugling zum Menschen. Das erste Entziehen der Flasche bildet den Grund für Krankheit, für die Neurosen, für alles Elend und alle Not, für das Sammeln von unterdrückten Trieben, für Verbrechen und Irrsinn, für Selbstüberwindung und Selbstaufgabe, kurz, für die Seele im religiösen Sinne des Wortes. Die flaschenentziehende Amme erscheint mit einem Mal als religiöser Faktor, und das Kindermädel als Reinkarnation von Ischtar, der lebenspendenden Mutter.

Wir wollen jedoch dem Kindermädel eine so gewaltige und majestätische Rolle nicht vorschnell zedieren. Wir müssen daher an dieser Stelle wahrheitsgemäß erwähnen, daß wir den Freudianern, was die Entstehung der Seele betrifft, nicht blindes Vertrauen schenken. Wir haben uns zwar im Kapitel der Wollust zu psychoanalytischen Redensarten verleiten lassen, aber mit unterdrücktem Lächeln. Trotz allem wissenschaftlichen Fortschritt sagt uns ja eine innere Stimme, daß der Ursprung der Seele höher liegt als in den Händen der Amme. Oder daß die Amme nur einen Aspekt des Entstehens der Seele beleuchtet, der vielleicht nicht einmal der wichtigste ist, sondern nur der banalste. Wenn wir überhaupt zum Sprechen über den Ursprung der Seele befugt sind, dann müssen wir sagen, daß die Hemmung, welche die Amme ins Rollen bringt, etwas zu tun hat mit dem Gewissen, mit der Flucht vor dem Teufel, mit dem Überwinden des Lebens, kurz, mit göttlichem Walten.

Wieder einmal wollen wir diesen Exkurs in höhere Sphären im Keime ersticken, zu dem uns die Betrachtung der Hemmung immer wieder verleitet. Wir wollen statt dessen die menschliche Seele vom

Standpunkt der Mauer betrachten. Wir wollen uns vorzustellen versuchen, wie die Wollust gegen die Hemmung brandet, wie die Hemmung gegen die Wollust drückt, wie sich die Wollust an ihr bricht und wie sie stellenweise durchbricht. Wir wollen mit anderen Worten aus diesem engen und ordinären Gesichtswinkel den Kampf der Kinder des Lichts mit den Söhnen der Tiefe um die menschliche Seele schildern. Das heißt, wir betreten das Pantheon und das Pandämonium der freudischen Sekte. Dabei wollen wir den Leser auf eine kleine Verwirrung der Nomenklatur aufmerksam machen. Was wir in diesem Buch als »Teufel« bezeichnen, das nennen die Freudianer »seelisches Gleichgewicht«, also Gesundheit. Und was wir mit göttlichem Einfluß bezeichnen, das nennen sie »Hemmung« und »Neurose«, also Krankheit.

Die von der Hemmung eingedämmten und verdrängten Gelüste stürmen vereinzelt oder in Gruppen, den sogenannten Komplexen, gegen die Mauer der Hemmung an, um so den Weg ins Obergemach zu erstürmen. Das tun sie, um sich realisieren zu können, um phänomenal zu werden. Dem widersetzt sich die Hemmung in ihrem Bemühen, die Wollust im Reiche der Potentialität zu verkapseln. Die menschliche Seele befindet sich also in einem ständigen Bürgerkrieg, und das Unterbewußtsein ist vielleicht die beste Illustration dessen, was eine permanente Revolution ist. Die Sympathien aller Freiheitskämpfer stehen selbstredend auf Seiten der Komplexe. Wenn aber der Durchbruch gelingt und die Wollust das Oberbewußtsein erobert, dann tritt ein seltsamer Zustand ein, den wir gewohnt sind, Wahnsinn zu nennen. Die Freudianer sagen dann, daß an diesem Zustand die Hemmung schuld war, weil sie sich zu lange wehrte. Wir mit unserer Nomenklatur würden vorziehen, zu sagen, daß sich die Seele dem Teufel verschrieben hat und ihm nun verfallen ist.

Der umgekehrte Vorgang ist, wenn das Oberbewußtsein, das heißt die Hoffart, absichtlich die Falltür zum Unterbewußtsein, der Wollust, öffnet, um die unteren Schlünde zu beleuchten, zu erforschen und zu bereisen. Auch in diesem Fall ist die Trennung der Seele gefallen, die Hemmung ist vernichtet, und es ist ein Wahnsinn mit umgekehrtem Vorzeichen entstanden. Die europäischen Tiefenpsychologen sind allerdings nicht in großer Gefahr, diesem Wahnsinn zu verfallen. Ihre Expeditionen in die verbotenen Schlünde sind noch ziemlich zaghaft, und sie sind wohlweislich mit Taucherapparaten versehen. Anders ergeht es den indischen Yogis, welche mit restlosem Mut, gleich Perlenfischern der Südsee, bis in die tiefsten Gründe der Seele tauchen, um verborgene Schätze zu heben. Von diesen Schätzen haben unsere Analytiker kaum eine Nachricht. Die Yogis sind ständig in Gefahr, dem umgekehrten Wahnsinn zu verfallen und so von hinten herum des Teufels zu werden. Denn es ist gleichgültig, von welcher Seite die Hemmung gebrochen wird, ob durch Wollust auf europäisch oder durch Hoffart auf indisch. Es entsteht immer eine hemmungslose Seele, das heißt eine Seele, aus der sich Gott entfernt.

Diese beiden extremen Fälle des Wahnsinns sind aber relativ selten. Sie bedeuten den definitiven Sieg des Teufels, den Gott nur selten zuläßt. Der Wahnsinnige und der Sadhu haben in unserem Sinne keine menschlichen Seelen mehr, sie sind, je nach unserem Standpunkt, ins untermenschliche oder übermenschliche Reich der Sünde enthoben. Der normale Zustand der Seele ist weniger extrem, wenn auch zur Genüge dramatisch. Die Hemmung bleibt bei normalen Menschen bestehen, doch ist sie mehr oder weniger löcherig. Einzelne Triebe gelangen ins Oberbewußtsein, und einzelne Spekulationen tauchen nach unten. Bevor wir zu schildern versuchen werden, was die Wollust am Tageslicht aufführt, wollen wir einige Worte über die umgekehrten Tendenzen verlieren, über die Vorhut der Hoffart im Reiche der Wollust. Wir werden mit anderen Worten einige Resultate des sokratischen »Erkenne dich selbst« zu schildern versuchen.

Dieses Verlangen, zu schauen, was die Götter gnädig bedecken mit Nacht und Grauen, dieser Hang zum Zerfleischen der eigenen Seele, das heißt, zum Meditieren, ist im Westen nicht eigentlich heimisch. Obwohl wir ihm natürlich, wie alle Menschen, in stillen Stunden frönen, denn er ist allgemein menschlich. Vielleicht ist das Fehlen von stillen Stunden in der westlichen Welt eine Erklärung für die Armut der westlichen Meditationen. Unsere Geschäftigkeit, unsere Völlerei erscheinen unter diesem Prisma als eine Flucht vor der

Selbsterkenntnis, also vor der Hoffart. Darum vielleicht haben wir der Meditation eine typische westliche Wendung gegeben, wir haben sie aus dem Ich in das Du verschoben, und so ist die Psychoanalyse entstanden. Statt den Mut zu haben, uns selbst zu erforschen, analysieren wir den geduldigen Patienten. Ansätze zu diesem genialen teuflischen Trick erkennt man schon in der Beichte, aber zur Blüte kam diese Methode der verantwortungslosen Hoffart erst in unseren Zeiten. Sie kleidet sich in akademische Gewänder und spricht in wissenschaftlichem Jargon, ganz im Gegensatz zu den östlichen Lendenschurzen und dem mystischen Gelalle. Wie lange ihr diese Tarnung gelingen wird, ist eine andere Frage. Das Seelentauchen, selbst wenn es so oberflächlich ist wie in Europa, verleitet zur Mystik, wie die jüngste Entwicklung der Tiefenpsychologie unter Beweis stellt. Jedenfalls ist diese Methode im Westen noch neu, und es mag sein, daß diese ersten zaghaften Schritte von gewaltigen Fortschritten gut organisierter »wissenschaftlicher« Psychoanalytiker fortgesetzt werden. Vielleicht wird sich in Zukunft der logische Westen mit dem meditierenden Osten in den Tiefen der Seele begegnen. Wir bedauern, daß wir dieses dramatische »Mr. Livingston, I presume« nicht mehr erleben werden. Denn in Asien irrt man bekannterweise schon seit Jahrtausenden im Dschungel des Unterbewußtseins. Und was bei uns noch kaum ein Problem ist, das steht über Indien und China wie ein flammendes Zeichen: Daß nämlich der Weg in die Seele ein Versuch ist, den Weg zu Gott abzukürzen, und darum auch meistens in der Hölle endet. Die ungeheure Bedeutung dieser Forschungsreisen sollte uns vollkommen klar sein. Ein auch nur teilweise beleuchtetes Unterbewußtsein würde und wird die Geschichte der Menschheit grundsätzlich ändern. Im Vergleich zur Reise ins Ich verliert die Reise zum Mond alle Bedeutung. Allerdings erscheint die Reise zum Mond oder selbst auf den Sirius bei weitem bequemer und weniger gefährlich. Die Hemmung ist eine gewaltigere Barriere als die Erdanziehung. Wir können getrost prophezeien, daß das Erstürmen der Sterne in näherer Zukunft liegt als das Erobern der Seele.

Nun wollen wir uns wieder unserer inzwischen vertrauten Wollust zuwenden, wie sie, verkappt und maskiert, ins Oberbewußtsein dringt, um all unser Handeln zu lenken. Der Leser kennt ja die Märchen und die Parabeln der freudischen Sekte, wonach sich die Wollust heimtückisch an der Hemmung vorbeischleicht. Wir wollen ihn darum nicht mit Fehlleistungen und mit Zensoren und Sublimationen zum Gähnen bringen, alles Dinge, die noch unsere Eltern in blasses Erstaunen versetzten, heute aber keinen Hund mehr aus dem Ofenwinkel hervorlocken würden. Die Psychoanalytiker erscheinen unserem etwas schon müden Blick wie Detektive und Verkehrspolizisten der Wollust. Es kann uns nicht mehr überraschen, wenn sie in allem und jedem die Wollust entdecken, und resigniert sind wir entschlossen, ihnen recht zu geben. Sie spielen die Rolle der Hexenmeister in unseren »wissenschaftlichen« Tagen und exorzieren die besessenen Patienten. Vom Standpunkt dieses Buches vertreiben sie allerdings die Hemmung, das heißt die Gottheit, und ebnen dem Teufel den Boden. Doch weisen wir auf die Schwierigkeit, den Teufel zu definieren, und überlassen es dem Leser, sich darüber ein Urteil zu bilden.

Aus der Lektüre der psychoanalytischen Schriften wird uns nicht ersichtlich, wie weit die Personifikationen der Teile der Seele wörtlich genommen werden. Wir können nicht beurteilen, bis zu welchem Grad die Psychologen von uns erwarten, daß wir ihnen Glauben schenken, wenn sie den Olymp und den Hades der Seele mit Göttern und mit Titanen bevölkern. Es scheint, daß sie selbst nicht zu sagen vermögen (ähnlich den griechischen Philosophen), ob sie an ihre Personifikation wörtlich oder nur bildlich glauben. Die Parallele zwischen der griechischen Mythologie und der Psychoanalyse ist übrigens naheliegend. Worte wie Ödipuskomplex beweisen, wie wenig die Psychoanalyse die Griechen sublimiert hat. Sie ist eine junge Disziplin und taucht aus dem Scheidewasser der griechischen Mythologie mit mehr als zweitausend Jahren Verspätung empor, verglichen mit den übrigen Wissenschaften. Das ist vielleicht der Grund, warum die Tiefenpsychologen die Mystik vorläufig noch vermeiden. Sie sind nämlich noch mythologisch. Man kann ja die Mystik als eine Überwindung der Mythologie betrachten und den Mystiker als einen Vertreiber der Götter und Sucher der Gottheit (oder einen Vertreiber der Dämonen und Sucher des Teufels). Von diesem Standpunkt gesehen, sind unsere Psychologen noch Polytheisten, sie befinden sich dort, wo sich die Inder und die Chinesen vor fünftausend Jahren befanden. Auch diese Parallele ist naheliegend und fruchtbar. Das Bild, das die Freudianer zum Beispiel von der Seele entwerfen, entspricht in vielen Details dem Bild von der Seele der alten Rischis und der primitiven tibetanischen Mönche. Darum spalten sich die Analytiker in so viele streitende Sekten. Die einen beten zu diesem Gott, die anderen zu jenem. Sie sagen »Libido« statt »Kali« und »id« statt »Varuna« und bringen uns in Verwirrung. Da unser Geist aber gewöhnlich der mythologischen Wirre entwachsen ist, wollen wir an dieser Stelle die psychologische Fabelwelt verlassen. Wir werden versuchen, auf eigene Faust, wenn auch mit Hilfe der psychologischen Reiseführer, den Wegen der Wollust im Menschen zu folgen.

5. Die geschlechtliche Liebe

Das sozusagen »normale« Objekt der Wollust ist ein Mensch des anderen Geschlechts. Wir betreten somit das Wunderland der Liebe. Es fehlt uns beinahe der Mut, die grünende Au zu beschreiten, auf der Amor mit Psyche herzt, denn die Schlange lauert im Grase. Die Kulturgeschichte der Menschheit, und insbesondere das ritterliche Mittelalter, haben um die Gestalt des Amor so viele schamhafte Kletterpflanzen und so viele duftige Rosen gerankt (und etliche Stacheln), daß wir den Mittelpunkt dieses Götterbildes, nämlich den Phallus, kaum noch erkennen. Und doch ist, wie wir ja alle wissen, die eingerollte Schlange, die immer bereit ist, zischend ihr Haupt zu heben, die eigentliche Sprungfeder, die die Dichter zu den zarten Gesängen veranlaßt und sie steigen läßt zu den Sternen. Keine noch so hohe Minne, keine Ritterfahrt in schimmernder Wehr, kein noch so keusches Turnier vor noch so erlesener Dame kann uns darüber täuschen, daß es sich um Variationen auf das uns aus dem Salamandertanz bekannte Thema handelt. Und das züchtige Niederschlagen der Augen und der geheime Händedruck mögen ästhetisch verschieden sein, sind aber im Ziel mit dem Schreiten des Salamanderweibchens identisch. All diese Dinge sind zwar ein Beweis für das Raffinement und für die künstlerische Begabung des Teufels, sie sind, wenn man will, eine Vergeistigung und Sublimation der Wollust, aber sie sind nichts wesentlich Neues auf dem Wege des Lebens. Außer vielleicht, man würde sagen, sie seien unnatürlich. Wenn man den ganzen erotischen Komplex des Menschen im Vergleich zum Salamander als unnatürlich, als pervers ansieht, dann nähert man sich dem Begriff der Sünde.

Die Frage, wie das »natürliche« Verhältnis zwischen Mann und Frau aussehen würde, hätte die Hemmung, das heißt die Kultur, nicht einen Schleier aus Verdrängung und Sublimation dazwischen geschoben, ist eine platonische Frage. Hemmungslose Menschen hat es nie gegeben. Die Hemmung ist, wie wir zu zeigen versuchten, eine Bedingung des Menschen. Sie ist ein Teil der Definition »Mensch«, und wenn wir vom »natürlichen« Menschen sprechen, vom reinen Wilden der Romantiker, dann sprechen wir von Abstraktionen. Der Mensch ist ein perverses Geschöpf, er ist krank auch vom geschlechtlichen Standpunkt, er ist von der Sünde ergriffen.

Die wenigen unter uns, die die Hemmung brechen können, die Wahnsinnigen und die Yogis zum Beispiel, sind nicht eben eine Illustration irgendeines Urzustandes der Schöpfung, sie sind keine Reinkarnation des unschuldigen Adam. Wenn wir also nach einem »gesunden« Verhältnis zwischen den Geschlechtern suchen, sei es im Sinne des Lebens, sei es im Sinne des Teufels, sei es im Sinne höherer Mächte, dann suchen wir Fiktionen. Die Liebe zum anderen Geschlecht ist wie alles in der menschlichen Seele ein Kampfplatz höherer Mächte. Die moderne Tendenz, ein gesundes Geschlechtsleben zu erzwingen, erscheint, von diesem Standpunkt gesehen, in etwas makabrem Licht. Wir nähern uns bei dieser Frage zum ersten Mal und von weitem der Freiheit. Die erstrebte freie Liebe, die die Fesseln der Hemmung abwirft und sich fröhlich dem Lebenstrieb hingibt, ist eine tiefschürfende Sache. Sie überläßt die Sorge um etwaige Geschlechtskrankheiten der Medizin, denn in der Freiheit wird ja die Strafe für die Sünde zu Krankheit, also vermeidbar. Sie überläßt die wirtschaftliche Verantwortung für das Paaren dem aufgeklärten Staat, denn in der Freiheit ist ja die Verantwortung eine

Frage der Organisation und der Logik. Sie wird das Menschengeschlecht in eine sich paarende und zeugende Masse verwandeln, die sich fortpflanzt und zahlreich wird wie der Sand am Meer und unbelastet von allem Gewissen ihr orgiastisches Dasein fristet. In dieser Lage der Dinge wird der Mensch vollkommen gesunden. Er ist zu keiner wie immer gearteten Sublimation mehr veranlaßt. Es ist das Ende aller Hysterie, aller Komplexe, aller Impotenz und allen Wahnsinns. Es ist allerdings nebenbei auch das Ende aller Wissenschaften und Künste, aller Philosophien und Religionen, kurz, das Ende des Menschen. Der Teufel hat es in dieser Lage gar nicht mehr nötig, die anderen Sünden zu mobilisieren, mittels der Wollust allein wird er die Menschheit holen. Bei einer Menschheit, die die freie Liebe erreicht hat, kann man, genau betrachtet, von Liebe nicht mehr sprechen. (Ebensowenig wie von Menschheit.) Wenn man die Fesseln der Liebe löst, dann hat sie sich verflüchtigt. Was sich niedergeschlagen hat, das ist die reine Wollust. Schon an dieser Stelle bemerken wir den teuflischen Charakter der Freiheit und den teuflischen Charakter aller irdischen Paradiese. Und den eigentümlichen Aspekt aller Freuden, die der Teufel spendet. Es versteht sich von selbst, daß vom Standpunkt der höheren Mächte das Paradies der freien Liebe eine Hölle ist, wenn auch sozusagen eine unschuldige und eine naive Hölle. Die Paradiese, die die übrigen Sünden erzeugen, sind selbstredend viel höllischer, weil sie raffiniert sind. Die freie Liebe ist nur ein Gespenst, das in den Hirnen von Adoleszenten und von Weltverbesserern herumspukt. Und Weltverbesserer sind ja nichts als erwachsene Adoleszenten.

Die Liebe, wie wir sie tatsächlich kennen, ist an allen Ecken und Enden gefesselt. Man könnte die Geschichte der Menschheit wahrscheinlich restlos beschreiben, wenn man sie als Geschichte des Kampfes der Wollust mit ihren Fesseln auffassen wollte. Ein Marxist der Liebe würde zu zeigen bereit sein, wie nach noch zu entdeckenden dialektischen Gesetzen die Wollust gegen die Fesseln sich stemmt, wie sich die Fesseln lockern, wie in Zeiten der Reaktion sich diese Fesseln wieder spannen und den Fortschritt der Liebe hemmen, wie jeder Fortschritt der Wollust neue bürgerliche Vorurteile erzeugt und neue Fesseln hervorbringt, wie aber nach ehernen Gesetzen die Wollust sich endlich befreien wird und, omnia vincit amor, die Menschheit am Endziele anlangt. Es ist verwunderlich, daß ein solcher Marxismus der Wollust dem Marxismus des Geizes nicht würdig zur Seite steht, er ist doch so naheliegend. Man kann den Teufel nicht verstehen, warum er zögert, ihn ins Leben zu rufen. Vielleicht sind aber Freud und Kinsey die ersten Verkünder eines Propheten der Liebe im teuflischen Sinne des Wortes. Es sei der Fantasie des Lesers überlassen, sich die Begeisterung der Jugend für eine solche frohe Botschaft auszumalen und sich vorzustellen, mit welcher Hingabe die Menschheit bereit sein wird, für eine derartige Lehre zu sterben. Seit Jahrtausenden besingen unsere Dichter die Gewalt der Liebe, und noch haben unsere Politiker nicht verstanden, diese Kraft zu benutzen. Dem Teufel stehen in Zukunft, selbst auf dem Gebiet der Wollust, noch viele Wege offen.

Die Liebe zum anderen Geschlecht hat sich im Laufe der menschlichen Geschichte, wie alle Kulturphänomene, ständig gewandelt. So wie sie uns heute erscheint, als Produkt von ungezählten Jahrtausenden, ist sie ein verworrenes und kaum zu überblickendes Gebilde. Nichts liegt uns ferner, als dieses Labyrinth von Wollust und Hemmung entwirren zu wollen, zumal sich im Laufe der Zeit alle übrigen Sünden eingeflochten haben. Um ein Beispiel für die Verquickung der Sünden zu geben, wollen wir nur die Eifersucht erwähnen, diese Tochter der Wollust und des Geizes, vom Zorne ganz zu schweigen. Der liebende Mensch ist ein Spielball aller erdenklichen Sünden, und wer nicht alle Sünden erlitt, der kennt nicht die Liebe. Wir haben in diesem Kapitel vor, nur die Wollust zu beschreiben und werden uns darum beschränken.

Von der Wollust her gesehen, hat sich die menschliche Liebe vom reinen Trieb zur Begattung im Laufe der Jahre ziemlich weit entfernt. Was wir Okzidentalen unter Liebe verstehen, was unsere Dichter besingen und wonach unsere Jungfrauen schmachten, das hat mit dem reinen Geschlechtsakt nur im Unterbewußtsein Verbindung. Es ist eine Sublimation der Begattung. Andere Länder und andere Zeiten kennen die Liebe in unserem Sinne gar nicht. Selbst bei uns ist sie ein dehnbarer Begriff, denn was ein baskischer Bauer fühlt, wenn er liebt, hat wenig mit der Liebesnot eines Advokaten der Wall Street gemeinsam. Kinsey hat uns eindringlich bewiesen, daß die Liebe eine Frage der sozialen Schicht ist, und je höher der Mensch steht in der Pyramide, je kultivierter und je gehemmter er ist, desto perverser ist er und desto kranker, desto mehr vom Teufel ergriffen. Und desto näher steht er der Erlösung. Denn wenn die Wollust an dem Kampf mit der Hemmung erstarkt, so gilt dasselbe umgekehrt von der Hemmung.

Darum fällt es uns so schwer, das Lockern der Sexualmoral in jüngster Zeit vom Standpunkt des Teufels zu werten. Zur Zeit unserer Großeltern hatte der Teufel zwar eine größere Zahl von Fesseln zu überwinden, erreichte aber mit der Wollust Höhepunkte und Triumphe, die ihm heute nicht mehr gelingen. Die viktorianische Prüderie ist ja beinahe eine perfekte Hölle der Wollust. Alle Dinge waren damals von der Wollust angehaucht, jeder Strumpfhalter, jeder Fächer und Handschuh waren Instrumente des Teufels. Solch sublime Höhen der Wollust sind den meisten von uns heute verschlossen. Doch muß sich der Teufel über diesen Verlust nicht allzusehr grämen. Was wir an Keuschheit auf dem Gebiet der Wollust eingebüßt haben, das haben wir auf dem Gebiet des Geizes gewonnen. Wir haben das Laisser-faire vom Handel auf das Geschlecht übertragen und sind in der Wirtschaft prüde. Es steht dem Teufel heute frei, mit den Strumpfbändern der Fünfjahrespläne zu kokettieren und mit den Preiskontrollen Cancan zu tanzen. Wir bitten, diesen unerlaubten Exkurs in den Geiz zu verzeihen. Wir wollten nur verhüten, daß der Leser unsere Großeltern um ihre Keuschheit allzusehr beneide.

Doch sind wir gar nicht so weit von den Viktorianern entfernt, wie wir glauben möchten. Zwar sind für uns Handschuh und Fächer und auch Schnurrbart und Knöchel nicht ausgesprochen erotisierend, doch sind wir auch nicht so urwüchsig, um uns etwa nur nach dem Geschlechtsorgan wollüstig zu sehnen. Sondern wir sehnen uns nach einem Blick, einem Wort, einer Bewegung des begehrten Wesens, kurz, nach etwas nahezu Abstraktem. Die Wollust ist im Laufe der Geschichte beinahe geistig geworden, und es ist fast nicht mehr wahr, wenn wir sie eine fleischliche Sünde nennen. Und eben, daß sie nicht mehr so richtig fleischlich ist, das macht sie erst richtig sündhaft. Der Wollüstige sündigt im Geiste, ein Umstand, den die

Heiligen bei ihren erotischen Visionen der Teufels peinlich empfunden haben müssen. Wenn wir die frommen Legenden lesen, dann befremdet uns oft die Besessenheit, mit der der Heilige sich mit dem Geschlecht beschäftigt. Unsere Träume und Fantasien sind in der Regel etwas weniger unappetitlich als die Visionen der heiligen Männer. Wahrscheinlich muß sich der Teufel bei uns, die wir ja leider nicht heilig sind, weniger exponieren.

Doch liegt vielleicht der Grund für unsere im Vergleich zum Heiligen und zum Schamanen unterentwickelte Wollust in einem anderen Umstand, nämlich in unserem Verhältnis zum »Weibe«. Für den Mönch, für den Yogi, für den Asketen ist die Frau das Gefäß der Sünde. Er wendet sich ab von ihr, um in die Einsamkeit zu fliehen und dort den Frieden zu finden. Und was er statt dessen findet, sind die in den Legenden beschriebenen pornografischen Bilder. Für uns, die wir nicht heilig sind in diesem skurrilen Sinne, liegen die Dinge anders. Für uns ist die Liebe zu einer Frau ein gewundener Weg durch ein Labyrinth, an dessen Ende zwei Tore stehen, in den Himmel und in die Hölle. Denn die Liebe ist ein Gewirr von Wollust und Hemmung: erstere zieht uns zum Teufel, letztere hebt uns zur Gottheit. Es kann geschehen, daß in diesem Kampf die mächtige Wollust eine übermächtige Hemmung erzeugt, daß das Göttliche in unserer Seele am Teuflischen erstarkt und den Liebenden zur Selbstverleugnung mitreißt. So ein Mensch, der sich selbstlos und ohne bewußtes Verlangen der Geliebten opfert, hat in einem neuen und höheren Sinn als der »Gottesmann« die Wollust überwunden. Er hat in einem neuen, einem positiven Sinn der Welt den Rücken gekehrt, die ja auf Selbsterhaltung abzielt. Er hat den ersten Schritt getan, sich von den Klammern des Teufels zu lösen, und die Tore des Himmels haben sich ihm ein klein wenig geöffnet. Dieser seltene und flüchtige Augenblick des Erspähens des Himmelslichts im Antlitz der Geliebten, dieses Verwerfen der Wollust mit Hilfe der Wollust, dieses so oft besungene und so kostbar rare Erlebnis mag uns ein erster Fingerzeig sein für die Motive der Gottheit. Vielleicht hat Gott den Teufel erzeugt, um solche Momente zu schaffen. So flüchtig dieses Wunder ist, so stellt es doch den ganzen Weg der Wollust von der Amöbe bis zum Menschen unter ein neues Prisma. Der Teufel mit all seinen wunderbaren Errungenschaften der Biologie und Psychologie erscheint als ein Werkzeug Gottes. Denn vom Standpunkt dieser sich selbst verleugnenden Liebe erscheint die ganze Entwicklung des Lebens plötzlich als Selbstvernichtung zum höheren Ruhme der Gottheit. Ein solcher Augenblick der reinen Liebe bildet eine Verbindung von Zeitlichem und Zeitlosem und eine der Brücken, auf denen es der Schöpfung gegeben ist, dem Zeitlichen zu entkommen. Darum ist die Liebe zur Frau einer der Wege zum Heile.

Zwischen den Extremen der freien Liebe und der zeitlosen Liebe strömt unser gewöhnliches Liebesleben mit seinem dunklen und warmen Schwalle. Außer den Freudianern bemühen sich auch die Zoologen und Soziologen, in diesem Morast zu fischen. Doch scheint uns, daß es die Dichter sind, die uns am besten über diesen Fluß unterrichten. Denn die Dichter sind ja nicht nur Forscher, sondern auch Former der Liebe. Sie geben dem Strom der Liebe sein vorübergehendes Gepräge, und unser Verhältnis zu der Geliebten trägt literarischen Stempel. Das ist der Grund, warum uns so viel als unecht und als verlogen erscheint im Geflecht der Liebe. Wir haben die meisten unserer erotischen Gefühle und Äußerungen aus zweiter und aus dritter Hand, und was wir ins Ohr der Geliebten lispeln, sind abgegriffene Münzen. Münzen, die gewöhnlich Jahreszahlen aus dem ersten Drittel des neunzehnten Jahrhunderts tragen. Die Liebe ist, neben dem Nationalismus, das Gebiet der Kultur, in dem sich die Romantik am längsten erhält und sich weigert, zu sterben. Das mag einer der Gründe sein, warum uns heute die geschlechtliche Liebe und die von ihr infizierte Ehe so teuflisch erscheinen, denn die Romantik ist ein Element, in dem sich der Teufel wohl fühlt. Wir hoffen, im Laufe dieses Buches die romantische Seite des Teufels weit besser beleuchten zu dürfen. Doch schon in der Liebe und Ehe erscheint uns der Teufel als romantischer Schwärmer. Er widersetzt sich der gänzlich unromantischen und nüchternen Forderung seines Gegenspielers nach Treue.

Der Begriff der romantischen Liebe und Ehe, der sich wie eine moralische und ästhetische Pest aus der Dichtung des neunzehnten Jahrhunderts in die illustrierten Wochenblätter und in die Kinoproduktion des zwanzigstens ergießt und alle Stände unserer Gesellschaft erfaßt, macht Liebe und Ehe ordinär und billig. Denn er ist der Treue feindlich. Die Treue ist ein freiwilliger Verzicht auf die Freiheit. Liebesverrat und Ehebruch sind freiheitliche Taten. Sie brechen die Fesseln der Bindungen, sie durchjauchzen gefühlsbeseelt die Gegend der Wollust, sie sind mit einem Worte romantisch und dem Teufel sympathisch. Die Treue hingegen ist seßhaft, es gibt keine Wandervögel der Treue. Ein treuer Mensch kennt zwar die Verlokkung der romantischen Gipfel und Schluchten, bleibt aber mit größerer oder kleinerer mentaler Reserve in der Bindung der Ehe haften. Das ist völlig unromantisch und dem Teufel antipathisch. Ein Mensch, der auf diese Weise seine Wollust beschränkt und auf einen einzigen Menschen verankert, macht dem Teufel kein Vergnügen. Es bleibt natürlich die Frage offen, aus welcher Quelle die Treue sprießt, und das ist für den Teufel tröstlich. Wenn einer aus Angst vor den Göttern oder vor der Gesellschaft seine Wollust gehemmt hat, so glauben wir nicht, daß die Engel ihm spezielle Gesänge komponieren und widmen. Aber die Frage nach der Quelle der Treue ist eine Frage nach dem Gewissen. Und damit erkennen wir zum ersten Mal die sonderbare und unheimliche Art des Kampfes zwischen dem Guten und Bösen in unserer Seele. Wir erkennen auf dem Gebiet der Wollust die Freiheit als teuflisch und die Bindung als göttlich und versuchen daher, so gut es geht, die Treue zu erobern. Und gleich wird die Treue unecht, denn sie ist nicht von selbst gewachsen, sondern als Resultat der Flucht vor dem Teufel. Das Gewissen spricht zu uns mit verworrener Zunge, und wohin wir uns in seinem Dickicht wenden, dort lacht uns der Teufel entgegen. Denn die spontane Treue, das selbstverständliche sich Begnügen, das kann ja auch kein Verdienst sein, eben weil es spontan ist. Also auch dort lacht der Teufel. Mit Verwirrung wollen wir diesen vorschnellen Ausflug in das Gebiet des Gewissens verlassen.

Aber auch die Liebe zum anderen Geschlecht hat uns nun, mehr als für dieses Buch gesund ist, beschäftigt. Wir wollen darum versuchen, andere Manifestationen der Wollust zu schildern. Wir hoffen, die Rolle des Teufels in diesem Komplex annähernd beleuchtet zu haben. Er ist der Schöpfer und Initiator der Wollust und damit der geschlechtlichen Liebe, er ist der Propagandist der Freiheit und Agitator des Paradieses der Wollust. Die Treue ist eine seiner Grenzen auf diesem Gebiet, und die Selbstverleugnung des Liebenden ist seine Niederlage. Damit wollen wir die Liebe verlassen, diese Himmelsleiter und diesen Weg in die Hölle.

6. Der Nationalismus

Eine etwas besser maskierte Erscheinung der Wollust ist ein anderer Sproß der Romantik, nämlich die Liebe zum Volke. Die Wollust glaubt, in dieser Maske nicht erkannt werden zu können und darum viel lauter und selbstbewußter auftreten zu dürfen. Das Bewußtsein erkennt die Wollust tatsächlich selten, wenn sie sich patriotisch gebärdet und stellt ihr darum in dieser Form kaum eine Hemmung entgegen. Der Nationalismus ist daher eine fast ungehemmte Wollust. In ihm können wir das Wirken der Gottheit kaum noch erkennen. Auf dem Gebiet der Liebe zu Volk und Vaterland herrscht souverän der Teufel. Wenn eine Seele von dieser Liebe tatsächlich erfaßt ist (was Gott sei Dank selten vorkommt), dann müssen wir leider sagen, sie habe sich durch ihre Wollust dem Teufel mit Haut und Haaren verschrieben.

Wenn wir die Liebe zum Volk mit der Liebe zur Frau vergleichen, dann erkennen wir den enormen Fortschritt des Teufels. Das wollüstige Schmachten finden wir zwar wieder, die bis zum Orgasmus sich steigernde Ekstase, das Wiederholen von Schablonen, die romantischen Gebärden, das Unechte, das sich hier bis zum Theatralischen steigert. Aber es fehlen alle veredelnden Züge der Liebe. Was man die Treue zum Volk nennt, hat nichts mit Beschränkung der Freiheit gemeinsam. Es ist ein billiges und ein geschmackloses Schlagwort. Eine wahre Hingabe an das Volk kann es nicht geben, denn das Volk ist nicht ein Ding der Wirklichkeit, sondern eine Fiktion, eine Erfindung der Wollust. Daß dieses Exkrement der gestauten Eierstöcke und Hoden trotzdem die Menschheit periodisch zu heller Begeisterung beflügelt, ist ein unappetitliches Wunder, das zu beschreiben wir nun versuchen werden.

Was wir Okzidentalen unter Nationalismus verstehen und was wir über den ganzen Erdball verbreiten, ist ein junger Einfall des Teufels. Er besteht nicht nur aus Wollust, sondern ist, um besser zu munden, mit Neid und mit Geiz und mit Hoffart gepfeffert. Der Begriff »Volk« ist selbstredend um Tausende von Jahren älter. Erst zur Zeit der Romantik ist es dem Teufel gelungen, diesen Begriff mit Wollust zu füllen und zum Nationalismus abzurunden und verdaulich zu machen. Seit der Zeit des Turmbaus zu Babel, da der Teufel die Menschheit mit Zorn auf die Götter erfüllte, ist sie in Völker aufgeteilt und spricht mit verworrenen Zungen. Das war die Menschheit gewöhnt, als einen Fluch zu betrachten, als eine Strafe der Götter. Aus diesem Fluch einen Segen zu machen, auf den die Menschen stolz sind, das ist dem Teufel mittels der romantischen Philosophen des deutschen Volkes gelungen. Und diesen romantischen Segen unterirdisch mit Wollust zu füllen, ist einer der geistreichsten Einfälle des Teufels – und der fruchtbarsten, denn er hat schon mindestens vier große Kriege gezeitigt, und sein Ende ist kaum abzusehen. Bevor die Flamme der Vaterlandsliebe in den Herzen entbrannte, gehörten die Menschen selbstredend auch einem Volke an, doch nahmen sie das nicht tragisch. Im Altertum dienten sie dem Stadtgott, im Mittelalter dem Lehnsherrn, in der Neuzeit dem Landesvater, und daß sie Sabinisch und Tschechisch sprachen, war dabei nur insoweit von Bedeutung, daß es die Verständigung erschwerte. Diese vergangenen und vergessenen Bindungen waren wahrscheinlich auch nicht ganz geheuer, an ihnen war zweifellos der Teufel auch beteiligt. Sie sind vielleicht in der modernen Seele durch Standesbewußtsein, Sektiererei und Parteiwesen würdig vertreten. Die Liebe zum Volk und zur Sprache jedoch, die die inspirierten Romantiker schufen, sie ist von anderem Kaliber.

Die Ahnin der Vaterlandsliebe ist der Minnedienst des mittelalterlichen Ritters, der die Farben der Dame auf seinem Schild in den Kampf trug. Auf solche Weise sublimierte der edle Ritter seine Lust, mit der Dame zu schlafen. Nur hat der Ritter einem wirklichen Menschen gedient und wirkliche Kämpfe bestanden. Der völkische Mensch hingegen, der späte Enkel des Ritters, dient einer geistigen Konstruktion (wenn man in diesem Kontext von »Geist« überhaupt sprechen darf), und sein Kampf besteht aus Gerede. Die Parallele zwischen Ritter und Patriot, die uns die begeisterten Dichter empfehlen, ist aufschlußreich und belehrend. Die Vaterlandsritter sind entweder behäbige Bürger oder eine rasende Menge, und von Ritterlichkeit im feudalen Sinne des Wortes ist im Kampf zwischen den Völkern eigentlich wenig zu spüren. Der Ritterstand war ein Geflecht von Verpflichtungen, während der Nationalismus eben darum so attraktiv ist, weil er verantwortungslos macht. Wenn sich die menschliche Seele in voller Liebe dem Volke ergibt, dann ist alle Hemmung gefallen. Alle Zweifel am eigenen Wert und an der eigenen Pflicht sind gelöst, sie sind aufgelöst im Bewußtsein des Volkes, für das zu sterben verdienstvoll und süß ist. Im Heldentod auf dem Feld der Ehre beweist der Mensch seinen Wert, er schläft vom freudischen Standpunkt dabei mit seiner Mutter, und es wird peinlich verständlich, warum glühend in heißer Vaterlandsliebe Dichter Körner im Feld starb. Dabei ist den meisten Vaterlandsrittern der ruhmvolle Tod im Felde versagt, sie müssen sich mit patriotischen Liedern begnügen.

Das innig geliebte Volk ist leider von lauter Feinden umgeben, die perverserweise seinen Platz an der Sonne beschatten. Den benachbarten Völkern sind nämlich seltsamerweise der strahlende Wert und die einzigartige Schönheit und Güte unseres eigenen Volkes verschleiert. Wenn wir die Menschheitsgeschichte vom Standpunkt der Vaterlandsliebe betrachten, so entpuppt sie sich als eine Serie von monotonen Raufereien benachbarter Völker. Eine solche Philosophie der Geschichte erscheint uns nur darum nicht als kindisch, weil wir sie alle jahrelang in der Schule auswendig lernen mußten. Sie degradiert die Geschichte der Menschheit auf das Niveau der Kinderstube und kleidet die Raufereien in ein erhabenes Licht, eine teuflische Mischung. Ihr ist es zu verdanken, daß wir Schlachten und Könige ernster nehmen als Sinfonien und Propheten. In einem solchen Weltbild ist der Haß die Sprungfeder allen Geschehens. Wenn wir manchmal von sogenannten gemäßigten Patrioten zu hören bekommen, daß die Liebe zum eigenen Volk den Haß zu den anderen nicht fordert, dann sollten wir dieses Argument als Heuchelei verwerfen. Der Ruhm des geliebten Volkes, das wissen wir aus der Schule, besteht aus lauter Siegen. Es hätte ja auch gar keinen Sinn, das eigene Volk zu lieben, ohne die anderen zu hassen. Wenn wir nämlich zugeben würden, daß andere Völker vielleicht ebensoviel wert sind (was immer das bedeuten mag), dann sind wir nicht mehr verläßlich. Das Volk könnte im Kriege, zur großen Zeit, nicht restlos Vertrauen schenken. Vaterlandsliebe schließt logischerweise Wohlwollen anderen Völkern gegenüber aus und verlangt, daß man sie, mindestens in entscheidenden Stunden, hasse.

Bei der Betrachtung der Liebe zum Volk haben wir uns zum erstenmal der Sprache genähert. Der Leser möge uns verzeihen, wenn wir es vorläufig ablehnen, uns in dieses Problem zu vertiefen. Selbst die oberflächliche Betrachtung dieses geheimnisvollen Gewebes, durch das wir in die Wirklichkeit blicken, führt zu Trägheit und Trauer des Herzens. Wir haben daher vor, von der Sprache erst im letzten Kapitel zu sprechen. Die Sprache ist für uns die mächtigste Waffe des Teufels, und im Brechen der Sprache erblicken wir das wahre Besiegen des Teufels. Im Patriotismus ist die Sprache als Waffe des Teufels nur skizzenhaft angedeutet, die Liebe zur Muttersprache ist eine naive und relativ unschuldige Form des Verfalls in die Sprache. Doch müssen wir schon hier bekennen, daß die Sprache, in die wir geboren wurden, alle unsere Gedanken formt und damit unser Weltbild bedingt, wenn nicht gar schafft, die Muttersprache ist in diesem Sinne unsere Mutter. Die Liebe zu jener Sprache, in der wir als Kinder dachten und fühlten, sie ist der Kontakt, den der Nationalismus mit der Wirklichkeit festhält. Die Muttersprache ist vielleicht der tiefste Sitz unseres Sinnes für Wirklichkeit, sie ist der Ursprung unserer Wollust. In der Sprache entsteht die Wollust, und in sie mündet die Trauer des Herzens. Der Kreis der Todsünden schließt sich in der Sprache. Wenn wir die Sprache unkritisch hinnehmen, wie wir es in diesem Kapitel tun, dann leben wir wirklich. Wir haben kaum Erkenntnisprobleme, wenn wir auf die Worte der Sprache hören, und wollüstig fließt unser Leben. Wenn wir hingegen versuchen, in den Strom der Sprache zu tauchen, uns in die Sprache vertiefen, dann verlieren wir die Wirklichkeit, wir verstricken uns in den Worten. Dann wenden wir der Wollust den Rücken zu und werden trägen und trauernden Herzens. So einer, der die Naivität der Sprache verlor, steht nicht nur außerhalb seines Volkes, sondern außerhalb der Schöpfung.

Von diesem Gesichtspunkt gesehen, erscheint das Volk als Sprachgemeinschaft wie die unterbewußte Nabelschnur, die den Menschen an die Wirklichkeit bindet. Der Mensch ist der Wirklichkeit teilhaft nur als Mitglied eines Volkes. Das erklärt das Gefühl für die Unwirklichkeit, das den Menschen erfaßt in Ländern fremder Sprachen. Hier verbirgt sich vielleicht auch eine der Wurzeln dieses zu wenig gewürdigten Problems des Emigranten. Er ist einer, der aus dem Boden der Sprache herausgerissen wurde, und so hat er seine Beziehung zur Wirklichkeit verloren. Er ist in die Hölle (oder den Himmel?) der Trauer des Herzens verfallen, eigentlich ohne zu wollen. Ihn hat der Teufel geholt, ohne beschworen zu werden.

Wenn wir die Muttersprache als den Boden erkennen, auf dem die Wirklichkeit sprießt, dann gewinnt der Nationalismus positive Aspekte. Er erscheint als ein Panzer der Seele, der vor der Trauer des Herzens schützt, er versucht, die Seele vor einer radikalen Sünde durch eine naive zu retten. Weil der Vaterlandsritter wollüstig ist und glaubt, es sein zu dürfen, ist er nicht träge und traurig. Der Teufel holt zwar die patriotische Seele ebenso wie die Seele des logischen Philosophen, doch geht es wahrscheinlich in der Hölle der gefallenen Vaterlandsritter gemütlicher und kerniger zu als in der schweigenden, zähneklappernden Hölle der dahingeschiedenen Zerpflücker der Sprache. Doch wollen wir unsere Apologie des Nationalismus nicht auf die Spitze treiben. Es handelt sich zwar um eine naive Sünde, aber darum nicht um eine weniger teuflische. Er ist dem Blendwerk des Zeitlichen vollkommen verfallen. Er verschleiert die innere Schau, die uns manchmal erkennen läßt, daß der Mensch nicht ein Teil des Volkes ist oder irgendeiner anderen Gesellschaft von Menschen, sondern ein Teil der Gottheit. Oder doch, daß der Mensch nur provisorisch ein Teil der Gesellschaft ist, als Gleichnis zeitloser Bindung. Der Nationalismus ist eine naive Waffe des Teufels, die Menschen vom Weg der Erkenntnis abzubringen. Es ist vielleicht ein Zeichen für die grundsätzliche Einfalt unserer Zeit, daß der Teufel mit so groben Methoden so große Erfolge verzeichnet. Die Liebe zur Sprache ist nur ein Bestandteil des Nationalismus.

Und sie setzt ihm Grenzen. Ein Mensch, der mehr als eine Muttersprache besitzt, wie der Schreiber dieser Zeilen, ist vom Standpunkt des Nationalismus ein peinliches Kuriosum. So einer lebt zugleich in verschiedenen Wirklichkeiten. Er läßt seine Gedanken einmal im Bette der einen, dann wieder der anderen Sprache gleiten, er sieht dasselbe Phänomen einmal im Licht der einen, dann der anderen Sprache, seine Welt ist reicher und bunter, und seine Wirklichkeit ist zertrümmert. Er ist ein lebendes Beispiel für die Grenze des Nationalismus. Solche mit doppelten Wurzeln versehene, also eigentlich von Geburt an entwurzelte Wesen weisen vielleicht in die Zukunft. Für solche Menschen hat die Sprache von Kindheit an ihren Teufelscharakter bekundet. Sie sehen instinktiv ihren ontologischen Unwert. Für solche unglücklichen Wesen hat die Sprache die wirklichkeitsspendende Kraft verloren oder nie besessen. Und dasselbe Phänomen sehen wir vielleicht im Großen auf dem amerikanischen Kontinent. Dort spricht man zwar Englisch und Spanisch und Portugiesisch, doch haben diese Sprachen in der neuen Welt einen anderen Charakter. Sie erinnern an Esperanto. Die Welt erscheint, von Amerika aus gesehen, nicht als eigentlich wirklich, weil die Sprachen Amerikas nicht mehr Wirklichkeit spenden. Die grenzenlose Völlerei, der sich die Amerikaner des Nordens und Südens ergeben, ist ein grandioser Versuch, die Welt zu verschlucken, um sie wirklich zu machen. Denn die ursprüngliche, die echte Wollust der Sprache ging bei ihrer Verpflanzung nach Amerika verloren. Darum erscheint dem Europäer der amerikanische Nationalismus als unecht und erkünstelt. Trotz der vielen Fahnen und patriotischen Reden können diese jungen Länder die echte teuflische Inbrunst der europäischen Teufelsjünger nicht heraufbeschwören. Dem Teufel will es in Amerika nicht so recht gelingen, die Menschen mittels Nationalismus in die Hölle zu locken. Er muß es mit der Völlerei, mit der Technik versuchen. Allerdings hat er dabei, wie wir noch sehen werden, ebenso strahlende Erfolge wie in Europa mittels der Wollust. Trotzdem ist vielleicht Amerika ein Ausweg aus der Vaterlandsliebe. Was in Amerika als Patriotismus erscheint, ist eine Parodie auf eine echte Sublimation der Wollust und wirkt belustigend auf patriotische europäische Gemüter. Aus dieser Belustigung dürfen wir vielleicht einige Hoffnung für die Zukunft schöpfen.

Heutzutage hören wir, daß auch der schwarze Kontinent beginnt, völkisch zu werden. Siehe da, der Weltteil der Wollust beginnt zu sublimieren. Welch großartiger Fortschritt des Teufels. Wie es dem Teufel gelingt, mit unserer Hilfe aus den Ashanti Patrioten zu machen, können wir aus Mangel an Kenntnis hier nicht untersuchen. Wir glauben jedoch behaupten zu dürfen, daß wenn ein Häuptling oder ein Medizinmann, statt zum Phallussymbol zu greifen, die heilige Fahne der nationalen Befreiung ergreift, er dabei nicht auf eine ritterliche Tradition des eigenen Stammes zurückgreift. Sondern er fußt bei dieser heroischen Tat auf den romantischen Dichtern des europäischen neunzehnten Jahrhunderts. Er beschwört nicht mehr die regenspendenden Phallusgötter und nicht mehr den mütterlichen Schoß der erntespendenden Göttin, sondern die etwas fahlen und blassen Geister von Hegel und Fichte. Zu einem Staunen über den an den Ufern des Niger auferstandenden Fichte sind wir nicht berechtigt. Wir haben selbst diesen Sprößling unserer kranken Wollust dem saftigen Stamm der afrikanischen Geschlechtsreligionen aufgepfropft und dürfen nun die schillernden tropischen Blüten bewundern, die auf dem Pfröpfling sprießen. Die Reden an die deutsche Nation tragen in Afrika viel romantischere Früchte als auf dem heimatlichen und etwas trockenen Boden. Es ist erhebend zu betrachten, wie es dem Teufel gelingt, die Riten der Initiation und die Hochzeitstänze durch Jugendbünde und durch Übungen auf dem Kasernenhof zu ersetzen. Es stimmt, Afrika beginnt, sich zu zivilisieren.

Ganz anders und viel verworrener erscheint die Lage auf Asiens heiliger und tausendjähriger Erde. Daß es dem Teufel gelang, mit unserer Hilfe in den nach innen gekehrten Herzen der Asiaten das Feuer der patriotischen Begeisterung zu schüren, das grenzt ans Wunderbare. Er hat mit dem Zauberstab des Nationalismus den heiligen Kontinent berührt und in ein niederes Tier verwandelt. Wie wir in späteren Kapiteln zu zeigen versuchen werden, hatte sich Asien bis vor kurzem auf völlig andere Weise zum Teufel getrollt als das junge Europa. Ein großer Teil der asiatischen Wollust hatte sich in

Hoffart und Trauer des Herzens verflüchtigt, und so entstanden die Yogis, die Sufis und die buddhistischen Mönche. Die asiatische Elite hatte ganz bewußt der Wollust den Rücken gekehrt, um sich dem Teufel auf weit höherem Niveau und bei klarem Geist zu verschreiben. Während unsere geistigen Führer in ihrer jungen Begeisterung zornig die Wollust betonen und also Wissenschaft treiben, schienen die asiatischen Denker den Schleier der Maja zerrissen zu haben und in die ästhetische Hölle der definitiven Verneinung eingehen zu wollen. Mit einem Mal erscheint vor unserem nicht begreifen könnenden Blicke eine neue asiatische Elite. Sie ruft die Masse zur Fahne auf, zum Kampf für Volk und Reich und Führer anstatt zum Abendgebet oder zur stillen Einkehr. Es scheint, daß es dem Teufel gelang, das Rad der Geschichte um Tausende Jahre zurückzudrehen, und daß Asien im Begriff ist, auf das primitive Niveau Europas zurückzufallen. Es kehrt in den Zustand zurück, den die uralten chinesischen Annalen mit dem Namen »Zeit der kriegführenden Staaten« bezeichnen. Es mag aber sein, daß das Phänomen des asiatischen Nationalismus anders zu sehen ist. Es ist vielleicht eine Vorbereitung Asiens, Europa zu verschlucken. Es ist vielleicht ein *réculer pour mieux sauter*, eine lächelnde Konzession an unseren Primitivismus. Vielleicht ist das Fahnenschwingen in Asien eine provisorische Nachahmung Europas, um es desto besser mit eigenen Waffen zu schlagen, ad absurdum zu führen und dem europäischen *way of life* ein Ende zu bereiten. Der Nationalismus in Asien ist vielleicht kein echtes Gebilde, sondern eine Finte und gehört nicht eigentlich in dieses Kapitel, sondern zur Hoffart.

Wir wollen nun, nach diesem Exkurs um die Erdkugel, in die Heimat der Vaterlandsliebe zurückkehren, in unser geliebtes Europa. Wir haben bis jetzt ja nur einen Aspekt betrachtet, nämlich die Liebe zur Sprache. Das ist zwar ein wichtiger Aspekt, wie die verzweifelten Versuche der künstlichen Nationalismen beweisen, zum Beispiel der Juden und Iren. Diese seltsamen Wiederbeleber von längst verstorbenen Völkern sehen sich veranlaßt, Lebensodem in tote Sprachen zu hauchen. Doch ist die Sprache selbstredend nicht der einzige Teil der nationalen Strömung, sondern die Patrioten führen auch Blut und Boden im Munde.

Was das Blut betrifft, so wollen wir diesen besonderen Saft anderswo wallen lassen. Blutsgemeinschaft und Volk haben nichts gemeinsam. Wir wollen also dieses Argument der Patrioten verachten. Das Argument des Bodens, der verwurzelten Kultur, der Tradition, der Folklore, wollen wir ernster nehmen. Der Boden ist eine echte Wurzel der Seele, ganz wie die Sprache. Und diese Wurzel wird von den Patrioten ebenso mißbraucht und in den Dienst des Teufels gestellt wie die Sprache. Unser Jahrhundert, das ja die Blüte des Nationalismus hervorbringt, ist doch das Grab der bodenständigen Bindung. Der Bauer, der als einziger Teil der Gesellschaft noch wirklich traditionell ist, ist das Gegenteil eines Patrioten. Er ist mit seinem Feld, seiner Sitte, vielleicht sogar mit seinem Dorf und Tal verbunden, hat aber mit dem asphaltübereilenden Städter nichts als einen Teil der Sprache gemeinsam. Wenn man das Volk von Boden und Sitte her definieren wollte, dann würde es auf kleine und immer kleiner werdende Inseln zusammenschrumpfen, die sich in der aschfahlen Masse der Städte und Vorstädte immer mehr verlieren. Wenn wir also die Tradition als Basis des Volksbewußtseins ernst nehmen sollen, dann erscheint die Zukunft des völkischen Geistes im Hinblick auf die Technik, auf Hollywood und auf die internationale Küche nicht in rosigen Farben. Wir sind dann gezwungen, nur isolierte Bergtäler und fanatische Sekten mit dem Wort »Volk« zu bezeichnen. Eine Einschränkung, von der die Patrioten vielleicht nicht restlos begeistert wären. Überhaupt hat ja jeder Versuch, das Wort »Volk« zu definieren, etwas Krampfhaftes an sich. Das Volk ist eine Fiktion, und jede Definition ist darum ebenso richtig wie willkürlich und beweist die völlige Künstlichkeit des Nationalbegriffs. Man kann jede beliebige Gruppe von Menschen als ein Volk bezeichnen. Und niemand kann uns verwehren, zum Beispiel die freiwillige Feuerwehr von Semipalatinsk ein Volk zu nennen. Wir würden damit wahrscheinlich jedes Mitglied dieser würdigen Verbindung in helle Begeisterung versetzen. Damit versuchen wir, die Erlogenheit und die Künstlichkeit dieser Sublimation der Wollust zu illustrieren.

Wir sind nun in der Lage, einen Rückblick auf den Nationalismus zu werfen, bevor wir diesen teuflischen Brocken in den Hexenkessel zurücksinken lassen. Er erscheint uns als eine Ausflucht der Wollust, welche geschlechtlich gehemmte und nicht befriedigte Menschen berechtigt, im Grundton der Überzeugung ihre Komplexe zu kompensieren und so auf eine verzwicktere Art als der Hurer dem Teufel zu verfallen. Der oberflächliche Ausblick auf die politische Szene unseres Jahrhunderts bietet darum das Schauspiel eines sublimierten Bordells. Wenn wir tatsächlich pornografische Literatur verbieten wollten, dann müßten wir auch das Publizieren der Reden und Schriften der nationalen Führer strengstens untersagen. Mit diesem Satz dürfen wir unsere Betrachtungen des Nationalismus als abgeschlossen ansehen.

7. Der Internationalismus

Der Nationalismus ist eine eigentlich hemmungslose Wollust. Was aber geschieht, wenn das Bewußtsein die Maske durchblickt und den Nationalismus erkennt als das, was er ist: Was tut dann die Wollust? Der nächstliegende Ausweg des Teufels aus dieser mißlichen Lage ist der Internationalismus. Das ist zwar eine viel gehemmtere und kompliziertere Art, in die Hölle zu kommen, gibt aber dem Teufel eine höhere Befriedigung, es ist ein edleres Kunstwerk. Eine Seele, die dem Nationalismus entging, um in den Internationalismus zu verfallen, ist eine wertvollere Eroberung für die Hölle. Um einen Internationalisten herrscht in der Hölle größere Freude, als um tausend Patrioten. Wir wollen nunmehr versuchen, diesen Weg des Teufels zu schildern.

Vor allem wollen wir eine Frage der Namensgebung bereinigen, die der Betrachtung dieser Form der Wollust im Wege steht. Die Internationalisten sind nämlich heutzutage in zwei Lager gespalten. Jedes nennt sich selbst »international« und das Gegenlager »imperialistisch«. Selbstredend sind diese beiden Worte logische Synonyme, sie haben aber sentimental verschiedene Werte. Das Wort »Imperialismus« darf auf eine lange und in kaiserliche Majestät gekleidete Geschichte zurückschauen. An seiner Wiege standen die römischen Senatoren. Das Wort »Internationalismus« hingegen ist weit jüngeren Datums. An seiner Wiege standen Großstadtliteraten. Die sind zwar an Majestät und Würde mit den Quiriten nicht zu vergleichen, doch hat das Wort »Imperialismus« im Laufe der Geschichte eine ständige Verschiebung ins Pejorative erfahren und ist zu einem Schimpfwort geworden. Wir dürfen es daher diesen Intellektuellen nicht im geringsten verübeln, wenn sie zu einer neuen Prägung der abgegriffenen Münze schreiten und das Wort »Internationalismus« erfinden. Was wir jedoch diesen Bereicherern unseres Sprachschatzes nicht verzeihen wollen, ist der unehrliche Versuch, sich auch der alten Münze weiter zu bedienen. Sie schieben alle verächtlichen Seiten dieser Form der Wollust auf das Wort »Imperialismus« und reservieren das neue Wort nur für die sympathischen Seiten. Und damit schaffen sie selbstredend eine Sprachverwirrung, welche nicht wenig zur heutigen Verwirrung der Gemüter beiträgt und unserer Sympathie für diesen eigentlich rührenden Versuch, dem Nationalismus zu entgehen, gleich zu Beginn den Zugang verweigert. Jeder Imperialist denkt selbstverständlich international, jeder Internationalist ist notgedrungen imperialistisch, die beiden Worte sagen vollkommen dasselbe. Ein Imperium ist die einzige mögliche internationale Organisation, das ist die Basis dieser ganzen Bewegung. Daß wir darüber überhaupt Worte verlieren, ist ein Beweis für die Gewalt des Schlagworts und der Presse. Die läppische Behauptung, der Imperialist sei ein Kriegshetzer, während der Internationalist im Lager des Friedens zelte, könnte von jedem Römer auf den ersten Blick entkräftet werden. Die imperialistischen Kriege sind ja nur Schritte auf dem Weg zum internationalen Frieden, sie sind die Methode, mit der Waffe in der Hand den Frieden zu verteidigen, und das Imperium Romanum ist identisch mit der Pax Romana.

Imperialisten und Internationalisten sind also ein und dasselbe. Es sind Menschen, welche versuchen, aus der Menschheit ein einziges Volk zu machen, den Fluch beim Turmbau zu Babel zu tilgen und einen Nationalismus des Menschengeschlechts zu schaffen. Damit wird der Nationalismus, so glauben sie, in höhere Sphären gehoben, all seiner Schlacken beraubt und, ganz automatisch, heilig. Es ist, mit anderen Worten, der Versuch, den Bau des Turmes zu Babel zu Ende zu führen und, wenn nötig, gegen den Willen der Gottheit den Himmel zu erstürmen. Und, wenn erstürmt, ihn auf die Erde zu übersiedeln. Man kann natürlich den Turm auf verschiedene Arten bauen und verschiedene architektonische Stile dabei verwenden. Gegenwärtig liegen zwei Baupläne vor, und beide sind ökonomisch. Wir wollen diese beiden Architekten des Himmels auf Erden als Sozialisten und Liberalisten bezeichnen. Diese Streiter für die überkompensierte Wollust bekämpfen einander, und die Luft ist erfüllt vom Lärm dieses edlen Waffengangs. Die gegenseitige Flut der Beschimpfungen läßt den verwirrten Beobachter die Zwillingsähnlichkeit der beiden Ritter vergessen. Einem Historiker späterer Zeiten wird es jedoch schweres Kopfzerbrechen bereiten, seinen Lesern die Unterschiede aufzuzeigen und so die Geschichte unseres Jahrhunderts zu erklären. Der Geist, das Ziel und das Ideal dieser beiden im Streite entbrannten Fraktionen sind vollkommen identisch. Die Methode, zum Ziel zu gelangen, war vielleicht ursprünglich verschieden, doch wird sie täglich ähnlicher, sie ist praktisch schon heute identisch. Was die beiden Ritter des Menschheitsgedankens trennt, sind eigentlich nur Worte. Diese Worte werden von Liberalisten und Sozialisten zu pseudologischen Sätzen gesammelt und heißen fortan Programme – Programme, die, in dunkler Verbindung mit der Atombombe, ominös über der Menschheit schweben.

Die Pseudologik und die Programme sind für diese ganze Tendenz charakteristisch. Die Nationalisten lassen sich von Trieben leiten, und sie sind noch stolz darauf, ans Herz zu appellieren, das ihnen in die Hose fiel und nun in enger Verquickung mit den Geschlechtsorganen die Gemüter der völkischen Führer begeistert. Die Internationalisten hingegen glauben, völlig logisch zu handeln und sich nach Programmen zu richten. Sie sind vom wissenschaftlichen Geist des Zornes angehaucht, sie betreiben Pseudowissenschaft. Ihre Programme sind Glaubensartikel, die auf popularisierten wissenschaftlichen Erkenntnissen fußen und diese völlig verzeichnen. Sie sind vorschnelle und falsche Schlüsse aus wissenschaftlichen Prämissen. Am Grunde aller dieser Programme liegt der auch der Wissenschaft eigene Glaube, daß es möglich sei, die Zukunft nicht nur vorauszusehen, sondern sie zu formen. Der Internationalist ist des frommen Glaubens, daß die Menschheit mittels der Vernunft sich ihr eigenes Schicksal bauen kann. Er ist erbost über die

Unvernunft, die aus ihm unerklärlichen Gründen in der Gesellschaft vorherrscht. Er ist entschlossen, dieser Unvernunft, die seit Adam und Eva ihr Unwesen treibt, ein Ende zu bereiten. Wenn wir auf diese begeisterten Ritter der Pseudologik endlich hören würden, dann würden mit einem Male alle Übel verschwinden. Wir würden uns alle am irdischen Paradies des freien Marktes beziehungsweise der kommunistischen Ordnung ergötzen. Und der freie Markt und die kommunistische Ordnung sind selbstverständlich im Grunde miteinander identisch.

Wir wollen diesen edlen Standpunkt mit freudischem Licht beleuchten und versprechen dem Leser, daß wir nun in diesem Kapitel zu der psychoanalytischen Taschenlampe greifen. Der Internationalismus ersetzt die Liebe zur Mutter durch die Liebe zum Menschengeschlecht und den Haß auf den Vater durch den Haß auf die Dummheit. Das ist eine echte und wertvolle Sublimation der Wollust, denn sie macht den Menschen zornig. Auf dem Gebiet des Internationalismus ist der Teufel im Begriff, die Todsünde der Wollust zu verlassen und sich dem Zorne zu nähern. Der Internationalismus wird darum mit Recht als fortschrittlich bezeichnet, er ist ein großer Fortschritt auf dem Weg zur Hölle. Um diese Tatsache in andere Worte zu kleiden, können wir sagen, daß mit dem Internationalismus die Wissenschaft auf den Plan tritt. Die wissenschaftliche Einstellung, diese seltsame Tendenz der menschlichen Seele, Ordnung in die Welt zu tragen, werden wir im nächsten Kapitel zu betrachten haben. Sie gibt den Liberalisten und Sozialisten eine moderne Prägung. Beide sind äußerst erbaut über ihre wissenschaftliche Art, zu denken und zu handeln. Ein wirklich wissenschaftlicher Denker, dessen Seele ganz vom Zorn erfaßt ist, wird diese Behauptung der Internationalisten mitleidig belächeln. Er hat der Wollust gänzlich den Rücken gekehrt, er blickt mit Verachtung auf Liebe und Haß zurück, und die wissenschaftlichen Allüren der Menschheitsretter sind für ihn Karikaturen. Ihm, der das Werten völlig verwirft, der nicht Gutes kennt noch Böses und dessen Paradies aus Gleichungen besteht, die sich auf Null reduzieren, muß die Grundeinstellung der internationalistischen Streiter völlig unwissenschaftlich und vorwissenschaftlich erscheinen. Ihre Thesen sind ungenügend gestützt, ihre Theorien verdienen noch nicht einmal den Namen »Hypothese«, und ihre Logik ist nachlässig und mit lauter Fehlern behaftet. Im Vergleich zu den Nationalisten sind also die Internationalisten von wissenschaftlicher Strenge, im Vergleich zur Wissenschaft sind sie noch ganz in der Wollust befangen. Es ist eine gehemmte Wollust, die nicht ganz sublimiert ist.

Es gibt unserem Jahrhundert eine seltsame Prägung, daß sich der Internationalismus in ökonomische Trachten kleidet. Die Nationalisten suchen im wallenden Blut und in der kochenden Volksseele den Antrieb der Geschichte, sie sind pseudomystisch. Den raffinierten Denkern der internationalistischen Strömung erscheinen die ökonomischen Kräfte als die Quelle des Schicksals. Sie lachen über den Primitivismus, in impulsiven Raufereien der Völker eine Erklärung der Geschichte zu suchen. Sondern diese Geschichte ist ein vielleicht sogar mathematisch faßbares Gewebe wirtschaftlicher Kräfte. Diese Kräfte, wenn losgelassen, stürzen die Menschheit in immer tieferes Unglück, in Krankheit, in Elend, in immer wiederkehrende Kriege. Falls aber erkannt und richtig gewertet, führen sie mit Sicherheit zum Paradies auf Erden. Eine solche Weltanschauung ist nicht nur wissenschaftlich naiv, sondern sie führt auch zu philosophischen Schwierigkeiten. Der Philosoph mit seiner eisigen Logik bricht natürlich der feurigen Begeisterung dieser ökonomischen Messiasse mitleidslos die Spitze. Wir werden von dieser Eigenschaft des Philosophen im Kapitel der Trägheit des Herzens noch zu sprechen haben.

Im Grunde sind also auch die Internationalisten noch auf der mythologischen Stufe der Geschichte des Geistes. Und zwar könnte man wagen zu sagen, die Liberalisten seien orphisch und die Sozialisten olympisch. Wir bitten, diese Behauptung nicht vorschnell zu verlachen. Wir werden darüber im Kapitel des Geizes etwas zu sagen haben.

Es ist charakteristisch für unsere Zeit, wie wir schon zu sagen begannen, daß das Paradies unserer Internationalisten im Schlaraffenland liegt. Das ist eigentlich eine traurige Sache. Von allen möglichen Masken erscheint ja die ökonomische für das Paradies am wenigsten reizvoll. Wir hatten schon im Paragrafen der Liebe ein

Paradies der Biologie vorgeschlagen, das uns besser gefiele. Es erscheint uns paradiesischer, sich ständig zu paaren, als sich auf das Essen von gebratenen Tauben beschränken zu müssen. Den künftigen Generationen empfehlen wir zum Beispiel psychologische Paradiese, in denen die Menschheit in Wonnen schwelgt, oder künstlerische, in welchen sie mit Schönheit sich gürtet. Wir selbst aber müssen uns, wohl oder übel, mit dem wirtschaftlichen Internationalismus abzufinden versuchen. Selbst dieser etwas düstere und von der grauen Farbe des Geldes verunzierte Glaube kann ja, wie wir beobachten können, unsere Jugend begeistern. Und in dieser Begeisterung liegt eine Gefahr für den Teufel.

Zwar ist diese ganze Bewegung verstaubt und verlogen, und was man dort »Menschheit« nennt, ist ein ebenso abstrakter und erzwungener Begriff wie das »Volk« des Patrioten, aber in seltenen Augenblicken kann er zur Wirklichkeit werden. Es kann geschehen, daß sich der Mensch dem Gedanken der Menschheitserrettung mittels der Wirtschaft derartig inbrünstig hingibt, daß er die Fesseln des eigenen Daseins durchbricht und so in der Gottheit aufgeht. Die Wege der Gottheit sind verschlungen und entbehren nicht des Humors, und es kann geschehen, daß Heilige erstehen auf der Börse oder in internationalen Brigaden. Ein solches, wenn auch sehr seltenes Wunder zerbricht das ganze Gefüge, das der Teufel so geistreich um die Idee der Wirtschaft gewoben. Zum zweitenmal erscheint uns die Gottheit als Schöpfer des Teufels, und wir können zu verstehen beginnen, was uns als heilig anmutet in der Begeisterung der politischen Überzeugung, so wie wir die Heiligkeit der Liebe zur Frau zu verstehen begannen.

Im ganzen und großen jedoch behauptet der Teufel sich äußerst siegreich auf dem Gebiet des Internationalismus. Es gelingt ihm, der Menschheit ein irdisches Paradies vorzugaukeln und auf diese Weise das Zeitliche zu stützen. Für jemanden, der vor dem Teufel flieht, ist also diese Art der Wollust nicht uneingeschränkt zu empfehlen.

8. Lesen und Schreiben

Es wäre ein Unding, alle Masken schildern zu wollen, die sich die Wollust aufsetzt, um das Bewußtsein zu betrügen. Wir sagten ja schon, daß überhaupt alles, was Menschen machen, von der Wollust aus erklärt werden kann, denn sie ist die Basis der menschlichen Seele (vom freudischen Teufel her gesehen). Wir wollen uns also nur noch mit einer, wenn auch besonders lüsternen, Manifestation der Wollust befassen. In ihr wird das wahre Wesen des Don Juan, nämlich das rastlose Sammeln von Lustobjekten, am klarsten ersichtlich. Es ist ja das Wesen der Sünde, daß sie die Seele verstrickt und daß die Seele immer mehr durstet, je mehr sie vom verbotenen Becher getrunken. So taumelt der gehetzte Liebesheld von einer Umarmung in die nächste, und auf den Lippen der eben Geliebten spürt er zugleich vergangene und noch zu erheischende Küsse. Der Busen der eroberten Schönen ist ihm kein Ruhekissen. Er hat es eilig, denn unendlich ist die Zahl der noch zu küssenden Lippen.

Das ist das Schicksal der armen Seele, die versucht, ihre Wollust ins Lesen und Schreiben zu gießen. Sie durchblickt alle übrigen Masken der Wollust und überhebt sich in Hoffart über diese primitiven Formen, das Geschlecht abzureagieren. Was diese Seele so unglücklich macht, ist aber der Umstand, daß sie auch im Lesen und Schreiben die Maske durchblickt und ihr dennoch restlos verfallen ist. Die Seele des lüstern lesenden und orgiastisch schreibenden Sünders steht an der Grenze zur Hoffart. Sie ist im Begriff, sich selbst zu erkennen. In ihr rast der Teufel auf besonders verschlungene Weise.

Das Lesen ist ein schleichendes Gift. In kleinen Dosen wirkt es belebend, es stimuliert auf scheinbar unschuldige Weise die Neugier. Mit der Zeit aber stellt sich heraus, daß die Neugier oder die Wißbegier die gierigste Form der Wollust überhaupt ist, denn sie kennt beinahe keine Ermüdung und darum keine Grenzen. Zu Beginn dieses Lasters nippt die lesende Seele kennerisch und wählerisch einmal von diesem, dann von jenem Buche oder Gedichte. Sie beschränkt sich bewußt auf dieses oder jenes Gebiet, von dem sie vorgibt, es sei ihr besonders verwandt und darum wert, gelernt zu werden. So ein beginnender Leser versucht, diese scheinbar intellektuelle Tätigkeit vernünftig zu organisieren. Er entschließt sich zum Beispiel, Kristallografie oder Theologie oder Geschichte der Malerei zu »studieren«. Oder in seiner freien Zeit moderne Lyrik oder russische Romane zu lesen. Er kauft sich sein erstes »gutes« Buch, er schlägt die erste Seite auf, und das süße, betörende Gift des Lesens beginnt, in seine Seele zu tropfen. Hingebend, öffnend, passiv ergibt sich der Geist den Worten und den Gedanken des Autors, um sich befruchten zu lassen. Es ist, als nehme der Autor den Leser bei der Hand und führe ihn seiner Wege; wollüstig folgt ihm der Leser, begierig, verführt zu werden. Und wenn das Buch gelesen ist und mit leisem Bedauern zugeklappt, dann ist man verführt. Man weiß alles, was gewußt werden kann oder wissenswert ist, auf dem Gebiet der Kristalle, zum Beispiel. Allerdings, man fürchtet leise diesen beglückenden Zustand, man traut nicht seiner Dauer. Darum vielleicht verschlingt man in Hast die ersten Seiten des Buches, um immer langsamer zu blättern und immer gründlicher zu lesen, je näher das Ende heranrückt. Instinktiv will man dem Bann des Autors so lange wie möglich erliegen. Nun aber ist das Buch gelesen, das Thema verarbeitet, und man ist im Bilde. Es besteht also scheinbar nicht der geringste Anlaß, über dasselbe Thema noch etwas zu lesen. Doch diese Annahme ist, wie man weiß, ein völliger Trugschluß. Man ist, im Gegenteil, begieriger denn je, beim gelesenen Thema zu bleiben, und greift zum zweiten Autor. Schon bei den ersten Seiten zerbricht der Zauber, den der gelesene Autor um uns wob, und es beginnt, ein neues Gewebe in unserem Geist zu entstehen. Allerdings ist dieses neue Gebilde nicht mehr so echt und naiv wie das erste. Wir haben unsere Unschuld beim Schließen des ersten Buches verloren und beginnen, uns zu prostituieren. Und wenn wir den zweiten Autor in den Bücherschrank stellen, dann hinterläßt er in uns nicht das Gefühl der Befriedigung, sondern nur die wilde und immer wildere Lust, weiterzulesen. Es will uns auch nicht mehr so recht gelingen, beim Thema zu bleiben. Man kann nichts über Kristalle erfahren, so beginnen wir zu erkennen, ohne auch über Gesteine und Optik und Geometrie und Elektromagnetik zu lesen. Die Gebiete beginnen, sich zu verschränken und zu verwickeln und zu verschmelzen und sich zu einem einzigen unüberblickbaren Brei von Literatur zu verwandeln, den zu bewältigen unsere aussichtslose Gier ist. Von allen Seiten beginnt die unendliche Masse der Bücher und Schriften, auf uns einzudringen, uns einzuladen, uns zuzuzwinkern, uns verführen zu wollen. Es ist für uns ganz ausgeschlossen, in dieser Fülle des Angebots eine vernünftige Wahl zu treffen. Denn es ist ja nicht nur möglich, sondern sogar wahrscheinlich, daß gerade das Buch, das wir zu lesen unterließen, den Schlüssel zur Erkenntnis birgt, welche weiteres Lesen erübrigt. Darum ist es geboten, alles Gedruckte wahllos zu lesen, eben in der Hoffnung, nicht mehr lesen zu müssen. So verschlingen wir denn Buch um Buch und Autor um Autor wie eine wüste und sich wahllos hingebende Megäre. Dieser endlose Strom von gedrucktem Zeug, der wie ein schmutziger Schwall unseren Geist durchdringt, deponiert darin eine Unzahl von mehr oder weniger gut koordinierten Daten, von Informationen, verwäscht aber jede Überzeugung und unterhöhlt das Gebäude des Glaubens. Unsere Seele ist in ebensoviele Fetzen zerrissen, wie wir Bücher lasen. Was sie noch zusammenhält und was verhütet, daß sie zerfällt, ist der nicht mehr zu löschende Durst, weiterzulesen. In diesem, dem letzten Stadium des Lesens sind wir von der Sinnlosigkeit und Verzweiflung des Lesens nicht nur überzeugt, sondern vollkommen durchdrungen und lesen trotzdem weiter, als hinge unser Seelenheil vom ununterbrochenen Lesen ab. Das eben ist das Wesen der Wollust. Der Teufel hat uns mittels der Bücher besessen, die Buchdruckkunst ist eine der höchsten Künste des Teufels.

In dieser pechschwarzen Nacht des Lesens reicht uns vielleicht eine heilige Hand eine scheinbar rettende Fackel. Im Licht ihrer flakkernden Flamme scheint sich die zertrümmerte Seele wieder sammeln zu wollen, die Brocken der Informationen scheinen sich zusammenzufügen, es entsteht in uns ein neues Gefüge, und wir beginnen zu schreiben. Wir haben dabei nicht das Gefühl, nach eigenem Willen zu handeln. Etwas Fremdes hat von außen in unseren Geist gegriffen, um die Fäden der Gedanken zusammenzufassen, in Worte zu spinnen und ein Gewebe von Sätzen durch unsere Nerven und unsere Finger in die Schreibmaschine zu gießen. Eine geheimnisvolle Gewalt hat uns am Schlafittchen gepackt und rüttelt uns, daß wir aus allen Poren schwitzen. Der ganze Vorgang des kaum gewollten Schreibens, der sich nach eigenem Willen formenden Sätze, des unwillkürlichen Rhythmus, des nicht zu verhütenden Pathos, er ist nicht geheuer. Das libidinöse Gefühl, welches das Schreiben begleitet, und die orgiastische Lösung, die das Beenden des Schreibens kennzeichnet, lassen keinem Zweifel Raum, wessen Hand es ist, die die Fackel der Inspiration trägt. Wir mögen uns zwar vormachen, daß das alles nur sentimentales Gelalle ist, daß wir schreiben, um uns die Zeit zu vertreiben oder um dabei Geld zu verdienen, oder um berühmt zu werden, oder als »l'art pour l'art«, weil es uns Spaß macht. Oder, in Augenblicken völliger Selbstverblendung, daß uns eine höhere Macht befähigt oder sogar beauftragt, zu schreiben. Tief in unserem Inneren wissen wir aber von der Wollüstigkeit und daher Sündhaftigkeit des Schreibens. Wir wissen, daß der Teufel durch das Schreiben seinem Werke, der Wollust, die Krone aufsetzt, daß er damit beendet, was er mit dem Lesen begonnen. Das Lesen ist der weibliche Teil der Wollust des Geistes, das Schreiben ist ihre männliche Seite. Wenn wir wollüstig lesen, sind wir dem Inkubus verfallen, wenn wir schreiben, sind wir von Sukkubus besessen.

Und doch, wer mag es leugnen wollen, wenn wir der tiefsten Wollust verfallen, wenn wir lesen und schreiben, tun wir es nicht, weil wir die Gottheit suchen? Haben wir uns dem Teufel nicht auf diese vertrackte Weise verschrieben, um ihm zu entkommen? Ist nicht Don Juan, eben weil er in der Wollust wühlt, auf der Suche nach dem tiefsten Grunde, der Liebe? Diese Art der Überlegung ist selbstredend kalkulierend und darum doppelt sündhaft. Es gibt aber doch Momente, im Lesen wie im Schreiben, wo uns wie im Blitzlicht die Schalheit und die Eitelkeit alles Wissens und Schaffens erscheinen, wo dieses ganze Woben und Weben des Geistes von unserer Seele abfällt und wir einen flüchtigen Einblick in die Ruhe des Glaubens gewinnen. Allerdings schließt sich die Flut des Lesens und Schreibens sofort mit ihren warmen, wollüstigen Wellen sogleich wieder über unserer Seele und verschlingt den vielleicht göttlichen Einblick. Es mag aber sein, daß auch Lesen und Schreiben ein Weg zur Gottheit ist, wenn auch ein sehr gefährlicher, voll riesiger Umwege und vielleicht unnötiger Qualen. Wenn also auf diesem schwülen Gebiet der Teufel herrscht und unsere Seelen leitet, so ist die Hoffnung auf den göttlichen Finger doch nicht gänzlich erstickt in unseren Herzen.

Es ist an der Zeit, dem Kapitel der Wollust den Rücken zu wenden. Viel zu lang haben wir uns auf den Gefilden des Eros getummelt. Viel zu brünstig und inbrünstig haben wir dem Teufel als Lebensspender gehuldigt. Wir haben eine vielleicht unerlaubte Brücke geschlagen von der sich teilenden Amöbe zum schöpferischen menschlichen Geiste und haben aufzudecken versucht, daß die Wollust die Triebfeder ist, die all diesem bunten Getue des Lebens die Kraft gibt. So ist uns der ganze Strom des Lebens als eine Oberflächenerscheinung der Wollust erschienen, als ein einziger, enormer und jahrmillionenalter Versuch des Teufels, die Welt an sich zu reißen. Je höher der Pfeil des Lebens gegen den Himmel schnellt, um ihn zu zerbrechen, desto mächtiger wird die Wollust. Desto mächtiger aber wird auch der Widerstand, den der Himmel dem Pfeile bietet, desto stärker wird die Hemmung. Je komplizierter, je geistiger das Leben wird, desto stärker wird der Teufel und desto mächtiger der Einfluß der Gottheit im Leben. In diesem seltsamen Umstand suchten wir zaghaft die Erklärung für das Erschaffen des Teufels. Wir sagten, die zarte Amöbe sei vielleicht unsterblich, weil sie zu wenig teuflisch ist, um erlöst zu werden. Und in seiner diabolischen Besessenheit sahen wir den einzigen Anspruch des Menschen auf die Krone der Schöpfung.

Eben durch diese Besessenheit ragt der Mensch aus dem Strom des Lebens heraus, er ist durch die Biologie nicht vollständig zu fassen, er hat auch eine Seele. Darum kann es dem Teufel nicht immer gelingen, ihn mittels der Wollust zu holen. Gerade die Wollust hat im Menschen Dinge erschaffen, die die Wollust dialektisch überholen. Wir haben diese Dinge schon bei der Betrachtung der Liebe kennengelernt. Sie sind beim Nationalismus und Internationalismus noch klarer zutage getreten, und als wir vom Lesen und Schreiben sprachen, da war eigentlich schon nur von diesen überwollüstigen Dingen die Rede. Wir hatten uns freudischerweise entschlossen, diese Dinge »Sublimation der Wollust« zu nennen. Aber die Wollust sublimiert sich zu immer ätherischeren und dünneren Wolken. Diese

Gebilde noch »Wollust« zu nennen, ist eigentlich eitles Wortspiel. Das ist der Grund, warum das ganze freudische Gebäude uns nicht so recht befriedigt. Es mutet uns wie ein Wortspiel an, es ist nicht weise, sondern witzig. Wir wollen darum die freudische Welt verlassen. Die weiteren Wege des Teufels in der menschlichen Seele mögen zwar alle von der Wollust her erklärbar sein, aber es gibt vielleicht einfachere Methoden, diese Wege zu schildern.

Der nächste Weg des Teufels, der nun zu schildern ist, entspricht der Todsünde des Zornes. Trotz seiner Geschmeidigkeit und Fechtkunst ist es dem Teufel nicht gelungen, die Welt mittels der Wollust an sich zu reißen, sondern der Kampf blieb unentschieden. Er öffnet daher seit etwa vierhundert Jahren eine neue Front, ohne darum den alten Kampfplatz etwa zu verlassen. Auf diesem neuen Gebiet beginnt er einen Frontalangriff gegen die Gottheit. Er verzichtet dort auf seinen Degen und rollt die schweren Geschütze der Wissenschaft auf, um die Gottheit definitiv aus der Welt zu entfernen. Diesen modernen, den aggressiven und zornigen Teufel wollen wir nun betrachten.

DRITTES KAPITEL: DER ZORN

Unter den Todsünden, die den Weg des Teufels in die Seele des Menschen markieren, und darum auch unseren Weg in diesem Teufelsbuche, bilden die Wollust und der Zorn eine gesonderte Gruppe. Während alle übrigen Sünden von »Egoismus« gezeichnet sind und sich auf ein Hereinholen der Dinge und der Gedanken ins Ich einstellen, sind Wollust und Zorn selbstaufopfernde Sünden. Alle übrigen Sünden sind von Zweifel und von Verzweiflung gekennzeichnet. Schon die Völlerei versucht, die Welt zu verschlingen, um sie wirklich zu machen. Über den Neid und den Geiz breitet sich dieser Zweifel an der Wirklichkeit weiter aus, um sich bei Hoffart und Trauer des Herzens zu bodenlosem Schlund zu vertiefen. Die Wollust und der Zorn hingegen sind positivistische Sünden. Sie nehmen die Wirklichkeit als gegeben hin, sie sind eigentlich fromme Sünden. Auf dem Gebiet dieser beiden Sünden hat sich der Mensch dem Teufel verschrieben, weil er glaubt, der Wirklichkeit in der dinglichen Welt habhaft werden zu können. Darum ist der wollüstige und zornige Mensch zur Selbstaufopferung bereit, er verschreibt seine Seele dem Teufel, um dafür von ihm die Wirklichkeit zu erlangen. Das eben macht den Ritter der Wollust, den Don Juan, und den Streiter des Zornes, den Dr. Faustus, so tragisch, daß sie sich hoffnungsfroh dem Teufel übergeben. Don Juan und Dr. Faustus, sie sind Zwillingsbrüder. Und die Wollust läßt sich vom Zorn nicht eindeutig trennen. Die Zoologen sagen uns, daß man an Tieren zornige und libidinöse Stellungen nicht richtig unterscheiden kann, der Zorn gehört in den Komplex des Paarungsaktes als selbstverständlicher Bestandteil. Und wenn wir uns selbst betrachten, dann erkennen wir auch die Verwandtschaft dieser beiden Gemütsbewegungen und wissen, wie nahe der Paroxysmus der Wut dem Orgasmus steht und wie er ihn nachahmt. Im vergangenen Kapitel haben wir versucht, den Don Juan zu schildern. Wir haben ihn zu zeichnen versucht von seiner ersten Form an, der sich teilenden Zelle, bis zu seiner raffiniertesten Metamorphose, dem Homo faber. Wir werden nun den letzten Schritt auf diesem Weg zur Hölle wagen und den Homo sapiens schildern, also Dr. Faustus. Wir fordern also den Leser auf, die sonnigen Stege der Estremadura hinter sich zu lassen, wo man den Teufel beschwört mit Gitarre und Degen, und mit uns nunmehr in dunklen Giebelstuben oder in Kellern zu hocken, wo man ihn herbeiruft mit Formeln und Phiolen. Und als Preis leuchtet nicht mehr die mantillageschmückte Schöne, und keine Kastagnetten erklingen, wir suchen nunmehr nach dem Stein der Weisen und nach der Wesen Tiefe. Den Lustgarten haben wir nun verlassen, um zu wandeln in den düsteren Laubgängen des Wissens.

1. Die Freiheit

Es ist dem Teufel nicht gelungen, mittels der Wollust die Schöpfung an sich zu reißen und Gott aus ihr zu entfernen, weil die Wollust begrenzt ist. Es mag zwar dem unbefangenen Beobachter manchmal so scheinen, als ob der riesige Strom des wollüstigen Protoplasmas in immer gewundeneren Konvulsionen und mittels immer abenteuerlicherer Mutationen schließlich einmal, am Ende der Tage, die ganze Schöpfung erfassen könnte und in Leben verwandeln. Aber der Teufel kennt nur zu gut die Schranken dieser Entwicklung. Der biologische Tod zum Beispiel ist eine dieser Schranken, denn es ist dem Teufel nicht gelungen, das Lebewesen unsterblich zu machen, wenn auch das Leben als solches. Eine andere Grenze der Wollust ist in dem seltsamen Auswuchs verborgen, der den Lebensstrom seit unlängst verunziert (seit den letzten hunderttausend Jahren) und den wir Geist oder Seele oder Instinkt oder sonstwie verworren bezeichnen. Und diese Grenze heißt Hemmung. Und dann gibt es noch andere Grenzen der Wollust, von denen wir bei der Betrachtung der Liebe und des Internationalismus und der Arbeit mit verhaltenem Atem zu sprechen versuchten. Sie fallen unter den Sammelnamen »der Glaube«, und dieses unheimliche Wort hat so viele Aspekte, daß wir es schleunigst verlassen und seine Betrachtung auf viel später verschieben. Der Zorn ist die Methode des Teufels, diese Schranken zu brechen und die Wollust zu befreien.

Ursprünglich ist also der Zorn nur eine Vorhut der Wollust und ihr Wegbereiter, aber er wird mit der Zeit und nur beim Menschen Selbstzweck, die Freiheit wird zum Ideal und also der Zorn eine Todsünde aus eigenen Rechten. Das ist eine großartige und erhebende Entwicklung. Der Mensch hat die Wollust sublimiert, er ist geistig geworden. Er kämpft um die physikalische, die psychologische, die ökonomische, die politische, kurz, um die ethische Freiheit. Mit dem Zorn beginnt ein Frontalangriff gegen alle Schranken, das heißt gegen alle Gesetze. Doch ist das Ideal nicht die Aufhebung oder Auflösung dieser Gesetze. Die Aufhebung der Gesetze, das wäre nicht Freiheit, das wäre Willkür, und diesen vielleicht noch majestätischeren Versuch überläßt der Zorn der Hoffart und der Trauer des Herzens. Wir werden diesem höchsten aller Versuche des Teufels am Ende unseres Buches begegnen. Das Ziel des Zornes ist die Unterwerfung aller Gesetze unter den menschlichen Willen. In diesem Satz ist die innere Dialektik des Freiheitsbegriffs enthalten. Der freie Mensch hat nicht etwa Wahrheit und Irrtum und Gut und Böse vernichtet, sondern er steht jenseits von ihnen. Sie aber wirken weiter, nur sozusagen im Leerlauf. Für den freien Menschen sind die Gesetze Werkzeuge seiner eigenen Zwecke. Die Gesetze der Aerodynamik dienen dazu, Flugzeuge zu heben, und die der Elektromagnetik übertragen Televisionsprogramme. Die Gesetze der Nationalökonomie werden in Kürze das Paradies auf Erden erwirken, die psychologischen Gesetze werden uns weise und glücklich machen und, in etwas weiterer Zukunft, die geheimen Gesetze und hierarchischen Ordnungen der Ethik uns höchstwahrscheinlich heilig. Bei diesem abgekürzten Auszug aus dem Katalog der Versprechungen des Teufels fällt uns der innere Widerspruch des Begriffs der Freiheit äußerst drastisch ins Auge. Wir können gar nicht begreifen, daß Faust ihn nicht gesehen hat. Der Teufel verspricht dem Dr. Faustus, daß die Gesetze, einmal durchblickt und »erkannt«, dem Menschen dienstbar werden. Und gleichzeitig verspricht er, daß diese Gesetze für den Menschen dann nicht mehr gelten. Um dasselbe anders auszudrücken, könnte man sagen, daß die Wissenschaft fordert, daß die Welt gänzlich gesetzlich gebunden sei, und in so einer Welt verspricht sie uns mittels ihrer Methoden die Freiheit. Der zornige Geist der vom Teufel besessenen Wissenschaftler scheint dieses Problem nicht sehen zu wollen oder nicht sehen zu können. Der Teufel erweist sich also als Freiheitskämpfer und Lügner. Aber er erweist sich zugleich auch als Zauberkünstler. Denn er hat auf dem Gebiet der Wissenschaft solche Erfolge aufzuweisen, daß es uns gar nicht wunder nimmt, warum die Menschheit trotz der evidenten grundlegenden Lüge seit mehr als vierhundert Jahren dem Teufel auf diesem Wege beinahe blindlings gefolgt ist.

Die Vorstellung, daß sich die Welt nach strengen Gesetzen richtet, ist uns aus der Schule her so vertraut, daß wir uns gar nicht bewußt sind, daß sie aller Erfahrung widerspricht, daß sie ganz einfach nicht wahr ist. Was uns die Sinne zeigen, wenn sie die Welt betrachten, das ist ein Gewirr der Willkür mit einigen zaghaften Flecken der periodischen Wiederholung, wie Tag und Nacht und Sommer und Winter und Geborenwerden und Sterben. Die Welt erscheint uns nicht etwa, wie wir in der Schule lernen, als ein Gefüge kausaler Ketten, als ein Gewebe von Ursache und Wirkung, sondern als ein bunter Haufen von Zufällen, durch den sich der Wille der einzelnen Wesen zwängt und nach vorne drängt und den er, wenn er Glück hat, durchdringt. So sind wir seit unserer Kindheit gezwungen, in einer doppelten Welt zu leben. Es sollte uns darum nicht wundern, wenn eine so schizophrene Welt nicht eben eine gesunde Welteinstellung hervorbringt. Auf der einen, wissenschaftlichen, der Dr.-Jekyll-Seite, wird von Gleichungen gesprochen, von mathematischen Notwendigkeiten, vom Aufdecken noch unbekannter Zusammenhänge, vom Ergänzen des wissenschaftlichen Weltbildes durch weiteres Vereinfachen der bereits bekannten Gesetze. Kurz, es besteht nur wenig Zweifel, daß der letzte Rest an Unordnung aus der Welt mit der Zeit zu verschwinden verdammt ist. Auf der anderen, der sinnlichen Seite, dem Mr.-Hyde-Aspekt, gibt es Begriffe wie Glück und Verdienst, Rache und Strafe, Kampf und transitorischer Sieg und schließlich Niederlage. Kurz, es besteht nicht die geringste Aussicht, je einen Sinn, geschweige denn eine Ordnung, in diese Welt zu tragen. Es mag dem naiven Beobachter scheinen, als ob in der Welt der Sinne völlige Freiheit herrsche, da doch Gesetze fehlen. So einer kann nicht verstehen, warum der freiheitslüsterne Teufel die wissenschaftliche Welt zu schaffen bemüht ist, die die sinnliche Welt verschlucken soll, um den Menschen frei zu machen. Es ist doch absurd, so mag eine solche einfältige Seele sprechen, daß wir, um Freiheit zu schaffen, Gesetze aufstellen sollen, also Fesseln schmieden? Es ist aber leider natürlich so, daß in der Welt der Sinne nicht nur keine Freiheit besteht, sondern daß diese Welt die Freiheit logisch ausschließt. Eine Welt, die keine Gesetze kennt, ist vollständig unüberblickbar, man hat in ihr nichts zu wollen. Es gibt in ihr weder Vergangenheit noch Zukunft, alles ist gegenwärtig. In ihr hat nichts einen Sinn, da es keine Richtung hat. Und wo es keinen Sinn gibt, dort gibt es keine Freiheit, denn Freiheit heißt sinnvoller Wille. Wir haben zwar innerhalb der Welt der Sinne ständig das Gefühl, etwas zu wollen, aber im Hinblick auf die Unberechenbarkeit der Zukunft auch die intellektuelle Überzeugung der Sinnlosigkeit dieses Willens. Zwar kennen wir alle auch die dumpfe und durch nichts zu verrückende Sicherheit, daß wir etwas tun, weil wir es wollen. Aber wir sind uns ebenso sicher, daß uns der Ursprung dieses Wollens genauso verhüllt ist wie das Resultat des daraus folgenden Handelns. Wahrscheinlich ist dieses »Wollen« innerhalb der sinnlichen Welt gar nichts Positives, sondern nur die subjektive Erfahrung des objektiven »Nicht-Müssens«. In der sinnlosen Welt der Sinne müssen wir nichts tun und tun aus mysteriösen Gründen doch etwas, und diese mysteriösen Gründe nennen wir »wollen«. Der Wille ist in jener Welt ein zum Hauptwort avanciertes Hilfszeitwort, eine theoretische Hilfsfigur, die wir einer getanen Handlung als Erklärung unterschieben, um der Welt einen Sinn zu geben. Aus dieser sinnlosen Welt des illusionären Willens, die den Begriff der Freiheit nicht kennt, weil sie den Zwang nicht kennt, befreit uns der Teufel mittels der Gesetze. Die Welt der Sinne ist die Welt der Wollust. Das Gesetz verwandelt sie in die Welt des Zornes.

2. Das Gesetz

Wir sehen uns also zu dem verwirrenden Schluß gezwungen, daß, wo man nichts muß, man nichts wollen kann, daß also das Müssen dem Wollen logisch vorausgeht. Das Gesetz beschränkt zwar die Freiheit, im extremen Fall vernichtet es sie, aber es ist eine Voraussetzung der Freiheit. Wir hoffen, nun bewiesen zu haben, warum der Teufel gezwungen war, Wissenschaftler zu werden, wollte er die Welt von der Gottheit befreien. Er ist mit anderen Worten gezwungen, sich selbst mit dem Beelzebub zu vertreiben. Eine verwirrende Lage. Sie erscheint jedoch, wenn wir sie historisch betrachten, weniger verworren. Über der Welt der Sinne nämlich schwebt eine andere Welt wie ein Astralleib und tränkt sie und durchdringt sie. Diese geheimnisvolle Welt ist mit den verschiedensten Namen bezeichnet und beschworen worden, an dieser Stelle jedoch genügt, sie »die Welt der Vergeltung« zu nennen. Durch das Prisma dieser »übersinnlichen« Welt gesehen, gewinnen die Dinge eine Art problematischer Ordnung. Aus dieser Welt, die wir hier weiter nicht berühren wollen (sie gehört späteren Kapiteln an), stammen Begriffe wie Geben und Nehmen und Schuld und Sühne und Versprechen und Verantwortung, kurz, das Gesetz im juristischen Sinne des Wortes. Diese »übersinnliche« Welt ist dem Teufel nicht unbedingt sympathisch. Der Teufel qua Jurist ist seiner Sache nicht unbedingt sicher. Und auch qua Magier nicht und qua mystischer Denker. Er übernimmt aber den Begriff des Gesetzes aus dieser Welt und reißt ihn aus ihr heraus und schafft damit eine neue ihm ganz gehörige Welt, und so sind die Wissenschaften entstanden. Das ist der Sinn, in dem wir sagen, die Wissenschaft sei eine Tochter der Religionen. Prometheusgleich hat der Teufel das Feuer der Gesetze von den Altären der Götter gerissen und es den Menschen gebracht, um die Hochöfen damit zu speisen. Aber so heruntergerissen, gewinnt das Gesetz einen gänzlich neuen, nämlich einen logischen Charakter. Das »Müssen« im Gesetz verliert seinen ethischen Überton, es verwandelt sich von einem Imperativ in einen Indikativ, es ist kein Befehl mehr, sondern ein Urteil. Aus »Menschen müssen den Göttern opfern« wird »Steine müssen fallen«.

Wir wollen jedoch auf die Methode der historischen Erklärung des Gesetzes verzichten. Sie käme einer Geschichte der Wissenschaften gleich und verlöre sich im Wirrwarr der Fakten. Im Auge wollen wir nur behalten, daß es dem Teufel fortschreitend gelang, immer größere Brocken aus der »übersinnlichen« Welt der Vergeltung zu reißen und der symbolischen Welt der Kausalität einzuverleiben, das heißt der mathematischen Gleichung zu unterwerfen. Aber die magische Herkunft der Gleichung ist noch immer zu entdecken, das »=« symbolisiert noch immer die Waage der Justitia, und das »x« ist noch immer ein Bild ihres Schwertes. Die heutige Lage der Dinge ist von diesem Standpunkt aus etwa wie folgt zu beschreiben. In der Mitte strömt der wollüstige Brei der sinnlichen Welt in seinem sinnlosen Brodeln. Über ihm schwebt die nebulöse »übersinnliche« Welt und versucht, dem brodelnden Brei Richtung zu geben. Unter ihm starren die klaren Kristalle der wissenschaftlichen Symbole und versuchen, den brodelnden Brei auf sich zu präzipitieren. Und hinter dem Rücken der sinnlichen Welt erstarren immer größere Nebelschwaden der »übersinnlichen« Welt zu wissenschaftlichen Symbolen, so wie sich Nebel, vom Hauche des Winters berührt, in Eiskristalle verwandelt. Aber in allerletzter Zeit beginnen sich manche dieser Kristalle, wieder in Nebel aufzulösen und so, wieder hinter dem Rücken der sinnlichen Welt, aus der Wissenschaft in die »Magie« zurückzukehren. Und damit hat sich der Kreislauf dieser drei Welten geschlossen.

Wir wollen, wie gesagt, auf die historische Methode der Erklärung des Gesetzes verzichten und uns versagen, es zu schildern, wie es sich entwickelt hat aus dem zarten Embryo der Griechen, über den schönen Jüngling der Humanisten und den kraftvollen Mann der Positivisten, bis hin zum quantelnd zitternden Greis unserer traurigen Tage. Wir wollen statt dessen zu betrachten versuchen, wie es sich heute darstellt. Im Prinzip sind die modernen Gesetze Kettenbrücken verschiedener Bauart, aus mathematischen Symbolen gezimmert und bestimmt, den Verkehr der Phänomene in beiden Richtungen über den Abgrund des Chaos zu tragen, vor allem aber in Richtung der Zukunft. Manche von diesen Brücken, zum Beispiel die physikalischen, schienen vor kürzerer Zeit noch so fest gebaut, daß ein Entgleisen eines über sie eilenden Phänomens vollkommen ausgeschlossen zu sein schien. Leider haben sich in jüngster Zeit Risse an der Struktur gezeigt. Die Reparaturen sind noch im Gange, und ihr Erfolg ist fraglich. Andere Brücken wieder, die sozialen zum

Beispiel, gleichen den primitiven Seilbrücken der Indianer. Sie zittern und schwingen, und des öfteren stürzen von ihnen ganze Züge von Phänomenen in den Abgrund des Chaos. Es gehört Mut und Optimismus dazu, sie zu beschreiten. Darum teilt man gewöhnlich die Wissenschaft nach der Qualität ihrer Brücken ein, in exakte und, euphemistisch gesagt, nicht so exakte Gebiete. Aber allen Brücken sind zwei Dinge gemeinsam: Sie bestehen aus Symbolen, und sie ankern im Chaos. Um es anders auszudrücken: Ihre Fundamente stammen aus der sinnlosen Welt der Sinne und ihre Bausteine aus der übersinnlichen Welt der Magier. Selbstredend bemüht sich die Wissenschaft, diese Tatsache zu tarnen. Sie verankert Brücke in Brücke und läßt Brücke auf Brücke folgen und stellt Brücke unter Brücke und Brücke über Brücke und stützt Brücke mit Brücke und baut eine solche beinahe unüberblickliche Unzahl von Brücken und Brücken von Brücken, daß man das Chaos gar nicht mehr sieht, man sieht nur das Netz von Brücken. Und andererseits reduziert und dehydriert sie die Dinge der sinnlichen Welt zu Symbolen ersten und zweiten und dritten und achtundachtzigsten Grades, um sie in dieser von beinahe allem Gewicht befreiten Gestalt über die Brücken zu leiten. Denn unter dem vollen sinnlichen Gewicht der Dinge brechen die symbolischen Brücken zusammen. Es ist nämlich eine der seltsamen Folgen der symbolischen Bauart der Brücken, daß sie nur das Gewicht von sich wiederholenden Dingen ertragen. Ein einzigartiges Ding, so wie es jedes Ding der sinnlichen Welt ist, läßt sich nicht wiederholen, und die Brücken können es nicht ertragen, denn es ist ein Wunder. Es kann unseren wissenschaftlichen Pontifices niemals gelingen, die einzige »wirkliche« Brücke zu schlagen, nämlich die Brücke vom Ding zum Symbol. Wenn einer also die Welt der Wissenschaften beschreiten will, so muß er sich zu einem Sprung entschließen, in gewissem Sinne zu einem Ursprung. Dann aber tritt er in den Eispalast der strahlenden Sicherheiten, zu einem weiteren Springen ist kein Anlaß mehr vorhanden. Dann wird er Herr und Gebieter von Raum und Zeit, von Vergangenheit und Zukunft, und die dehydrierten Phänomene gehorchen seinem Willen. Und das Seltsame und das Zauberhafte an dieser ganzen Geschichte ist, daß diese dehydrierten und gezähmten Phänomene sich in der Welt der

Sinne immer wieder zurückschleudern lassen. Man nimmt Steine und Pflanzen und Erdöl und menschliche Arbeit und dehydriert sie zu mathematischen Symbolen und läßt sie die eisigen Brücken auf- und niedergleiten und schleudert das ganze Gemengsel dann zurück in die sinnliche Welt, und siehe, o Wunder der Wunder, es ist ein Auto entstanden. Das teuflische Zeug benimmt sich von jetzt ab ganz wie ein wirklicher Mensch oder ein leibhaftiges Tier, es bewegt sich und rattert und stinkt, kurz, es ist wirklich geworden. Der menschliche Geist wird beim Anblick eines solchen gänzlich unglaublichen Wunders von einem Taumel ergriffen. Er kann es zwar nicht erfassen und nicht hoffen, es zu ergründen, aber er selbst ist der Schöpfer des unerhörten Wunders. Und dieser Taumel des Geistes, dieses »eritis sicut Deus« (Ihr werdet wie Gott sein), das ist der wahre Grund für die Erschaffung der Wissenschaften. Denn nun fällt es wie Schleier von den Augen des Wissenschaftlers, er hat die Welt des Scheins auf eine ganz majestätische, grandiose Weise vernichtet. Was dem Magier im Laufe von ungezählten Jahrtausenden nur stellenweise und ungenügend gelang, das ist dem Wissenschaftler in knappen vierhundert Jahren beinahe restlos gelungen, nämlich die Welt der Sinne einer höheren und ihm dienstbaren Wirklichkeit zu unterwerfen. Und dort, wo sich die Welt der Sinne provisorisch noch weigert, unterworfen zu werden, dort kann man bereits die Avenue des wissenschaftlichen Angriffs erkennen und damit einer Zukunft entgegenschreiten, in der die Vergeltung und die Magie definitiv verschwinden. Und mit ihnen verschwindet die Sünde, so daß Gott nicht nur vom Standpunkt der Logik, sondern auch vom Standpunkt der Ethik eine unnötige Hypothese wird. Somit hat auf kühle und wissenschaftliche Weise der Teufel die Gottheit besiegt und aus der Schöpfung entfernt, und die Menschheit ist frei und vernünftig geworden. Es bleibt zwar für grübelnde Geister noch immer die Frage offen, wie denn der erste Sprung gelang, vom Phänomen zum Symbol, und was das für ein Schleudern ist, vom Symbol zurück zum Phänomen, doch möglicherweise ist die Lösung dieses Problems in der Psychologie, also in der Wissenschaft zu finden. Und selbst wenn sich das als ein Irrtum herausstellen und dieses Problem ein metaphysisches sein sollte, kann man ganz einfach die Metaphysik verbieten oder die Dissonanz dieser grübelnden Stimmen durch die klare Harmonie des Chors überstimmen, das der Logik Loblieder anschlägt.

3. Der Zufall

Allein, dem vorsichtigen Leser wird leider schon aufgefallen sein, daß wir an einigen Stellen der Schilderung des Gesetzes gezwungen waren, auf Ereignisse jüngster Zeit zu sprechen zu kommen, die diese Idylle stören. Etwas hat sich von unten oder von hinten oder vielleicht von oben in den herrlichen Bau der Gesetze hineingeschlichen und beginnt, leise, aber doch vernehmbar, an den Fundamenten zu nagen. Noch steht er stolz und unversehrt da und scheint sich sogar immer schneller vergrößern und verbreitern zu wollen. Aber die feinsten Seismografen müssen ungemütliche Schwingungen registrieren, und man sieht sich gezwungen, Hilfskräfte zur Stützung der Fundamente herbeizurufen, nämlich Philosophen. Das allerdings ist ein doppelschneidiges Schwert, denn auf die Philosophen kann man sich nicht recht verlassen. Sie sind zwar nicht minder vom Geiste der Wissenschaft besessen wie alle übrigen vernünftigen Menschen, aber sie haben die Tendenz, die Begriffe zu zersetzen. Was indes in den Bau der Wissenschaft dringt, das ist auf rein wissenschaftliche Art nicht richtig zu bekämpfen. Man kann diesen Eindringling mit den verschiedensten Namen bezeichnen, zum Beispiel mit »grundsätzliche Umstellung zur Beobachtung« oder mit »neue mathematische Methode« oder mit »Umformulierung des Kausalitätsprinzips« oder mit »Unsicherheitsfaktor« oder, noch kürzer und markanter, mit »Gott«, wir aber wollen uns mit dem weniger prätentiösen Wort »Zufall« begnügen. Es beginnt nämlich so auszusehen, als lauerte in den tiefsten Schluchten des Schachtes, den die Wissenschaft in die sinnliche Welt treibt, das Urgewürm des Zufalls. Und zwar hat es zwei entsetzliche Köpfe. Der eine Kopf wackelt hin und her und macht alle Gesetze mit seinem Gewackel statistisch. Der andere grinst rätselhaft und läßt Beobachter und Beobachtetes verschwimmen; er verwischt die Richtung der Zeit und verwechselt

Ursache mit Folge und macht Sprünge möglich, die weder Zeit noch Raum in Anspruch nehmen, kurz, er nimmt den Gesetzen die Objektivität, er macht sie zu subjektivem Gelalle. Daß dabei die Gesetze trotzdem funktionieren und die Wissenschaft weiter Wunder wirkt, das erscheint als ein einziger komplexer und ins Enorme aufgedunsener Zufall. Und daß die Produkte des wissenschaftlichen Schaffens nicht immer zur Erhöhung des menschlichen Glücks und der menschlichen Freiheit beitragen, wie sie ja eigentlich sollten, das erscheint mit einem Mal eben wegen des Zufalls nicht mehr als Zufall. Denn dieser eingebrochene Zufall beginnt in unseren Tagen auf ganz vertrackte Weise am Vertrauen zur Wissenschaft zu nagen. Er stellt nämlich nicht einmal so sehr die Richtigkeit der wissenschaftlichen Methode in Frage (das wäre ein wissenschaftliches Problem, also wahrscheinlich losbar), sondern er stellt die moralische Berechtigung des wissenschaftlichen Geistes in Frage (und darauf gibt es natürlich keine wissenschaftliche Antwort). Die Wissenschaft ist also vom Zufall auf eine Weise in Frage gestellt, die sie selbst nicht beantworten kann, und darum ist sie gezwungen, die Philosophen zu Hilfe zu rufen. Aber dem Zufall gegenüber sind auch die Philosophen wahrscheinlich vollkommen hilflos. Die Philosophen operieren mit Begriffen, also mit Worten, mit Symbolen. Der Zufall jedoch läßt sich nicht symbolisieren, er ist kein Begriff im wahren Sinne des Wortes, er läßt sich nicht begreifen. Er läßt nicht nur keine Erklärung zu, sondern, was viel ärger ist, er fordert keine Erklärung. Man muß ihn hinnehmen, wie er ist, er ist mit dem Wunder identisch. So sind wir denn zu dem furchtbaren Schluß gezwungen, daß die Wissenschaft eben dort endet, wo auch die Magie beginnt und endet, nämlich im Wunder. Und zwar erscheint uns die Wissenschaft als schwarze Magie, weil sie das Wunder zu provozieren versucht, statt sich ihm zu fügen. Im Wunder der Magie hat die Wissenschaft also begonnen, und im Wunder der Magie ist sie verurteilt, zu enden. Von diesem Standpunkt aus ist sie nur ein besonders erfolgreicher Zweig der magischen Künste. Dazu kommt noch eine andere sonderbare Betrachtung. Wir wissen von der Beobachtung der sogenannten primitiven Kulturen, daß die Magie aufhört zu funktionieren, wenn sich der Magier des Wesens der Magie bewußt wird. In unserer Zeit beginnt sich die Wissenschaft ihres Wesens bewußt zu werden. Besteht darin eine Gefahr für das weitere Funktionieren der wissenschaftlichen Methode? Noch ist eine Antwort auf diese Frage nicht einmal zu erahnen. Es schließt sich so der magische Kreis von Zufall und Gesetz und Freiheit und Zufall. Die Welt des Zufalls, die sinnlose sinnliche Welt, hat die übersinnliche Welt der Magie aus sich hervorgebracht, und aus dem Zufall wird, über den Weg einer Hierarchie von Göttern, das Wunder, das heißt wieder der Zufall. (Über diese Welt der Hierarchie werden wir in späteren Kapiteln noch sprechen.) Aus der übersinnlichen Welt entsteht die symbolische Welt der wissenschaftlichen Gesetze mit ihrer absoluten Kausalität und absoluten Freiheit, und sie mündet wieder im Zufall. Das Gesetz erscheint nur als ein Übergang vom Zufall zur Freiheit, und die Freiheit als ein Übergang vom Gesetz zum Zufall, und der Zufall als ein Übergang von der Freiheit zum Gesetz und so ad infinitum. Der ganze Vorgang erscheint als ein zorniger vitiöser Zirkel. Aber vielleicht ist das mit dem Zirkel nur ein Trugschluß, vielleicht handelt es sich bei diesem Vorgang nicht um einen Zirkel, sondern um eine Spirale. Wenn die Wissenschaft auf den Zufall stößt und sich in ihm auflöst, dann ist das eine ganz andere Art Zufall als das, was uns die Sinne täglich vor Augen führen. Der Zufall in der sinnlichen Welt, das ist das Zeug, das wir gewöhnt sind, »Wirklichkeit« zu nennen. Daß wir zufällig stolpern und zufällig einem Bekannten begegnen, das ist der unsympathische Stoff, aus dem die Welt gebaut ist. Aber daß das Quantum Licht zufällig durch die eine oder andere Öffnung dringt oder sich das Elektron zufällig von der einen in die andere Bahn begibt, ohne Zeit zu verbrauchen, das ist in keinem Sinne wirklich. Der Weg vom Zufall zum Gesetz und vom Gesetz zur Freiheit hat zwar zum Zufall zurückgeführt, aber er hat uns dabei von der Wirklichkeit entfernt. Und wir können nicht mehr zum wirklichen Zufall zurück, so gern wir es auch möchten. Wir sind nicht mehr fähig, im Stolpern einen wirklichen Zufall zu sehen (obwohl wir das Stolpern natürlich weiter als Zufall erleben). Wir sehen durch das Stolpern schon wie durch Glas hindurch, sehen alle Gesetze dahinter und alle Freiheiten und ganz hinten den quantelnden Zufall. Und hinter dem quantelnden Zufall verbergen sich wieder unendlich viele neue Spiralen, biologisch, psychologisch, sozial gefärbte Spiralen, die alle von der Wirklichkeit weg zum teuflischen Blendwerk führen. Das durchsichtig gewordene Stolpern hat sich aufgelöst in lauter Spiralen und ist dabei doch das Stolpern geblieben, nur ist es nicht mehr so richtig wirklich. Was diese ganze Beschreibung zu schildern versucht, ist der Verlust des Glaubens an den Zufall oder, kürzer gesagt, eben des Glaubens. Es erscheinen uns das Stolpern und der stolpernde Mensch ebenso wirklich wie der Eisschrank und die mathematische Formel, aus der der Eisschrank entstand, das heißt, nicht eigentlich wirklich, sondern etwas gekünstelt und erzwungen. Wir sind, als wir in die Welt der Wissenschaft sprangen, selbst etwas symbolisch geworden, wir sind, um es nobler zu sagen, »Idealisten« geworden. Soweit wir Idealisten wurden, soweit hatte der Teufel Erfolg mit seinem wissenschaftlichen Blendwerk. Und soweit wir nicht Idealisten wurden, soweit wir noch immer fürchten, zu stolpern, und hoffen, nicht zu stolpern, soweit ist ihm die Wissenschaft mißlungen. Man kann die Spiralen von der Wirklichkeit weg noch weit resoluter fortschreiten, und das tun die Hoffart und die Trägheit des Herzens. Aber wer sich dazu entscheidet, der gewinnt einen radikal anderen Standpunkt zur Welt, der ist nicht mehr zornig. Man kann vielleicht auch aus der Spirale heraus und zurück in die Wirklichkeit fallen. Aber das ist eine ganz andere Geschichte und gehört auf eine ganz andere Seite. Für unsere Zeit und unsere Welt ist der gemäßigte Verlust des Glaubens symptomatisch. In diesem gemäßigten Sinn ist der Teufel heute und in unserem Kulturgebiet siegreich.

4. Rückblick auf den Zorn

Der Teufel hatte uns versprochen, uns durch den Zorn zu befreien, und er hat auf typisch teuflische Art sein Versprechen gehalten. Wir waren wollüstige Kreaturen, bevor wir so richtig zornig wurden. Wir paarten uns in einem Gemisch aus Lust und Qual, wir liebten im selben Gemisch, wir schlossen uns im selben Gemisch einem Volk oder einer Partei oder einem Fußballklub an und wir arbeiteten im selben

Gemisch, kurz, wir lebten wirklich. Wir waren zum großen Teil vom Teufel besessen und zu einem ganz kleinen Teil von etwas anderem berührt, ein nicht sehr appetitliches Gebräu, aber wir waren wirklich. Wir fühlten uns von allen Seiten beengt und bedrängt und hatten Angst, zu sterben. Da packte uns, dank des Teufels, eine Wut und ein Zorn, und wir beschlossen, die Fesseln zu brechen und Herr unseres Schicksals zu werden. Und siehe da, es gelang dem herrlichen menschlichen Geist, nicht nur die Fesseln des Schicksals zu lösen, sondern das Schicksal zu lähmen, ja, beinahe zu vernichten. Beinahe greifbar schien uns der Tag, da wir nach den klaren und schönen Gesetzen des menschlichen Geistes unsere Dinge würden ordnen und vernünftig würden leben können. Beinahe greifbar schien uns die Welt, in der wahr und gut und schön zusammenfallen und eins werden. Noch ist vielleicht dieser Traum nicht definitiv zu Ende geträumt, noch darf vielleicht die weiße Menschheit eine Weile weiterträumen. Noch brennen in uns die Flamme der Freiheit und das promethische Feuer und das faustische Drängen. Noch erstrahlt vor unserem geistigen Auge das Bild einer Welt, die sich harmonisch nach unseren schönen Gesetzen entfaltet. Nicht nur Planeten kreisen da würdig um Sonnen, und Monde um Planeten. Nicht nur umschwirren Elektronen den Kern, zerfallen auf unser Geheiß und formen sich von neuem. Nicht nur verbinden sich Elemente und scheiden sich Verbindungen zu unserem Genuß. Nicht nur dienen uns fromm die gezähmten Kräfte der Natur und die gezähmten Tiere. Nein, auch nach innen wendet sich die allumfassende Ordnung. Auch unsere Gedanken und unsere Triebe und unsere Wünsche werden gesittet und formen sich vernünftig und edel. Auch die menschliche Gesellschaft verwandelt sich zu einem vernünftigen Organismus, zu einem Gewebe der würdigen Freiheit. Frei ist der Mensch von der Bedrückung der wilden Natur und des reißenden Tieres und des unvernünftigen Menschen. Und frei ist er auch von den unverstandenen, den unbekannten dunklen Ängsten der eigenen Seele. Frei ist er vor allem vom Drangsal des Schicksals und geborgen vor dem rächenden Arm des Schöpfers. Denn der Schöpfer erweist sich als bloße Personifikation der nun gezähmten natürlichen Kräfte oder der nun durchleuchteten unteren Schichten der

Seele. Oder als Personifikation der nun beherrschten schönen Gesetze. Wir haben den Schöpfer nicht mehr nötig, weder als Erlöser noch Richter. Die Welt ist unser, und sie gefällt uns, wir wollen nicht, daß man uns aus ihr erlöse. Und die Welt ist vernünftig, es gibt keine Sünde, wir brauchen keinen Richter. Aurea prima sata est aetas, quae vindice nullo.

Wir träumen zwar noch diesen Traum, aber wir sind im Begriff zu erwachen. Wir beginnen, ihn zu erkennen, als was er ist, nämlich als Traumgebilde. Und das Erwachen ist schrecklich. Wir können zur wollüstigen Wirklichkeit nicht wieder zurückfinden. In diesem schrecklichen Sinne bindet uns das Schicksal ja tatsächlich nicht mehr, wir glauben nicht mehr so recht an das Schicksal. Aber wir sehnen uns seltsamerweise nach der Lust und der Qual des Schicksals. Der Himmel der Freiheit erscheint uns plötzlich ärger als die Hölle des Frones. Der Teufel hat uns schon beinahe erwischt, als er uns zornig machte. Aber mit allen Fasern unserer Sinne kleben wir noch an der Wirklichkeit, auch wenn unser Geist sie nicht mehr erkennt, und in diesem Sinne hat der Teufel noch immer nicht gewonnen. Wir sind von nun an entschlossen, die Wirklichkeit wirklich zu machen, indem wir die Dinge verschlucken. Doch das führt uns zur Völlerei, zu unserem nächsten Kapitel.

VIERTES KAPITEL: DIE VÖLLEREI

Um den Kontakt mit der Wirklichkeit wieder aufzunehmen, den wir in Gefahr waren, in den düsteren Sphären der Wissenschaft, in den Gebieten des Zornes zu verlieren, müssen wir wieder in den Strom des pulsierenden Lebens tauchen. Der wissenschaftliche Zorn hat uns von der Wollust befreit, wir schwebten ungebunden als freie Geister über dem von körperlichen Trieben gefesselten Leben. Wir hatten alle Instinkte verworfen und bewegten uns im Reich der Symbole. Dabei haben wir aber den Sinn für die Wirklichkeit eingebüßt und kehren darum zum Leben zurück, um die Wirklichkeit wieder zu fassen. Wir sind aber nunmehr entschlossen, uns nicht mehr den Instinkten, den blinden Hörigkeiten des Lebens zu unterwerfen, sondern wir wollen den Stoff des Lebens in unserem Geist verschlucken, ihn zu Symbolen verdauen, mit anderen Worten, uns die Welt einverleiben und damit wirklich machen. Die Welt, die den wollüstigen Geist von allen Seiten bedingt, mit Schranken umgibt und einengt, sie soll vom Geist der Völlerei zermalmt und verschlungen werden und nach einem metaphysischen Verdauungsprozeß als gehorsames Exkrement von ungeformtem Zeug ausgeschieden werden. In dieser verdauten und ausgeschiedenen Welt ist unser Geist, so hoffen wir, frei, denn er ist ja der Herr und Schöpfer dieser Dinge zweiten Grades. Die Völlerei ist eine Rückkehr zur Wollust nach durchlaufenem Zorn, sie ist angewandte Wissenschaft, sie ist der Versuch, den Stempel unseres Geistes dem plastischen Stoff des Lebens aufzudrücken und damit das Leben zu vergeistigen und den Geist zu inkarnieren. Sie ist mit anderen Worten der Versuch, die Schöpfung nicht als vollendetes Werk, sondern als Rohmaterial zu betrachten. Gott und der Teufel haben am ersten Tag nicht etwa einen vollendeten Kosmos geschaffen, sondern nur eine rohe Natur, und der menschliche Geist schreitet nunmehr daran, mit dem wahren Schöpfungswerk zu beginnen. Erst in unseren Tagen setzt im Ernst das enorme Gelage ein, bei dem der wissenschaftliche Geist die Natur verspeist, um sie als Technik auszuscheiden. Und dadurch, so hofft die vom Teufel besessene und der Völlerei verschriebene

Seele, verwandelt sich der menschliche Geist in greifbare Phänomene, er wird sinnlich und wirklich. Er wird wieder lebendig, nur ist er nicht mehr wie die Wollust ein Instrument des Lebens, sondern der Lenker des Lebens.

Das Verschlingen und das Verdauen sind ebenso alt wie das Leben. Sie sind mit dem Leben identisch, sind ein Aspekt des inkarnierten Teufels, aber sie sind nicht der Völlerei gleichzusetzen, da sie nicht geistig sind. Die Völlerei ist eine ausschließlich menschliche Sünde. Bevor wir uns mit der Völlerei sensu stricto befassen, wollen wir einen Blick auf die »natürliche« Verdauung zu werfen versuchen, denn sie verbirgt die Völlerei im Keime.

1. Das Getriebe

Sicher wird der Leser am Kapitel über die Wollust einen schweren Defekt auszusetzen haben. Das Leben wurde dort nämlich völlig einseitig beschrieben, insofern nur vom Triebe der Fortpflanzung die Rede war. Das Leben hat aber zwei Seiten, Fortpflanzung und Verdauung. Wenn man versucht, das Leben zu definieren, so sagt man, es mache fremde Materie zu eigener und eigene zu fremder. Wir wollen nun gestehen, daß wir das Fressen mit Absicht aus dem Kapitel des Lebens verbannten, weil wir es für dieses Kapitel reservierten und präservierten. Nun ist also der Augenblick gekommen, von dieser weniger attraktiven Seite des Lebens zu sprechen. Sie ist ebenso problematisch wie das lustbare Paaren. Es ist uns eigentlich nie recht verständlich gewesen, warum das Paaren eine so viel größere Rolle in der Kulturgeschichte zu spielen scheint als das ebenso mysteriöse Fressen. Warum neben der erotischen Literatur eine ebenso bunte, berückende und verderbte kulinarische Poesie und Prosa nicht unsere Herzen erwärmt. Warum die erotischen Tricks der Inder uns so sündhaft erscheinen, aber nicht die kulinarischen Tricks der Chinesen. Warum die Psychoanalytiker den Verdauungstrieb verdrängen. Den verschlungenen und verzweigten Tabus auf dem Gebiet des Geschlechtes steht nichts Vergleichbares auf dem Gebiet des Essens und Trinkens entgegen. Den komplizierten Speisegesetzen der Juden zum Trotze. Es ist wirklich nicht einzusehen, warum eine züchtige Jungfrau zwar nicht einmal in Gedanken die Hand des Geliebten drücken sollte, dafür aber ganz öffentlich Kaviar und Austern zu verzehren befugt ist. Es wäre nicht schwer, eine Kultur zu konstruieren, in der es umgekehrt wäre. Essen und Trinken sind ebenso sündhaft wie das Paaren und könnten und sollten zu ebenso vielen begeisterten Künsten und mahnenden Moralsystemen führen.

Man kann, wenn man will, die Geschichte des Lebens als eine Geschichte des Hungers betrachten. Man kann in diesem ganzen schleimigen Strom, der sich über die Erde ergießt und die Meere erfüllt und die Kontinente bedeckt und nichts tut, als mit Milliarden von Wurzeln und Mäulern und Rüsseln zu saugen, eine monumentale Inkarnation des Hungers erblicken. Tag und Nacht, seit ungezählten Millionen von Jahren, zersetzen die Bakterien die Gesteine der Erde, um sie für die verschlungenen und verschlingenden Wurzeln der Pflanzen genießbar zu machen. Tag und Nacht verschlingen die Pflanzen die Elemente der Erde und verwandeln sie zu weichem, plastischem Leben. Und dieses pflanzliche Leben wird von den Mäulern und Rüsseln der Tiere verschluckt und verdaut und verwandelt zu tierischem Leben. Und die überall gegenwärtigen Bakterien überfallen das tierische wie das pflanzliche Leben und fällen es zu Boden und zersetzen es und vermischen es mit der Erde. Und wandeln es um zu neuem Humus, zu neuem Nährboden für Pflanzen und Tiere. So dreht sich das majestätische Rad des Lebens von Maul zu Maul. Und da es immer größere Mengen von anorganischen Stoffen der Kruste der Erde entreißt, schwillt es immer mächtiger an und rollt es immer gieriger. Vom Standpunkt der Erde aus ist das Leben nichts als ein einziger riesiger Rüssel, der an ihrer Kruste saugt, um sie sich einzuverleiben. Am Ende dieses Prozesses wird wahrscheinlich statt Gesteinen Protoplasma die Erde bedecken, eine Landschaft von lebenden Bergen und Meeren.

Man kann das Lebensrad auch als einen Schlauch betrachten. Im Inneren des Schlauches rollt die immer mächtigere Flut der Nahrung. Die Wände bestehen aus lückenlos zueinander passenden Rädchen, aus den Lebewesen, deren Funktion es ist, die Nahrung vorwärts zu treiben. Von diesem Standpunkt aus entpuppt sich das Leben als ein Getriebe des Hungers. Und jedes Lebewesen als ein spezialisiertes Verdauungsorgan am riesigen Körper des Lebens. Erst vom Standpunkt des Hungers entschleiert sich die im wahren Sinne des Wortes unglaubliche Hierarchie in der Organisation des Protoplasma. Es erweist sich als ein Gefüge von restlos zueinander passenden und ineinander greifenden Organen. Für jede Pflanze gibt es einen besonders geformten Zahn, sie zu zermalmen, für jede Schuppe eine besonders geformte Klaue, sie zu zerreißen, für jede Schale eine besonders geformte Zange, sie zu zerknacken. Die Wand der Lebensröhre besteht aus über- und unter- und nebeneinanderliegenden Nischen wie eine Bienenwabe. In jeder Nische haust eine Spezies und verschlingt die tiefer wohnende Art und wird von der höher wohnenden Art verschlungen, und so wird die Nahrung im Lebensschlauch nach vorne getrieben. In jeder Nische sitzt die ganz genau hinpassende Art Tier oder Pflanze. Und es ist nicht einmal vorstellbar, daß auch nur eine der Nischen unbesetzt bliebe. Die unter einer leeren Nische befindlichen Nischen würden von Leben überfließen (es gäbe nichts, was sie fräße), die über ihr liegenden Nischen würden verhungern (sie hätten nichts zu fressen). Wenn also eine Spezies ausstirbt im Laufe der Entwicklung des Lebens, so findet die herrliche Ökonomie des Hungers sofort eine andere Art, um die Nische aufzufüllen. In Australien füllen die Beuteltiere die Nischen, die andernorts von Raubtieren und Wiederkäuern besetzt sind. In Neuseeland hat bis vor kurzem ein Huhn, die Moa, die Nische besetzt, die in Afrika der Giraffe zukommt. Unsere Biologen stellen mit eigentlich nicht berechtigter Bestürzung fest, mit welcher Geschwindigkeit das Leben die Nischen wieder auffüllt, die die Antibiotika durch Ausrottung von Bakterienarten zu evakuieren bemüht sind.

Diese kaum faßbare organisatorische Begabung des Hungers hat aus dem Leben einen Überorganismus gemacht, der dem menschlichen Geist in seinen Details nicht mehr überblickbar erscheint und ihn darum begeistert. Die unerhörte Komplikation dieses Getriebes verdeckt für den betrachtenden Geist die grundlegende Unappetitlichkeit und Ekelhaftigkeit, das heißt Teuflischkeit des Hungers.

Daß jedes Vögelchen sein Würmchen findet und jedes Kätzchen sein Mäuschen, das erscheint den Menschen seltsamerweise wie eine Fügung Gottes und wie ein Beweis seiner Güte. Auch hier erweist sich die Überzeugungskraft des Blendwerks des Teufels. Er läßt uns den Standpunkt des Würmchens und des Mäuschens vergessen. Der wohlgefügte Körper des Lebens singt und zwitschert und brüllt und brummt also nicht ein Loblied zum Preise des Herrn, sondern zum Preise des Hungers.

Das alles, was wir zu schildern versuchen, ist zwar unappetitlich und teuflisch, ist aber nicht Völlerei in unserem Sinne des Wortes. Selbst der liebe Kolibri, der unsere Herzen erfreut und der nichts anderes tut, als ununterbrochen zu fressen und zu verdauen (etwa fünfmal sein Körpergewicht pro Tag), ist nicht der Völlerei verfallen. Er ist, wie die ganze enorme Organisation des Hungers, nur eine Etappe auf dem Wege, den Menschen zu schaffen und damit die Völlerei ins Leben zu rufen. Im Menschen nämlich entsteht ein neues Organ, das viel mächtiger und entsetzlicher ist als alle Insektenrüssel und -zangen und alle Polypenarme und Tigermäuler. Es ist ein Organ, das ununterbrochen fressen kann und immer hungriger wird, je mehr es frißt, es ist das Organ der Erkenntnis. Mit diesem unheimlichen Organ tritt die Völlerei auf die Bühne. Wir haben dieses Organ zu beschreiben versucht, wie es entstand und wie es im Leeren tastet, als wir den Zorn beschrieben. Der Zorn erweist sich erneut als eine Vorstufe der Völlerei, als Völlerei in statu nascendi. Wir werden nun zu schildern versuchen, was sich ereignet, wenn dieses Organ beginnt, »wirklich« zu funktionieren, das heißt die sinnliche Welt zu verschlucken.

2. Das Programm der Völlerei

Wir haben im Kapitel des Zornes zu zeigen versucht, wie es dem menschlichen Geist gelang, die Dinge der sinnlichen Welt zu Symbolen zu dehydrieren, diese Symbole den formalen Gesetzen zu unterwerfen und das Resultat wieder in die Welt der Sinne zurückzuschleudern. Bei diesem Prozeß ging dem Menschen zwar der Sinn für die Wirklichkeit verloren, aber er gewann die Fähigkeit, die Welt mit den Gebilden seines Geistes zu bevölkern. Wenn es ihm nun gelingen sollte, den ganzen Kosmos der Sinne in Symbole zu dehydrieren und wieder zurückzuschleudern, dann wäre die Wirklichkeit zurückerobert. Es gäbe dann keinen Bruch mehr zwischen Symbol und Phänomen. Die ganze Welt wäre symbolisch und sinnlich zugleich, sie wäre eine Schöpfung des menschlichen Geistes und in diesem Sinne wirklich. Zwar wären die erkenntnistheoretischen Probleme der Wissenschaft damit nicht beseitigt, es bestünde noch immer die furchtbare theoretische Frage des Zufalls, aber aus der praktischen Welt der Sinne wäre der Zufall vertrieben. Auf dem Gebiet der Völlerei müssen wir zwar mit Bedauern auf die reine Erkenntnis verzichten und die Hoffnung aufgeben, mit Hilfe der reinen Vernunft die Gottheit zu vernichten, aber praktisch glauben wir, wagen zu dürfen, die Gottheit mit Hilfe der Technik aus der Welt der Sinne zu verjagen.

Es gerät somit zur edelsten Aufgabe des menschlichen Geistes, die Welt der Sinne zu verschlingen, in Symbole zu verdauen und als Maschinen und Instrumente wieder hervorzuspeien. Die so zum Exkrement des menschlichen Geistes umgeformte Welt bildet dann eine chinesische Mauer, die den Menschen umgibt und ihn schützt vor dem Einfall der Gottheit. Die Natur, dieser unheimliche Haufen von Zufällen, ist dann verschlungen, und die ganze Welt hat Ordnung und Sinn, nämlich dem Menschen zu dienen. Durch diesen Sinn und durch diese Ordnung ist sie wieder wirklich, das heißt, sie ist glaubhaft. Das ist der hehre Aspekt der Völlerei, daß sie verschlingt, um den Schein zu vernichten, und speit, um Wirklichkeit zu schaffen, sie ist eine imitatio Dei. Laßt uns dieser herrlichen Sünde ein Loblied anstimmen und die Harfe schlagen.

3. Das Rohmaterial

Bevor man die Natur verspeisen kann, muß man sie servieren. So wie sie ist, formlos und unordentlich vor uns hingeworfen, ist sie ungenießbar. Man muß sie zerschneiden und zerstückeln, die sichtbaren und unsichtbaren Fäden und Ketten zerreißen, die die einzelnen Phänomene aneinanderbinden, die Natur in Gebiete und Portionen teilen, man muß sich spezialisieren. Man darf nicht einfach mit wissenschaftlichem Geist an die Natur herangehen, man muß es mit physikalischem, biologischem, nationalökonomischem Geist tun. Und siehe da, durch die Vielfalt der Angriffspunkte wird die Natur nicht etwa bunter, sondern im Gegenteil grauer. Schon durch den bloßen Entschluß, sie zu zerteilen, hat sie an Entsetzlichkeit verloren und ist mundgerechter geworden. Man ist nun bereits berechtigt, aus der Natur eine vorläufige Speisekarte zu machen. Wir beginnen das Gelage selbstredend mit einem physikalischen Hors-d'oeuvre, welches seit etwa hundertfünfzig Jahren im Gange ist. Wir wollen diese kalte und reichhaltige Platte in kurzen Worten beschreiben:

Da sind zum Beispiel die knusprigen und appetitanregenden Maschinen. Sie stillen nicht etwa den Hunger, sondern sie wecken ihn. Je mehr Maschinen man erzeugt, desto mehr Maschinen braucht man. Das Schöne an diesen Aperitifen ist, daß sie immer automatischer werden und sich von selbst vermehren. Die Welt ist ganz von selbst im Begriff, sich in einen Maschinenpark zu verwandeln. In diesem Park, im Schatten der großen und kleinen Maschinen und begleitet von ihrem Surren und Schnurren, wird die Menschheit in Kürze lustwandeln. Diese Maschinen erzeugen Zeug und Halbfabrikate und neue Maschinen, vor allem aber erzeugen sie Hunger nach neuem Zeug und neuen Maschinen. Schon mit diesem ersten gepfefferten Imbiß ist ein wichtiger Schritt getan, die Natur zu verschlucken.

Ein zweiter Bestandteil der kalten Platte sind die Fahrzeuge verschiedener Bauart. Sie dienen dem Verschlucken der Zeit, nicht dem Verschlucken des Raumes. Mit Hilfe dieser Wunderwerke können wir praktisch an allen Stellen der Erde zugleich sein. Auch sie haben die zauberhafte Eigenschaft, den Hunger nicht zu stillen, sondern ihn zu wecken. Nicht nur verlangen wir nach immer schnelleren Gefährten, sondern wir werden kollektiv vom Reisefieber ergriffen. Die ganze Menschheit befindet sich auf der Flucht von einer Stelle zur anderen. Diese Völkerwanderung macht selbstredend die Erde immer monotoner, die einzelnen Länder gleichen sich einander immer mehr an, auch in diesem Sinn wird die Natur immer grauer. Auch die Fahrzeuge sind ein gewichtiger Schritt, die Natur zu verschlucken.

Ein weiterer Bestandteil dieses Smörgåsbords sind die Instrumente der Freizeit und der Zerstreuung. Sie bewirken, daß man die Zeit nicht mehr erlebt, sondern totschlägt. Sie verhüten die Einkehr und die Meditation und zerstreuen die Gedanken vor Radioapparaten und Filmwänden. Sie beginnen, die Natur des Geistes zu vernichten.

Als letzten Bestandteil des Aufschnitts wollen wir die Energiequellen erwähnen, die die menschliche Arbeit erübrigen und damit vernichten. Der physikalische Geist knackt die Schatzkästen der Wasserfälle und Petroleumquellen und in letzter Zeit der Kerne des Stoffes auf und befreit gestaute Arbeit und macht sie der Menschheit dienstbar. Damit beschleunigt er auf unverhoffte Weise den Prozeß der Verwandlung der Natur in Zeug und befreit den Menschen vom göttlichen Fluch an den Toren des Paradieses, im Schweiße seines Antlitzes sein Brot zu essen. Der saure Schweiß der Arbeit wird in Kürze der Vergangenheit angehören. Er wird vielleicht von einer anderen Sorte ersetzt, nämlich vom Angstschweiß, doch haben wir mit dieser Bemerkung etwas vorgegriffen.

Von den elektronischen Hirnen, die das Denken ersetzen, und von all den vielen anderen Instrumenten des Teufels im Vorhofe der Völlerei wollen wir hier schweigen.

So, oder ungefähr so, sieht der erste Gang aus, den uns die Physiker servieren. Wir haben ihn schon beinahe verspeist, er hat uns ausgezeichnet gemundet, doch war er nicht leicht verdaulich. Er liegt uns ein wenig im Magen. Nichtsdestoweniger sind wir entschlossen, zur zweiten Speise zu greifen. Es ist jetzt an den Nationalökonomen, uns zu bedienen. Denn es entsteht jetzt das Problem, die Masse der Güter, in die sich die Natur zu verwandeln im Begriff ist, wissenschaftlich zu verteilen. Dieser Gang wird eben serviert, er ist noch heiß und brodelt, und man ist in Gefahr, sich zu verbrennen, will man sich allzu heißhungrig auf ihn stürzen. Doch werden die nationalökonomischen Apparate in Kürze die Menschheit nicht minder beglücken und vom Zufall befreien wie die Maschinen aus Eisen und plastischen Stoffen. Preiskontrollen und Fünfjahrespläne, Kreditaufnahmen und flexible Steuern bringen schon heute die Phänomene der Wirtschaft in wohlgefällige Ordnung. Es besteht nicht der geringste Grund, warum man nicht hoffen dürfte, das Gebiet der Nationalökonomie ebenso zu verschlingen wie die tote Materie.

Schon wird in der Küche der nächste Gang vorbereitet, die biologische Brühe. Man ist im Begriff, nicht nur die Pflanzen zu durchblikken und Ernten in beliebiger Menge und Qualität zu erzeugen, sondern auch die Tiere nach eigenem Willen zu formen. Vielleicht auch, in etwas späterer Zukunft, den Menschen.

Auf der Speisekarte stehen des weiteren psychologische, soziologische, ja sogar mystisch-religiöse Gerichte. Obwohl uns das Wasser im Munde zusammenläuft, diese Leckerbissen zu schildern, wollen wir sie der Fantasie des Lesers überlassen. Es ist nämlich für unsere Zwecke nicht nötig, den Dingen vorzugreifen und die weitere Entwicklung des Festmahls vorausahnen zu wollen. Worauf es in diesem Paragrafen ausschließlich ankommt, ist, die Methode zu schildern, mit der die Völlerei an das Verschlingen der sinnlichen Welt herangeht. Wir hoffen, diese Methode hinreichend beleuchtet zu haben.

4. Das Produkt

Hier also sitzt der menschliche Geist und verschlingt die Natur und verdaut sie und scheidet sie wieder aus und türmt das Ausgeschiedene um sich herum und verbirgt sich dahinter. Als Folge hiervon ist die Welt in zwei Teile zerfallen. Auf der einen Seite brodelt der Brei der Natur, in den sich der menschliche Geist sukzessive hineinißt. Auf der anderen Seite türmen sich die eroberten Instrumente. In der noch unverzehrten Natur herrscht der Zufall ungemindert weiter, wenn auch der Zorn sein Netz der Gesetze darübergeworfen hat. Darum ist die natürliche Welt nicht eigentlich wirklich. Dafür aber sollte in der künstlichen Welt des verdauten und ausgeschiedenen Zeugs völlige Ruhe herrschen. Diese Welt müßte sich Punkt für Punkt mit unseren Gesetzen decken. Sie müßte mathematisch exakt sein und darum der Gottheit entzogen. Ist sie das, dann hat der Teufel recht behalten, die Wirklichkeit ist erobert. In Anbetracht der Jugend der Völlerei ist es vielleicht nicht ganz fair dem Teufel gegenüber, diese Frage schon heute beantworten zu wollen. Doch scheint uns, wie wahrscheinlich auch dem Leser, die Antwort auf der Hand zu liegen, wir wollen sie darum versuchen.

Es scheint nämlich, zu unserem kalten Entsetzen, gar keine richtige Trennung zwischen der unverdauten Welt der Natur und der scheinbar verdauten Welt der Technik zu liegen. Wenn wir die Dinge betrachten, die wir da schufen, all die Maschinen und Apparate und Institutionen, so unterscheiden sie sich durch nichts von den Dingen der Natur, außer in unserem Glauben, sie geschaffen zu haben. Nur sind sie unter unseren Händen lebendig geworden. Bevor wir das Eisen zur Maschine zusammenfügten, war es totes Gestein, jetzt ist ein Lebewesen daraus entstanden. Und es ist aber in keiner Weise weniger natürlich als alle anderen Wesen. Zwar besteht es nicht aus Protoplasma, das ist neu, aber sonst hat sich eigentlich nichts Neues ereignet. Wir haben eigentlich mit unserem ganzen feierlichen Gelage nichts anderes geleistet als alle übrigen Tiere und Pflanzen auch, nämlich zu fressen, das heißt aus toter Materie lebendige zu machen. Die Methode war zwar ein wenig verschieden, sie war nicht chemisch, sondern geistig, aber das Resultat ist dasselbe. Wir glaubten, die Natur zu verschlingen und nach eigenem Willen umzuformen. Wir glaubten, mit anderen Worten, über der Natur zu stehen oder außerhalb der Natur, oder doch zumindest das letzte Glied zu sein in ihrer Kette. Es beginnt sich herauszustellen, daß wir ein Teil der Natur sind und daß wir mit all unserer Technik und Völlerei nichts anderes tun, als die uns zukommende Nische in der Ökonomie des Lebens zu füllen.

Denn die Maschinen und Apparate und Institutionen führen ein Eigenleben. Sie sind zwar nach unseren Plänen und Gesetzen entstanden, insoweit sind sie tatsächlich unsere Schöpfung. Aber wir können ihre Entwicklung ebensowenig absehen wie die Entwicklung der Kamele oder der Skorpione. Nur ist der Rhythmus der Entwicklung dieser teuflischen Wesen weit weniger gemütlich als der der protoplasmischen Wesen. Was bei den Sauriern Millionen von

Jahren dauerte, nämlich ins Kolossale zu wachsen und sich zu überleben, das scheint sich bei den Autos auf Jahrzehnte zusammenzupressen. Eben dieser im wahren Sinne des Wortes unmenschliche Rhythmus macht die Welt der Maschinen für uns so entsetzlich. Denn unsere Nische im Strom des Lebens scheint zu sein, tote Natur und protoplasmische Wesen zu fressen und von den technischen Wesen gefressen zu werden. Dabei sind vielleicht die Wesen aus Eisen am wenigsten gefräßig. Die Angst vor Panzern und Atombomben ist vielleicht am wenigsten am Platze. Es scheint, daß die ätherischen und kaum zu fassenden Organismen wie Komitees und Konferenzen und wissenschaftliche Arbeitsgemeinschaften uns schneller vernichten wollen. Sie hungern nicht nach unseren Körpern, sondern nach unseren Seelen.

Vom Standpunkt des Lebensstroms betrachtet, ist also die Völlerei des Menschen nichts als eine neue, wenngleich originelle Mutation des Lebens. Der Mensch ist ein Organ am Körper des Lebens, das dazu dient, neuartige Wesen wie Maschinen und Institutionen aus sich hervorzubringen und dabei auszusterben, wie etwa unser problematischer Primatenahne ausstarb, aus dem wir selbst entstanden. Doch ist vielleicht diese Art der Betrachtung etwas zu radikal, vielleicht nimmt sie die Rolle des Menschen im Leben zu ernst. Wir sind mit Recht entsetzt über unser Unvermögen, die Welt der Maschinen zu lenken und fallen in das umgekehrte Extrem, diese Welt zu überschätzen. Wir werden vielleicht mit der Zeit noch lernen, mit den Maschinen zu leben, so wie die Tiere ja lernen mußten, mit dem Menschen zu leben. Wir werden mit der Zeit erlernen, den Maschinen zu dienen, so wie die Pferde lernen mußten, uns auf dem Rükken zu tragen. In der Ökonomie des Lebens herrscht, wenn man will, eine poetische Gerechtigkeit, und das mag uns ein Trost sein. Das Pferd zieht unseren Wagen, und wir geben ihm seinen Hafer. Die Maschinen machen unsere Dinge, es ist nur gerecht, daß auch wir ihnen dafür etwas geben.

Mit diesem Satz nimmt das Prinzip der Vergeltung, das wir ausgegangen sind zu vernichten, seinen gebührenden Platz in der Welt der pseudoverdauten Dinge ein. Die Welt der Maschinen und Institutionen ist ebenso sinnlos und unübersichtlich und ebenso moralisch wie die Welt der natürlichen Dinge. Es ist uns nicht gelungen, die Gottheit daraus zu vertreiben, weder als Schöpfer noch als Richter. Es ist also völlig aussichtslos, sich den Maschinen unterwerfen zu wollen in der stillen und etwas verzweifelten Hoffnung, damit vor der Gottheit zu fliehen. Sie verbirgt sich in den Kolben der Maschinen und in den Paragrafen der Verfassungen ebenso wie im Blitz und im Regen. Wir haben nichts erreicht durch unser Verschlingen der Natur, die Natur ist natürlich geblieben.

Im Prinzip hat sich also durch das Schaffen der Völlerei und ihre Produkte auf der Welt nichts geändert. Allein in unserer Seele hat sich eine Veränderung vollzogen. Wir haben versucht, mit Gewalt die Wirklichkeit zu erzwingen, und der Teufel hat uns gefoppt, er hat uns die Wirklichkeit im letzten Moment entzogen. Und hat uns damit einen weiteren Schritt von der Erlösung entfernt. Er hat uns mit seinen Maschinen und seinen vernünftigen Einrichtungen und mit der Illusion, daß wir Schöpfer sind, noch mehr im Stofflichen verstrickt, so daß wir durch all diese Dinge die Gottheit nicht mehr erkennen. Oder hat die Völlerei noch andere Resultate? Ist im sogenannten technischen Fortschritt und Heben des Lebensstandards noch etwas anderes verborgen, das der Teufel nicht voraussah? Wir wollen versuchen, es aufzudecken.

5. Das Werkzeug

Im Lichte der Völlerei gewannen wir einen neuen Ausblick auf die Stellung des Menschen in der Kette des Lebens. Wir glauben nun, für die Spezies Mensch eine Nische in der Ökonomie des Lebens erkennen zu dürfen oder zu müssen. Das ist eine wichtige Änderung in unserer Einstellung zum Menschen. Bisher erschien der Mensch in diesem Buch als Ziel und als Zweck der Schöpfung. Wir sahen bisher im Menschen den höchsten Versuch des Teufels, die Welt zu beherrschen. Der menschliche Geist, mit seiner Erkenntnis des Wahren und des Guten (vom Schönen vorerst zu schweigen), erschien uns als die Spitze des Speeres, mit dem der Ritter der Verneinung gegen das Schild der Gottheit anrennt. Die ganze enorme Natur mit ihren

Sternen und Planeten, mit ihren Gesteinen und Kristallen, und der riesige Lebensstrom mit all seinen Pflanzen und Tieren, sie hatten keinen anderen Zweck, als die Lanzenspitze des menschlichen Geistes aus sich hervorzubringen und ihr als Schaft zu dienen. Die tote und die belebte Natur, so glaubten wir bisher, wurden vom Teufel geschaffen, um dem menschlichen Geist die Stoßkraft zu geben, den göttlichen Panzer zu sprengen. Im Stählen und im Schärfen des Geistes der Erkenntnis sahen wir einen höchsten Triumph des höllischen Prinzen. Und in seinem Anprall gegen den Schild der Gottheit, in seinem Abbrechen oder Umwenden und Umbiegen sahen wir die definitive Niederlage des Teufels. Die Betrachtung der Völlerei läßt uns jedoch dieses Bild revidieren. Der Mensch erscheint in einer weit bescheideneren Stellung, und je kleiner er wird, desto größer erscheinen Gott und Teufel. Die menschliche Seele wird nur zu einem der unzähligen Kampfplätze zwischen Himmel und Hölle. Wir wollen versuchen, diesen Kampfplatz in das Gesamtbild des Kriegsschauplatzes einzureihen, das heißt, die Nische der Menschen in der Hierarchie des Lebens näher zu beschreiben.

Die Fotosynthese befähigt die Pflanzen, organische Stoffe in Leben zu verwandeln. Diese Fähigkeit gibt den Pflanzen ihre Stellung im Reich der Schöpfung. Der Geist der Erkenntnis befähigt den Menschen, Phänomene zu symbolisieren und Symbole sinnlich zu machen. Diese Fähigkeit, die viele Parallelen zur Fotosynthese hat, also in gewissem Sinn eine Mutation der Fotosynthese ist, gibt dem Menschen seine Stellung in der Ordnung der Dinge. Die Pflanzen ermöglichen das Entstehen des Tierreichs, der Mensch ermöglicht das Entstehen der Technik. Vom Standpunkt der Pflanze ist das Tier ein Exkrement der Pflanze, ein potentieller Dünger. Das Prinzip der Vergeltung bringt es mit sich, daß das Tier, bevor es zu Mist wird, die Pflanzen zerreißt und zermalmt. Vom Standpunkt des Menschen sind die Maschinen und Institutionen Exkremente des Menschen, sie haben ihm zu dienen. Das Prinzip der Vergeltung bringt es mit sich, daß der Mensch von diesen sinnlich gewordenen Symbolen verspeist wird. Vom Standpunkt der Wiese ist die Kuh eine Errungenschaft der Halme, und ihr Zweck ist, Kuhfladen zu liefern. Es ist ein Fluch, der über der Wiese lastet, daß die Kühe nicht nur verdauen, sondern auch grasen. Es wäre zu viel von den Halmen verlangt, sich in den Standpunkt der Kuh zu versetzen. Vom Standpunkt der Menschheit sind die Gebilde der Technik Produkte des menschlichen Geistes. Daß sie gegen den Geist rebellieren und drohen, uns zu vertilgen, das erscheint uns unnatürlich. Wir können uns in das Wesen einer Superbombe oder einer Verkehrsvorschrift ebensowenig hineinversetzen wie der Grashalm in das Wesen des Kuhdarms. Doch sind wir schließlich nicht Grashalme, sondern erleuchtete Wesen, und es beginnt uns zu dämmern, daß wir ebensoviel Grund haben, auf »unsere« Technik stolz zu sein wie die Wiese auf »ihre« Kühe. Wir sind Schöpfer der technischen Vorrichtungen und Einrichtungen in eben diesem Sinne, in dem der Halm Schöpfer der Kuh ist. Die Kuh könnte ohne den Halm ebensowenig bestehen wie die Verkehrsvorschrift ohne den Polizisten und ohne den Wagenlenker. Wir würden ohne die Verkehrsvorschrift ebenso zugrunde gehen wie der Halm ohne Fladen. Und wir werden von den Vorschriften ebenso zermalmt wie das Gras von den Zähnen der Kühe. Wir leben, mit anderen Worten, in Symbiose mit der Technik wie die Wiese in Symbiose mit den Wiederkäuern. Das ist, von einem etwas höheren, wenn auch nicht von einem sehr hohen Standpunkt aus gesehen, unsere Nische.

Verglichen mit der Hoffart oder der Trauer des Herzens ist die Völlerei eine relativ sanfte Sünde, wenn auch eine unappetitliche. Man kann also nicht gut erwarten, daß die Überwindung der Völlerei zu schwindelnden Höhen der Erleuchtung führt und automatisch die Tore zu kosmischen Visionen öffnet. Doch sollten wir die Erkenntnis, daß der Mensch nur in sehr beschränktem Maße ein Schöpfer der technischen Dinge ist und er nicht nur bedient wird, sondern auch dient, nicht leichtfertig unterschätzen. Sie ist eine unangenehme Niederlage des Teufels. Die Völlerei ist vom Teufel ins Leben gerufen worden, um in der menschlichen Seele das Gefühl für die Kraft des menschlichen Geistes zu schüren, in ihm schöpferische Triebe zu wecken, kurz, die Schaffungsmoral zu gründen. Das Wesen der Völlerei ist ein grenzenloser Optimismus gegenüber der Natur, wenn auch ein grenzenloser Pessimismus gegenüber dem Herrn. Die Natur erscheint der Völlerei als schmackhafte Speise, bereit, verzehrt zu werden. Und plötzlich, wie durch ein Wunder, hat sich alles verkehrt und ist daran, dem Teufel sein Spiel zu verderben. Mit einem Male ist der Mensch nicht mehr ein Schöpfer der Natur, sondern ihr Werkzeug. Durch die Sünde des Zorns wollte der Teufel aus dem Menschen den Homo sapiens machen. Aber die Sapientia hat sich als ein doppelschneidiges Schwert erwiesen, sie führt zum Himmel ebenso wie zur Hölle. Der Teufel ist daran, in der Völlerei dasselbe zu erfahren. Mit Hilfe dieser Sünde schafft er den Homo faber, und ungeahnt erscheint daneben der Homo fabricatus. Der großartige Erfolg der Technik erweckt in der menschlichen Seele nicht nur das Gefühl der eigenen Größe, so wie der Teufel es wollte, sondern auch der eigenen Ohnmacht. Die Wege des Herrn sind dunkel und weder für uns noch für den Teufel verständlich.

6. Das Gelage

Doch dieses Gefühl der Ohnmacht, das Bewußtsein, Werkzeug zu sein, liegt gegenwärtig noch tief in der Seele verborgen. An der bunten Oberfläche unseres täglichen Treibens ist es nicht zu bemerken. Für den oberflächlichen Zuschauer ist unser Jahrhundert vollständig von der Völlerei beherrscht, der Teufel erscheint auf diesem Gebiet gegenwärtig hundertprozentig siegreich. Die ganze Menschheit ist auf einer hastigen, gierigen Jagd nach Genüssen. Ein unstillbarer Hunger nach Dingen und nach Gedanken hat uns erfaßt, und wir sind uns völlig bewußt, daß wir ihn weder stillen können noch wollen. Das Ideal ist nicht ein stabiler Lebensstandard, ein Zustand des Sattseins, sondern ein ständig steigender Lebensstandard, ein immer heißeres Hungern. Wenn wir in Momenten der Ermüdung und Erschlaffung innehalten möchten und uns begnügen, dann merken wir, es geht nicht. Wir werden von der vorwärts stürmenden Walze der Völlerei mitgerissen, oder sie rollt über uns hinweg und erdrückt uns. Jedes Innehalten, so erkennen wir mit Entsetzen, ist dem Fortschritt feindlich und wird darum mit Recht mitleidslos beseitigt. Wir sind zum Fortschritt der Völlerei nolens volens verurteilt. Es ist die Aufgabe unseres Lebens, immer größere Brocken zu schlucken, hinunterzuwürgen, zu verdauen und wieder auszuscheiden und die Exkremente in Form von Dingen oder Bankkonten oder Verwaltungsapparaten um uns herum zu stapeln. Auf den frommen Bildern des Mittelalters stellte man die Völlerei als kolossalen Fettwanst dar, aber das ist kindlich naiv im Vergleich zu der modernen Elephantiasis. Unsere Städte und Häuser, unsere Fahrzeuge und Werkzeuge und Fabriken gewinnen übermenschliche Dimensionen. Unsere Vermögen und Produktionskapazitäten wachsen zu astronomischen Größen, so daß unsere rasend gesteigerte Fähigkeit, zu konsumieren und zu verschlingen, nur mit Mühe Schritt hält. Unsere »juristischen Personen«, diese halbgeistigen Apparate, wie Handelsfirmen, Ämter, Kirchen und Erziehungsstellen, wachsen zu göttergleichen Titanen, und es wird ihnen, gleich Göttern, geopfert. Das Bild der Menschheit in unserer Zeit, es ist das Bild des Größenwahnsinns. Die Luft ist erfüllt vom Schmatzen der Lippen und Malmen der Zähne der immer weiter wachsen wollenden Technik. Und die Menschen, statt die Maschinen zu zügeln, peitschen sie noch an in ihrem rasenden Rennen. Schon ist die Hoffnung verloren, daß dieses Rennen zum Ziel führt, zum Vertilgen der Gottheit. Was die Menschheit beflügelt in dieser Jagd, ist nicht mehr eigentlich Völlerei, sondern Neid und Geiz.

FÜNFTES KAPITEL: DER NEID UND DER GEIZ

Ungeachtet der zweifelhaften Erfolge, die der Teufel bisher erreicht hat, fährt er auf seinem Wege fort, die Welt der Phänomene wirklich zu machen. Auf dem Gebiet des Lebens rast der Kampf zwischen Himmel und Hölle unvermindert fort, die Wollust bemüht sich weiter gegen die Hemmung, um das Leben wirklich zu machen. Auf dem Gebiet der reinen Vernunft kreuzen noch immer Zorn und Zufall die Waffen, und der Zorn versucht nach wie vor, mittels der reinen Vernunft die Phänomene zu klären und wirklich zu machen. Auf dem Gebiet der Natur verschlingt die Völlerei Lebendes und Totes immer weiter und versucht zu vermeiden, daß das Verdaute sich wieder geheimnisvoll in Natur verwandle und damit unwirklich werde. Wir kommen nun zur Schilderung der nächsten Front des Teufels, der menschlichen Gesellschaft. Denn sie ist es, so sagt sich der Teufel, die den Sinn für die Wirklichkeit schafft und in der menschlichen Seele erhält. Der Mensch ist ein Produkt der Gesellschaft, ihr entstammen all seine Gedanken und Wünsche, Vorstellungen und Urteile, von ihr werden sie geformt und ihr dienen sie. Der Mensch ist nur wirklich innerhalb einer Gesellschaft, außerhalb ihrer ist er nichts als eine logische Hilfsfigur, ein Hirngespinst der Philosophen und Theologen, vielleicht ein Ebenbild Gottes, wie manch begeisterte Theologen behaupten, aber eben doch nur ein Bild, ein Symbol. Erst innerhalb der Gesellschaft gewinnt er seinen Platz, das heißt seinen Sinn, erst als Mitglied einer Familie, einer Gewerkschaft, eines Bridgeklubs oder einer Partei wird er wirklich. Es gibt eine Wechselwirkung: Die Gesellschaft realisiert den Menschen und wird von ihm verwirklicht. Wenn es dem Menschen gelingt, sich der Gesellschaft harmonisch einzuverleiben, wenn er *well integrated* ist, wie die modernen amerikanischen Soziologen sagen, dann gibt es für ihn keine Erkenntnisprobleme, er ist wirklich und braucht keinen anderen Glauben. Ist aber etwas zwischen ihm und der Gesellschaft nicht in Ordnung, verläßt er, wenn auch prekär, ihren schützenden Wall, so sieht er sich plötzlich dem heißen Hauch, dem Wüstenwind der Gottheit gegenüber. Und es besteht die Möglichkeit, daß er sich von diesem Hauche ergreifen läßt und entrissen wird dem Schoße des Kollektivs, und seine Seele geht für den Teufel verloren. Im Gefüge der Gesellschaft fühlt sich der Mensch geborgen und vor dem Eingriff der Gottheit verborgen. Es ist darum für den Teufel ein leichtes, des Menschen qua Zoon politikon habhaft zu werden. Darum ist es die Aufgabe der Hölle, das Gefüge der Gesellschaft zu stützen und zu zementieren und die Gesellschaft als die Wirklichkeit par excellence erscheinen zu lassen. Das tut der Teufel mittels des Neids und des Geizes.

Die Kirche hat selbstredend recht, wenn sie den Neid und den Geiz als zwei verschiedene Todsünden ansieht. Der Neid ist die Methode des Teufels, für eine von ihm erfaßte Seele den richtigen Platz in der Gesellschaft zu suchen. Der Geiz ist im Gegenteil die Methode, diesen Platz zu behaupten. Der Neid ist das evolutive Prinzip, die Pyramide der Gesellschaft wurde vom Neid erschaffen. Der Geiz ist das konservative Prinzip, die Pyramide wird vom Geiz erhalten. Der jeweilige Stand der Gesellschaft ist die dialektische Synthese dieser beiden Sünden. Alle fortschrittlichen und revolutionären Tendenzen sind im Grunde neidisch. Alle konservativen Tendenzen sind im Grunde geizig. Der Teufel scheint also gegen sich selbst zu kämpfen, der neidische Teufel scheint den geizigen Teufel stürzen zu wollen. Es handelt sich aber selbstredend nur um ein Spiegelgefecht, denn was der Teufel anstrebt, ist die Synthese, nämlich die wirklichkeitsspendende und allein seligmachende Gesellschaft. Eben dieser Synthese wegen haben wir uns entschlossen, diese beiden widersprechenden Sünden in einem Kapitel zu versammeln und zu versuchen, sie von einem höheren Standpunkt, nämlich vom Standpunkt des Teufels aus, zu betrachten.

Bevor wir jedoch diese beiden Stützen der Gesellschaft zu schildern versuchen, die sich gegeneinander stemmen, um die Plattform der Gesellschaft zu tragen, wollen wir, so gut es geht, die Plattform selbst betrachten, so wie wir sie im Innersten, am Grunde der Seele, erleben. Denn wenn wir in unserer Seele schürfen und Schicht um Schicht entfernen, dann merken wir, daß die obersten Schichten die persönlichsten sind und die originellsten, und daß wir, je tiefer wir kommen, um so typischer werden und um so ordinärer (im Sinne von gemeiner). Und ganz tief unten (vielleicht am Grunde der Seele), dort ist das Allgemeinste. Dort sind nämlich das Wort und die Grammatik verborgen. Aus dem Wort und aus der Grammatik sprießt unsere Persönlichkeit, sie sind die wirklichkeitsspendende Gesellschaft in unserer Seele. Für das nach innen gewandte Auge sind Sprache und Gesellschaft und Wirklichkeit identisch. Darum müssen wir, bevor wir vom Neid und vom Geiz als solchen zu sprechen versuchen, uns mit dem Worte befassen.

1. Das Wort

Der Leser erwartet selbstredend an dieser Stelle das oft mißbrauchte Zitat vom Anfang und vom Wort und eine Betrachtung der Worte »Logos« und »Logik«. Der Leser möge aber bedenken, daß wir uns im Kapitel des Neids und des Geizes befinden. Im giftig-grün schillernden Schein dieser beiden Sünden würde vielleicht selbst »Logos« einen Stich abbekommen, und was die Logik betrifft und die ihr so nahe verwandte Mathematik, sie würden in diesem fahlen Licht allen Glanz verlieren. Wir wollen darum »Logos« und Logik und Mathematik und all diese tiefen und mystischen Dinge, die sich um die Sprache gruppieren und die zu so viel Sinn und Unsinn Anlaß zu geben geneigt sind, bis zum Kapitel der Trägheit und der Trauer des Herzens verschieben. Gegen den schwarzen und samtenen Grund dieser tiefsten aller Sünden werden »Logos« und »Logik« desto heller erstrahlen, und auch »Grammatik« wird dort als ein Teil des Reichs der Mütter erscheinen. Wir wollen also das kristallene Netz, das das Gefüge und das Skelett der Sprache ist, an dieser Stelle verdrängen. Was wir hier betrachten wollen, ist der bunte Schleier der Sprache. Wir wollen die Worte hier nicht ansehen als Symbole von Symbolen oder als Klassen von Klassen und die Grammatik nicht als ein Gefüge von kategorischen Relationen. Sondern wir wollen die Worte erklingen lassen als das Erbe ungezählter Generationen in unserem Inneren und die Grammatik als das Gefäß, in dem sich die Weisheit der Gesellschaft sammelt, damit wir daraus trinken. Das allein ist der Standpunkt, von dem wir die Sprache lieben können und geizig ihre

Reinheit zu wahren versuchen und neidisch auf andere Sprecher blicken, die sie etwa bereichern. Denn die Sprache ist ein Schatz, den uns die Gesellschaft anvertraut, damit wir ihn wahren und mehren. Wenn wir das tun, wenn wir die Sprache in uns erhalten und diesem herrlichen Instrument vielleicht auch noch neue Akkorde entlocken, dann sind wir im wahren Sinne des Wortes Wahrer und Mehrer des Reiches. Wenn wir hingegen zulassen, daß die Sprache in uns verdorrt oder verwildert, dann sind wir Verräter am Geiste. Wessen Geist es ist, den wir verraten, das versuchsweise zu beleuchten ist die Aufgabe dieses Kapitels.

Am Grunde oder zumindest nahe am Grunde unserer Seele also finden wir Worte. Sie sind ein doppelt geöffnetes Tor, durch das die Gesellschaft in uns eindringt und durch das wir in die Gesellschaft hinaustreten. Vom Standpunkt der Sprache ist der Mensch nichts als ein winziges Durchgangstor für die vorwärts marschierenden Worte. Und die Gesellschaft ist ein verschlungenes System von Alleen, die aus lauter Siegestoren bestehen, unter denen die Worte daherziehen. Und unter jedem Tor bleiben die Worte ein wenig stehen, um sich umzugruppieren. Diese Umgruppierung erfolgt nach elastischen, aber uralten Regeln, den Gesetzen der Grammatik. Und was auf mysteriöse Weise dabei entsteht, sind ein neuer Sinn und eine neue Bedeutung. Das ist das Wesen der Wirklichkeit, das gibt dem Menschen Sinn und Bedeutung. Das Leben des Menschen ist nichts als Sprechen und Schreiben und Lesen und Denken, das heißt ein inneres Summen von Worten. Das ist der innere Sinn des Satzes, der Mensch sei eine Manifestation der Gesellschaft und die Gesellschaft eine Funktion des Menschen. Beide sind Oberflächenerscheinungen der Sprache.

Die Sprache unterscheidet sich von allen (oder fast allen) übrigen Dingen der sinnlichen Welt durch ihre hierarchische Ordnung. Wir haben uns in diesem Kapitel versagt, zu ergründen, woher die Ordnung kommt. Wir wollen nur sehen, welche Folgen sie hat. Die Worte marschieren, wie wir sehen, in Reih und Glied, sie marschieren in Sätzen. Im Satz nimmt jedes Wort eine genau bezeichnete Stellung ein. Und wenn sich die Worte umgruppieren, wenn sich neue Sätze bilden, dann geschieht das gesetzmäßig auf vorgeschriebene Weise. Die Worte wechseln ihre Stellung und damit ihren Wert und ihre Bedeutung, aber das Prinzip der Hierarchie bleibt erhalten. Dieses Ordnungsprinzip formt und beherrscht infolgedessen alle unsere Gedanken. Sie wollen daher zum ungeordneten Brei, den uns die Sinne liefern, nicht so recht passen. Da wir aber im Innersten tief überzeugt sind, daß die Sprache die Wirklichkeit ist, daß unser Denken wirklich ist und alles andere nur Schein, weigern wir uns, den ungeordneten Brei als bare Münze zu nehmen. Wir sind überzeugt, daß uns die Sinne eine hierarchische Ordnung in der Welt der Phänomene verschleiern. Denn wären die Phänomene nicht hierarchisch, das heißt so wie unsere Sprache, wären sie nicht wirklich. Von der Sprache aus erscheinen uns Zorn und Völlerei in einem neuen Licht. Der Zorn ist der Versuch, die Sprache in die Phänomene zu tragen, die Phänomene mittels der Sprache zu ordnen. Die Völlerei ist der Versuch, die Phänomene zu verschlucken, der Sprache einzuverleiben, sie artikuliert zu machen. Der Neid und der Geiz erscheinen von diesem Standpunkt aus als ein Verzweiflungsakt des Teufels, der nun auf die Phänomene verzichtet, um sich mit der Sprache zu begnügen. Er ist nun entschlossen, den Phänomenen Unwirklichkeit zuzugestehen, um die Wirklichkeit der Sprache und ihrer Manifestation, der Gesellschaft, zu retten.

Wir wollen, vom Standpunkt der Sprache aus, diese Lage nochmals überblicken. Mittels der Wollust hat der Teufel die tote Natur zum Leben erweckt und zu immer höheren Organisationen verleitet, als höchste die menschliche Gesellschaft. Die Organisation des Lebens gehorcht einer verborgenen Ordnung, die aber erst in der menschlichen Gesellschaft zutage tritt und sich entpuppt als die Ordnung der Sprache. Es ist eine dynamische Ordnung, die sich elastisch weiterentwickelt, aber im Prinzip ist sie schon in der Amöbe enthalten. Die Amöbe ist von diesem Standpunkt aus ein erster Versuch des Teufels, zu artikulieren. Die Wollust allein ist jedoch nicht immer fähig, diese Ordnung zu erhalten, wie wir zu zeigen versuchten. Der göttliche Einfluß weigert sich, sich grammatikalisch ordnen oder ausdrücken zu lassen. Darum greift der Teufel zum Zorn und zur Völlerei, um die Welt zu zwingen, grammatikalisch zu werden. Dieser Versuch ist ihm, wie wir sahen, nicht vollständig gelungen. Es bleibt in der Welt immer ein Rest von Zufall oder Natur oder Hemmung, der sich weigert, geordnet zu werden, und solange so ein Rest weiterbesteht, solange fühlt sich der ordnende Geist des Menschen darin nicht heimisch. Solange ist für ihn die Welt nicht eigentlich wirklich. Außer er gibt das Ordnen auf und beginnt zu glauben. Dann muß er aber auch das Sprechen aufgeben und beginnen zu schweigen. Diesen Verfall versucht der Teufel selbstredend zu hemmen und zu verhüten. Darum ist er bereit, auf die Welt der Sinne vollkommen zu verzichten und sich auf die Sprache zu beschränken. Doch das ist nur ein scheinbares Zugeständnis an die himmlischen Scharen. Tatsächlich waren die Phänomene ja niemals real, weder in den Augen des Himmels noch in den Augen des Teufels. Was der Teufel tut, ist einfach die Front zu wechseln und eine neue Realität dem Menschen zu versprechen. Die Sprache ist diese neue Wirklichkeit, und die Gesellschaft ist ihre sinnliche Form. Und der Neid und der Geiz sind die Methode, diese Wirklichkeit wirklich zu machen. Denn Neid und Geiz sind die bewußt ordnenden Tendenzen in der menschlichen Seele. Es sind sozusagen grammatikalische Sünden. Wir bitten an dieser Stelle den Leser noch um etwas Geduld. Bevor wir uns definitiv mit dem Neid und Geiz befassen, wollen wir noch beim Wort eine kurze Zeit verharren. Denn selbst an dieser sich freiwillig beschränkenden Stelle haben wir noch etwas zu sagen.

Wir sagten, die Sprache sei für das nach innen gewandte Auge identisch mit der Wirklichkeit und mit der Gesellschaft. Daß Wirklichkeit und Sprache zusammenfallen, das hängt, wie wir zu zeigen versuchten, mit der Grammatik zusammen. Die Phänomene werden wirklich, wenn sie sich Punkt für Punkt in grammatikalische Sätze oder in mathematische Gleichungen (was dasselbe ist) übertragen lassen. Vom Standpunkt des Wirklichmachens aus, vom erkenntnistheoretischen Standpunkt, sind Sprache und Mathematik identisch. Aber vom ästhetischen Standpunkt aus ist die Mathematik nur eine Quintessenz der Sprache. Das lebendige Wort ist mehr als nur eine Brücke vom vergänglichen Dasein zum Reich der unveränderlichen Gedanken. Es ist ein Kunstwerk, an dem, zum kleinsten Teil bewußt, zum größten vollkommen unbewußt, all die ungezählten Generationen von vergangenen Menschen und all die ungeahnten

Generationen der Ahnen des Menschen eigentlich schon seit Anbeginn des Lebens ununterbrochen feilten. Jedes einzelne Wort ist nicht nur das Produkt der menschlichen Gesellschaft und der Gesellschaft des Lebens, sondern es ist das Integral der Lebensgesellschaft. Jedes einzelne Wort ist ein Triumphruf des zum Geiste drängenden und Geist gewordenen Lebensstroms. Darum ist jedes Wort, genau genommen, ein Name des Ewigen und sollte nicht umsonst in den Mund genommen werden. Das Wort ist nicht nur der höchste Versuch der Menschheit, den Körper zu brechen und geistig zu werden, sondern es ist der einzige Versuch, dies kollektiv, qua Gesellschaft zu machen. Alle übrigen Methoden der Vergeistigung und Flucht aus dem Materiellen sind individuelle Versuche, die Fesseln des Körpers zu brechen. Die Sprache allein ist ein gemeinsamer Kriegszug aller lebenden und verstorbenen Menschen gegen die Gottheit, denn sie ist die Methode, geistig zu werden ohne den Glauben. In diesem Kriegszug ist jedes Wort ein flammendes Schwert im Dienst des Teufels, und die Sprache als Ganze ist ein einziger Protest gegen die Körperlichkeit des Menschen, ein artikulierter Schrei gegen Gott, ein Ausdruck des Neids auf die Gottheit. In diesem Sinne sind Sprache und Gesellschaft identisch. Von diesem Standpunkt aus ist die ganze Schöpfung nichts als ein gigantischer Versuch des Teufels, artikuliert zu werden, und die menschliche Gesellschaft ist ihm Sprachrohr und Zunge. Wir werden in späteren Kapiteln zu zeigen versuchen, daß das Beherrschen der Sprache und noch mehr ihr Brechen die größten Niederlagen des Teufels sind und die Liebe zur Sprache und das vollendete Sprechen, Schreiben und Singen seine größten Siege. Der vollendete Sprecher, Schreiber und Sänger, das heißt der vollendete Künstler, er wäre die Spitzenleistung der Gesellschaft, er würde alle Gesellschaft realisieren und damit Gott vernichten. Der vollendete Beherrscher der Sprache oder ihr Zerreißer, das heißt der vollendete umgekehrte Künstler, er wäre eine umgekehrte Spitzenleistung der Gesellschaft, er würde die Gesellschaft vernichten.

Doch wollen wir an dieser Stelle gewaltsam unsere Betrachtung der Sprache unterbrechen. Was wir für dieses Kapitel benötigen, haben wir, so glauben wir, zur Genüge erörtert. Die Sprache erschien uns als artikulierter Neid auf Gott, mit anderen Worten, als artikulierte Gesellschaft. Es ist nun an der Zeit, diesen Neid und sein Spiegelbild, den Geiz, näher zu betrachten.

2. Die ptolemäische Gegenrevolution

Wir haben, als wir uns von der Völlerei zu Neid und Geiz wandten, in vieler Hinsicht eine Wendung um hundertachtzig Grad vollzogen. Die Völlerei war die letzte der Todsünden in diesem Buche, die sich nach außen wandte. Von jetzt ab erfaßt der Teufel die Seele und stülpt sie nach innen wie einen Handschuh. Mit Wollust und Zorn und Völlerei versucht er, die Gottheit aus der Welt zu vertreiben. Mit Neid und mit Geiz, mit Hoffart und mit Trägheit des Herzens versucht er, sie in unseren Seelen zu vernichten. Wollust und Zorn und Völlerei sind positivistisch, sie glauben, eine unteilbare Wirklichkeit erzwingen zu können. Neid und Geiz sind weit weniger naiv, sie glauben an Stufen der Wirklichkeit, an verschiedene Realitäten. Die Gesellschaft ist für sie die Wirklichkeit erster Ordnung. Alles übrige, nämlich der menschliche individuelle Geist einerseits und die Natur andererseits, ist wirklich im zweiten Grade, nämlich ein Werk der Gesellschaft. Die Hoffart geht weiter, sie betrachtet nur den einzelnen Geist als wirklich, sie ist solipsistisch. Am weitesten geht die Trägheit und Trauer des Herzens. Sie leugnet die Wirklichkeit überhaupt, sie ist nihilistisch.

Der Wendepunkt auf dem Wege des Teufels ist also der Übergang von der Völlerei zum Neid und zum Geiz. Mit dem Neid und dem Geiz beginnt, im umgekehrten Sinne, der Teufel seinen Weg aufs neue. Das ist aufs deutlichste beleuchtet, wenn wir die Stellung des Menschen im Gesamtgefüge des Teufels betrachten. Im Zeichen der Wollust war der Mensch das Höchstziel des Teufels, Krönung der Schöpfung. Im Zeichen des Zornes war er ein Brückenbauer zwischen der Welt der Phänomene und der Welt des Geistes; die kopernikanische Revolution begann sich vorzubereiten. Im Zeichen der Völlerei war er ein bescheidener Teil der Ökonomie des Hungers; die kopernikanische Revolution hatte sich vollzogen. Vom Standpunkt des Neids und des Geizes, vom Standpunkt der Sprache und der Gesellschaft, steht er wieder im Zentrum. Er ist die Quelle, ist Ursprung der Welt; die ptolemäische Gegenrevolution ist im vollen Gange. Zwar ist der einzelne menschliche Geist noch nicht in der Mitte der Dinge, das bleibt, wie wir sagten, vorläufig der Hoffart vorbehalten. Aber die menschliche Gesellschaft, dieses gottgleiche Überwesen, das zu betrachten hier unsere Aufgabe ist, steht nunmehr im Origo des metaphysischen Achsenkreuzes und ist, von hier aus gesehen, mit dem Teufel identisch. Darum macht es hier auch keinen Sinn, von einer Geschichte der Menschheit, von »Kulturgeschichte« zu sprechen. Die Gesellschaft hat keine Geschichte, sie schafft Geschichte. Da die Gesellschaft Wirklichkeit ist, ist sie nicht eigentlich zeitlich. Sie ist der Schöpfer der Zeit, das Substratum der Zeit, aber sie selbst steht unberührt von ihrem Strom. Wir wollen diese Situation in folgendem Bilde beschreiben:

Die Gesellschaft ist der Urschlamm des Seins, der Humus des Daseins. Man hat sie mit den verschiedensten Worten bezeichnet: mit »Ding an sich« und »id« und »atman« und anderen magischen Worten. In diesem Urschlamm herrscht eine dialektische schöpferische Spannung. Vom Standpunkt des Teufels heißt die These dieser Spannung »Neid«, die Antithese heißt »Geiz«, und die Synthese heißt »Manifestation der Gesellschaft« oder »Geschichte«. Der Neid treibt Bläschen an die Oberfläche des Schlammes und versucht, sie auszudehnen. Der Geiz versucht, die Bläschen zusammenzuziehen und sie solid zu erhalten. Immer steigen neue Bläschen an die Oberfläche und bringen die vorangegangenen zum Platzen. Dieses Steigen, sich Dehnen, sich Zusammenziehen und Platzen der Bläschen und ihr tausendfarbiges Schillern im Licht des betrachtenden Geistes nennt man Kulturgeschichte. Es ist die Summe aller Wirklichkeit zweiten (und dritten und vierten) Grades, es ist zeitliches Dasein. Die Wirklichkeit ersten Grades, die Gesellschaft, bleibt davon völlig unberührt, sie kennt keine Geschichte.

Darum ist es eine schiefe Frage, nach dem Ursprung der Gesellschaft zu fragen. Sie ist eine Tautologie, denn sie fragt nach dem Ursprung des Ursprungs. Die Frage an und für sich ist selbstredend real, der Marxismus und Hegelianismus, der Darwinismus und Rassismus und all die anderen Versuche, die Gesellschaft nach ihrem

Ursprung erklären zu wollen, sie sind selbstredend reale Kulturphänomene (wenn auch zweiten Grades), aber da die Frage schief ist, sind auch die Antworten tautologisch, sie sind leere Geräusche. Die Antwort ist nämlich jedesmal in der Fragestellung enthalten und hängt von der Definition ab, die wir dem Worte »Gesellschaft« erteilen. Der Versuch, die Gesellschaft mit Worten, das heißt logisch, erklären zu wollen, das heißt, sie mit Sprache erklären zu wollen, ist ein typisches idem per idem. Man kann über das Wesen der Gesellschaft überhaupt weder denken noch sprechen, all die Worte und Gedanken sind von der Gesellschaft geformt und daher auf sie selbst vollkommen unanwendbar. Wir müssen die Gesellschaft hinnehmen, wie sie ist, nämlich als unser innerstes Wesen. Und was wir »Kulturgeschichte« nennen, ist nicht etwa die Geschichte der Gesellschaft, sondern im Gegenteil die Geschichte der Natur als eines Produkts der Gesellschaft. So gesehen, ist die Gesellschaft nicht aus der Physik zu erklären, sondern die Physik aus der Gesellschaft. Denn die Physik ist, nicht anders als die Steine und Sterne, aus der Gesellschaft entstanden: ein Kulturphänomen. Nur ist die Physik ein Kulturphänomen ersten Grades, also Realität zweiten Grades, während die Steine und Sterne Produkte der Physik, also Kulturphänomene zweiten und Realität dritten Grades sind. Je weiter wir uns von der Gesellschaft entfernen, desto unwirklicher, desto phänomenaler wird die Welt. Kulturgeschichte ist identisch mit Naturgeschichte, nur ist das, was wir gewohnt sind, mit »Kultur« zu bezeichnen, unmittelbarer und darum wirklicher als das, was wir mit »Natur« bezeichnen. Die Natur ist eine Folge der Kultur und aus ihr entstanden. Da wir gewöhnlich anders denken, wollen wir das oben Gesagte illustrieren, um es verständlich zu machen.

Man vergleiche zum Beispiel die Geschichte der Astronomie mit der Geschichte der Sterne. Daß die Astronomie ein Produkt der Gesellschaft ist, bedarf keines besonderen Beweises. Daß aber die Sterne Produkte der Astronomie sind, daran muß erinnert werden. Für die Griechen waren die Sterne Götter oder ewige Feuertiere. Für die Renaissance und für das Barock waren sie Steine. Für das achtzehnte und neunzehnte Jahrhundert waren sie Haufen von Molekülen, die aneinander mit geheimnisvollen Gummibändern zogen. Für uns sind sie Kerben und Täler im gekrümmten Gravitationsfeld. Die Frage, was sie »wirklich« sind, ist naiv, denn was sie an »Wirklichkeit« haben, hängt von der Gesellschaft ab. Soweit also die Sterne wirklich sind, soweit waren sie wirklich Götter und Tiere und Steine und so weiter bis zur nächsten Metamorphose. Die Geschichte der Sterne ist, wie wir sehen, ein Teil der Kulturgeschichte, weil sie ein Teil der Geschichte der Astronomie ist. Die sogenannten »exakten« Wissenschaften sind ein Sonderfall der sogenannten »Geisteswissenschaften«, und sie sind exakt, weil sie sich auf abstraktere Dinge beziehen als zum Beispiel die Soziologie oder die Anthropologie, nämlich auf die »Natur«, also auf Wirklichkeit dritten und vierten Grades. Eben weil Steine und Sterne und chemische Verbindungen so weit von der Gesellschaft entfernt sind, eben darum sind sie beinahe unwirklich, sie sind beinahe frei erfunden, und darum funktioniert in ihnen die Mathematik. Und je mehr wir uns der Gesellschaft nähern, je wirklicher wir werden, desto weniger funktionieren die mathematischen, das heißt grammatikalischen Gesetze. Wenn wir von der Gesellschaft als solche zu reden versuchen, dann verfallen wir entweder in Wortsalat oder ins idem per idem.

In den Phänomenen der Natur haben sich also der Neid und der Geiz, die Triebkräfte der Gesellschaft, kristallklar niedergeschlagen. Neid und Geiz, sie sind die beiden Seiten der mathematischen Gleichung, das Prinzip der Vergeltung und der Gerechtigkeit ist an ihnen kaum noch zu erkennen. Wir sind nicht mehr gewöhnt zu sagen, daß es gerecht sei, daß das Wasser in zwei Teile Wasserstoff und einen Teil Sauerstoff zerfällt, weil es ja so entstanden ist. Die Griechen, die noch näher dem Ursprung standen als wir, kannten den Begriff der Gerechtigkeit und der Vergeltung auch in der Natur, sie nannten ihn »hubris«. Wir sind aufgeklärter und sprechen statt dessen von Kausalitäten. Wenn es sich aber um Kulturphänomene ersten Grades handelt, also um nähere Wirklichkeiten, dann müssen auch wir die Vergeltung und die Gerechtigkeit mit in Kauf nehmen, denn diese beiden Worte sind Synonyme für »Synthese von Neid und Geiz«. Sie sind darum das eigentliche Thema dieses Kapitels.

3. Die Vergeltung

Was wir also in der Sprache die Syntax nennen und in der Physik die Kausalität, das bezeichnen wir in der inkarnierten Gesellschaft, im geordneten Haufen der Menschen, mit dem Wort Vergeltung. Der Neid, das evolutive Prinzip, wird vom Geiz gerächt, und am Geiz, dem erhaltenden Prinzip, übt der Neid seine Rache. Diese sich ständig steigernde Vendetta ist der Sinn der Kulturgeschichte, ihr verborgenes Ordnungsprinzip, das die Geschichte verständlich macht. Dabei können wir in jeder einzelnen Phase die Worte Neid und Geiz beliebig durch andere ersetzen, zum Beispiel durch Griechen und Trojaner, Proletarier und Kapitalisten, Klassiker und Romantiker, wir können sogar, wenn wir wollen, Sohn und Vater sagen. Was wir meinen, ist immer dasselbe, nämlich den Geiz, den Neid und ihre Synthese, nämlich die Vergeltung.

Dieser dialektische Prozeß ist etwa folgendermaßen zu schildern: In jedem gegebenen Augenblick bilden die Menschen, die den Erdball bewohnen, also die inkarnierte Erscheinungsform des abstrakten Begriffs Gesellschaft, nicht etwa einen bunten Haufen, sondern sie erscheinen mehr oder weniger gut geordnet. Sie sind in Gruppen und Grüppchen geteilt, in Rassen und Völker, in Sippen und Stände, in Familien und Horden. Das Ganze bildet eine Serie von einander überkreuzenden und einander durchscheinenden Pyramiden, die in der Seele jedes einzelnen eine Kopie oder, besser gesagt, die Urform finden. Jeder Mensch hat seine mehr oder weniger gut definierte Stellung innerhalb dieser vielen einander störenden Pyramiden. Man kennt seine Stellung in der Familie und infolgedessen in der Sippe, im Volk und in der Menschheit (als Summe von Völkern). Man kennt auch seine Stellung in der Fabrik, infolgedessen im Stand, infolgedessen in der Wirtschaft und in der Menschheit (als Summe von Produzenten). Man kennt auch seinen Platz am Stammtisch, infolgedessen in der gesellschaftlichen Schicht, infolgedessen in der Kultursphäre, infolgedessen in der Menschheit (als Summe von Kulturfaktoren). Diese Beispiele von Pyramiden lassen sich auf Wunsch beliebig vermehren. Man kennt also zu jedem Zeitpunkt ungefähr seine Stellung, man hat aber zwei prinzipiell voneinander verschiedene Schwierigkeiten. Erstens fällt es einem schwer, die verschiedenen Stellungen in den einzelnen Pyramiden miteinander zu verbinden, also die Pyramiden miteinander zu einer zu verschmelzen. Man kann nicht gut Schlossermeister und Vater zugleich sein, man lebt da in zwei verschiedenen Welten. Die Schwierigkeit, von der einen in die andere herüberzuspringen, ist mit der Schwierigkeit verwandt, von einer Sprache in eine andere zu übersetzen. Man spricht, mit anderen Worten, ebensoviele Sprachen, wie man Pyramiden mit sich herumträgt. Ganz anders ist die zweite Schwierigkeit geartet. Man verhält sich nämlich zu den Stellungen in den Pyramiden ambivalent, denn einerseits hofft man, andererseits fürchtet man, daß sie nicht gerecht sind. Wenn man die Menschen betrachtet, die über einem stehen auf den hierarchischen Leitern, dann ist man überzeugt, unterdrückt zu werden. Und betrachtet man die Leute auf den unteren Stufen, dann bezweifelt man die Berechtigung und daher Stabilität der eigenen Stellung. Die erste Schwierigkeit ist, wenn man will, erkenntnistheoretisch, die zweite ist ethisch. Die erste verwischt das Bild der Gesellschaft und macht es verschwommen, man sieht vor lauter Bäumen den Wald nicht mehr und kann die Ordnung der Gesellschaft nicht mehr richtig erkennen; die zweite stellt die Berechtigung der jeweiligen Ordnung oder Ordnungen in Frage. Zusammen bewirken diese beiden Schwierigkeiten, daß die äußere Form der Gesellschaft labil ist und daß sie sich entwickelt. Es besteht immer die Tendenz, einer der Pyramiden den Vorrang zu geben und die anderen zu vernichten und innerhalb dieser Pyramide eine neue Ordnung zu schaffen. Das ist die fortschrittliche Tendenz, die Tendenz des Neides. Und andererseits gibt es die Tendenz, die Vielfalt der Pyramiden beizubehalten, weil man fürchtet, alle zu verlieren, wenn man beginnt, sie zu stürzen, und aus demselben Grund alle die Pyramiden ungefähr so zu erhalten, wie sie erscheinen. Das ist die konservative Tendenz, die Tendenz des Geizes. Wir sehen, Neid und Geiz sind zwei Seiten ein und derselben Münze. Geiz ist der momentan erfolgreiche Neid, Neid ist der Geiz, der sich noch nicht realisiert hat. Der Reaktionär ist der erfolgreiche Revolutionär, der Revolutionär ist der Reaktionär in statu nascendi. Das alles sind selbstredend Binsenweisheiten, doch haben sie vom Standpunkt des

Teufels folgende wichtige Konsequenz. Wenn man die Relativität und Subjektivität von Aktion und Reaktion erkennt, dann erkennt man zugleich die Relativität von Gut und Böse. Die Vergeltung funktioniert zwar ausgezeichnet von diesem Standpunkt, jede Tat wird belohnt und gesühnt, aber das geschieht ganz automatisch. Der Lohn des einen ist die Strafe des anderen und so ad infinitum. Die Vergeltung kennt und braucht keinen Richter. Sie steht zwar nicht jenseits von Gut und Böse, sondern sie ist gut und böse zugleich, sie ist, wenn man will, die Synthese von Gut und Böse. Die Trojaner sind tatsächlich böse vom Standpunkt der Griechen und die Griechen vom Standpunkt der Trojaner, und die Kapitalisten sind tatsächlich böse vom Standpunkt des bewußten Proletariers, und die Bolschewiken sind tatsächlich böse vom Standpunkt des Liberalen. Das Schöne vom Standpunkt des Teufels an der ganzen Sachlage ist folgende Überlegung: Innerhalb der Vergeltung läßt er dem Menschen überhaupt nur zwei Alternativen. Entweder der Mensch glaubt, das Gute vom Bösen innerhalb der Gesellschaft unterscheiden zu können (und das heißt, wie wir sahen, das Gute und Böse überhaupt), dann ist er entweder dem Neid oder dem Geiz mit Haut und Haaren verfallen. Oder er erkennt und durchblickt den teuflischen Schein des Neids und des Geizes, dann verschwimmen ihm Gut und Böse und er verliert sein Gewissen. In beiden Fällen ist er eine leichte Beute des Teufels. Die Gesellschaft und ihre Organisation sind also ein wahres Wunderwerk an teuflischer Tücke. Wir wollen diese beiden Alternativen des Standpunktes zur Vergeltung etwas näher betrachten.

Nehmen wir zuerst einen Menschen, der sich dem Neid verschrieben hat. So einem erscheint die Welt als grundsätzlich dumm und böse. Er selbst aber ist erleuchtet, er kennt das Rezept, sie gut und weise zu machen. Er flammt vor Begeisterung, *to shatter it to bits and then remould it nearer to the heart's desire*. Sein Weg ist der des Streiters für das Gute. Das Resultat ist, wir wissen es, nichts als Zerstörung des Alten, um etwas Neues aufzubauen, das vom Standpunkt der Geschichte identisch ist mit dem Alten. Er selbst aber, da er nichts tut, als dem Teufel den Weg zu ebnen, ist der Hölle verfallen. Nehmen wir dann einen Menschen, der den Geiz sich erkoren hat. So einem erscheint die Welt als grundsätzlich gut und weise. Es gibt in ihr, leider, auch böse und aufwieglerische Tendenzen, welche versuchen, die weise Ordnung zu stören. Das muß so sein, das gehört zur guten Ordnung. Gäbe es nichts Böses, dann wäre das Gute nicht so gut, wie es ist, es ist erst so recht gut im Kontrast zum Bösen. Aber man muß das Gute selbstverständlich verteidigen und das Böse bekämpfen. So ein Mensch geht den scheinbaren Weg des Streiters für den Herrn, er ist die Feste der Orthodoxie, ihm ist die Wahrheit entschleiert. Trotzdem ist, wie wir wissen, das Resultat der Sieg des angeblich Bösen, das sich, kaum siegreich geworden, sofort in das Gute verwandelt. Er selbst aber, da er nichts tut, als dem Teufel den Weg zu ebnen, ist der Hölle verfallen.

Nehmen wir nun einen Menschen, der das Wesen der Vergeltung durchblickt hat. Er erkennt den völlig automatischen Charakter dieses Prinzips. Er weiß, daß es theoretisch und praktisch aussichtslos ist, sich diesem Prinzip widersetzen zu wollen. Jeder Widerstand wäre ja nichts als eine neue Reaktion auf die Aktion dieses Prinzips und würde nichts tun, als die unendliche Reihe von Synthesen aufs neue fortzusetzen. Er weiß, daß auch Passivität eine Form der Reaktion auf das Vergeltungsprinzip ist und darum auch sie nicht etwa die Kette unterbricht, sondern automatisch fortsetzt. Er ist also von der moralischen Neutralität jedes Tuns oder Lassens durchdrungen. Ihm ist daher der Begriff der Sünde entweder vollständig fremd, oder die Sünde wird eine Frage der Umstände, sie wird Ansichtssache. Für ihn ist die Welt entweder ein monotones moralisches Grau, durch das er den Lebensweg entlangschleicht, seiner selbst überdrüssig. Oder sie ist ein Schachbrett von schwarzen und weißen Feldern, auf dem er, gleich dem Rössel, ziellos herumspringt, vom weißen Felde zum schwarzen und wieder zum weißen. Im Schleichgang wie im Rösselsprung, der Weg führt in die Hölle.

Um das Gesagte brutal und einfach zusammenzufassen: Auf dem Gebiet der Gesellschaft, das heißt der Vergeltung, öffnet der Teufel der menschlichen Seele zwei Alternativen: den hypokritischen Selbstbetrug des Neides und des Geizes (beide zu Idealen erhoben) oder den aufgeklärten Opportunismus und die graue Verzweiflung der Erkenntnis des Vergeltungsprinzips.

Das alles läuft, wie wir sahen, ganz automatisch und erfordert keinen Richter. Ein Richter ist von diesem Standpunkt aus eine völlig unnötige Hypothese. Gott ist, so scheint es, endlich definitiv aus der Wirklichkeit entfernt, die Welt ist mittels der Gesellschaft moralisch ausbalanciert ganz ohne Gott, eben auf teuflische Weise. Was aber, so beginnt sich die Seele zu fragen, die im neutralen Grau dahinschleicht, was, wenn es doch einen Richter gibt, irgendwo jenseits des Geizes und Neides?

Bevor wir darangehen, eine Antwort auf diese Frage zu suchen, müssen wir klären, wie diese Frage entstand, warum man sie sich stellen muß, obgleich doch ein Richter, wie wir sagten, ganz und gar unnötig ist.

Der Übergang von der Völlerei zum Neid und zum Geiz, wir sagten es schon, stellt eine Wendung in mehr als einem Sinne dar. Der für den Teufel wichtigste Sinn dieser Wendung liegt in der neuen Auffassung vom Wesen der Wirklichkeit, in einer neuen Interpretation des Kosmos. Bisher erschien die Welt als ein Haufen von Phänomenen, und das Problem des Teufels bestand im Versuch, diese Phänomene im Geiste zu fassen und zu ordnen und damit wirklich zu machen. Mit dem Neid und dem Geiz tritt ein neues Element in die Welt, nämlich das ethische Werten. Das Problem ist nicht mehr allein, die Phänomene untereinander zu ordnen und so verständlich zu machen, das heißt zum Stehen zu bringen. Sondern es handelt sich nun darum, die Phänomene so zu ordnen, daß sie einer außerhalb ihrer selbst liegenden Skala entsprechen. Der Neid und der Geiz fragen nicht mehr nur: Ist dieses Phänomen verständlich?, sondern auch und vor allem: Ist es richtig? Man fragt nicht nur: Ist das Phänomen geordnet und eingeordnet?, sondern auch und vor allem: Ist es in Ordnung? Es genügt nicht mehr, die relative Stellung der Dinge der Welt zueinander zu kennen, um sie wirklich zu machen. Wir verlangen nunmehr nach einem absoluten Maßstab. Das ist eine seltsame Sache, dieses neue und dritte Element, das sich da zum Phänomen und zum Geist gesellt, man weiß nicht, woher und nicht wozu und wie wir davon wissen. Vom Geist wissen wir unvermittelt, von den Phänomenen mittels der Sinne, aber wie wissen wir vom Maßstab? Zwar ist das »wie« des Wissens vom Geist und von den Phänomenen sehr problematisch, doch beim Maßstab kommt es gar nicht zum »wie«, die Frage bleibt schon beim »ob« stecken. Wenn jemand leugnet, daß wir vom Geist und von den Phänomenen wissen, dann ist er dem Wahnsinn nahe. Wenn jemand leugnet, vom Maßstab zu wissen, dann kann er völlig bei Sinnen sein, nur ist er verteufelt. Man kann also, wenn man will, den Maßstab theoretisch verleugnen. Praktisch aber ist man verurteilt, zu werten, das heißt, mit dem Maßstab zu messen.

Die Wollust, der Zorn, die Völlerei ignorieren den Maßstab. Sie tun, als bestünde er nicht, und darum sind sie Sünden. Sie verhalten sich zum Maßstab passiv, es sind Unterlassungssünden. Beim Neid und beim Geiz beginnt der Teufel, dem Maßstab aktiv entgegenzutreten. Er beginnt, ihn zu vernichten. Auch und vor allem in diesem Sinne ist er ein Befreier des Menschen. Die automatische Vergeltung, das heißt die Verlogisierung, das Vernünftigmachen der Ethik ist ein Vernichten des Maßstabs. Sie scheint zwar auf den ersten Blick den Menschen zu verknechten, tatsächlich aber befreit sie ihn von der Pflicht zu werten. Mit dem Neid und dem Geiz bekämpft der Teufel die Gottheit nicht mehr so sehr als Schöpfer, sondern vor allem als Richter. Darum sind Neid und Geiz die ersten aktiven Sünden. Sie schließen nicht mehr die Augen vor dem Guten und Bösen, sondern sie machen Gut und Böse relativ und vernichten das Absolute.

Wenn wir diesen Frontwechsel des Teufels im Auge behalten, dann müssen wir die beiden geschilderten Alternativen, nämlich den neidischen oder geizigen Menschen und den diese Sünden durchblickenden Menschen erneut und anders zu erklären versuchen. Wir müssen nun sagen, daß der neidische oder geizige Mensch nach einem falschen Maßstab wertet, während der aufgeklärte Mensch die Falschheit des Maßstabs durchblickt und von nun ab aufhört, zu werten. Das ist die Situation vom Teufel aus gesehen, und wäre damit die ganze Lage geschildert, der Teufel wäre definitiv und unwiderruflich siegreich. Doch eben an diesem Punkt beginnt der Gegenangriff Gottes.

Der Mensch, der die Relativität und darum die Falschheit der gesellschaftlichen Wertskalen erkennt und sie deshalb verwirft, wird stutzig. Mit der Erkenntnis der Falschheit der gesellschaftlichen Moral ist doch ein Werten verbunden? Im Verwerfen dieser Moral liegt doch ein moralisches Urteil? Und werten heißt doch vergleichen? Mit welchem Standard hat denn der aufgeklärte Geist die gesellschaftlichen Skalen verglichen? Woher nahm er die Überzeugung, daß sie falsch sind? Weil sie relativ sind? Die Antwort auf diese Fragen liegt auf der Hand, sie liegt im Absoluten. Ohne davon zu wissen und ohne es zu wollen, hat der aufgeklärte Geist die Werte der Gesellschaft mit Gottes Werten verglichen. Und im Augenblick, da er glaubte, das Werten verlassen und damit Gott vernichtet zu haben, eben in diesem Augenblick kam er Gott am nächsten. So seltsam wirkt das Gottesprinzip in der Seele des Menschen. Was der Mensch tatsächlich vernichtet, wenn er die Relativität des Gesellschaftsethos durchblickt, das ist nicht Gott, es ist die Gesellschaft. Mit dieser Erkenntnis verliert die Gesellschaft die wirklichkeitsspendende Gabe. Der aufgeklärte Mensch ist verzweifelt, weil er ein Outsider ist, weil er den Glauben an die Gesellschaft verlor, ohne einen anderen Glauben gefunden zu haben. Diese Verzweiflung, die für den Teufel so vielversprechend aussah, birgt aber den Keim des Verlusts dieser Seele für den Herrn der Hölle. Diese Seele hat sich, vom Teufel geleitet, aus der Gesellschaft entfernt, und sie steht nun nackt und schutzlos vor dem Eingriff des Herrn. Jeden Moment droht das fahle Grau der moralischen Gleichgültigkeit, des Jenseits von Gut und Böse in einer Feuerkugel der Erkenntnis des absoluten Guten zu explodieren. Der aufgeklärte, kühle Opportunismus steht ganz dicht neben der glühenden Zerknirschung. Wer die Vergeltung durchblickte und darum verwarf, der ist in Gefahr, die göttliche Gerechtigkeit zu erblicken.

Dem Schreiber dieses Buches ist sie nie erschienen. Er hat sie nur logisch deduziert aus Gedankengängen, die denen des oberen Paragrafen verwandt sind. Da er nicht lügen und nicht fantasieren will, wird er daher über die göttliche Gerechtigkeit schweigen. Es ist auch, glauben wir, gar nicht nötig, Visionen des göttlichen Richtstuhls zu haben, um von der Existenz des höchsten Richters zu wissen. Wir alle tragen in unseren seelischen Westentaschen unvollständige Miniaturausgaben des göttlichen Urmaßstabes. Die Aufgabe des Teufels ist es, uns diese Tatsache zu verbergen. Darum liefert er uns die komplizierten Meßapparate und logarithmischen Rechenschieber, wie die Gesellschaft sie hervorbringt. Wenn wir diese Apparate und Schieber verwenden, das heißt, wenn wir neidisch oder geizig werden, dann hat der Teufel sein Ziel errungen. Wenn wir die grundsätzliche Verfehltheit dieser Instrumente erkennen und daher glauben, mit dem Messen aufhören zu dürfen, dann hat der Teufel sein Ziel übertroffen. Wenn wir hingegen aus der Erkenntnis der Falschheit der gesellschaftlichen Maße zum göttlichen Maßstab greifen, dann ist der Teufel geschlagen.

Es gibt noch eine andere Möglichkeit, sich zum Messen zu stellen. Man kann zum göttlichen Maßstab greifen und ihn verdrehen und verkrümmen. Man kann, mit anderen Worten, dieses Gottesgeschenk mißbrauchen. Doch dieses bewußte, absichtliche Umwerten der Werte gehört in ein anderes Kapitel, in das Kapitel der Hoffart. Zu diesem Kapitel wollen wir nun schreiten.

SECHSTES KAPITEL: DIE HOFFART

Der Kampf zwischen Gott und Teufel hat die menschliche Seele in ein Trümmerfeld verwandelt. In wüstem Durcheinander türmen sich die Bausteine der geborstenen Gebäude. Hier liegt das zerbrochene Rad des Lebens, das einst stolz kreisende Gefüge der Lebewesen, das nun von Wollust und Hemmung zerrissen ist. Hier stehen, kaum noch zu bewohnen, die Ruinen des einst majestätischen Turmbaus der Wissenschaft. Der Zorn irrt darin herum, vom Gespenst des Zufalls gefoppt und geängstigt. An allen Ecken und Enden verwesen oder verrosten die Einrichtungen und Maschinen, die Reste des von der Völlerei begonnenen Gelages. Sie sind im Begriff, sich in den formlosen Humus der Natur zurückzuwandeln. Die Pyramide der Gesellschaft ist zersprungen, ihre hypokritische Marmorverschalung ist abgefallen und die abscheuliche Struktur aus Neid und Geiz liegt nackt und schamlos zutage. Im Winde verwehen die Fetzen des Bauplans der Pyramide, die von der Vergeltung und der Gerechtigkeit zersetzten Schnipsel der Worte und Sätze. Es herrscht eine unheimliche Stille in der verwüsteten Landschaft. Teufel und Gott scheinen sich vom Kampfplatz zurückgezogen zu haben. Es bleibt, um das Feld zu behaupten, ein einsamer und pathetischer Sieger, der menschliche Wille.

Es ist die Aufgabe dieses Kapitels, die unwahrscheinliche Sage des Willens zu singen. Das ist eine Heldensage, so spannend und bunt und betörend und von solch strahlender Schönheit, daß alle anderen Geschichten vor ihr erblassen. Seit Urgedenken, seit den Tagen des Seth, singen und sangen die Märchenerzähler in den Basaren aus diesem und von diesem Epos. Die Barden und Rhapsoden lassen davon die Leiern erklingen und die Herzen höher schlagen. In allen Tempeln stehen die Statuen der Helden, und in allen Kirchen brennen vor seinem Bilde die Kerzen. Nie werden die Menschen müde werden, von seinen Taten zu hören und seine Werke zu sehen. Er schreitet den Schritt des Leus, vor seinem Schreiten ebnen sich Berge und Täler. Er hebt seinen gewaltigen Arm, und auf sein Geheiß ordnen sich die zerstreuten Farben und Formen und Töne und Worte und bilden luftige Schlösser entlang seinem leuchtenden Pfade. Vor seiner Lanze erbebt der Lindwurm des Chaos, und es entfliehen die tückischen Mächte des Todes. Er ist in Schönheit gegürtet. Er entfaltet seinen Zaubermantel, und siehe, die Steine werden zu Statuen, die Lüfte zu Liedern, die Gelüste zu Gedichten, die Träume werden wirklich. Sei gegrüßt und willkommen, o menschlicher Wille, du Schöpfer der Kunst und der Selbsterkenntnis, du Erfinder, Erhalter, Beherrscher und du Vernichter des Teufels und der Gottheit.

Dieser entsetzliche und beglückende Satz ist unverhofft und plötzlich da, eine Folge unserer Begeisterung für den Willen des Menschen. Und es ist gut, daß er gekommen ist, wie er kam, unverblümt und von keiner falschen Scham verzeichnet. Nun erst, im Lichte des Willens, das heißt im Lichte unseres eigenen Ich, dürfen wir alle Hypokrisie, alle Beschönigung und allen Selbstbetrug mit Ekel abfallen lassen, wir dürfen offen bekennen, was wir schon immer ahnten: daß alles, die ganze Welt und Teufel und Gott, daß alles unser eigenes Werk ist; daß die Welt nur da ist, weil wir sie erschufen, und nur dann da ist, wenn wir sie betrachten. Daß sie ins gähnende Nichts verfällt, wenn wir ihr den Rücken kehren, und sprunghaft wieder entsteht, wenn wir sie zurückkehren heißen. Daß Gott nichts ist als eine Projektion unseres eigenen Ich auf die Leinwand der von uns erschaffenen Welten, und daß wir ihn nach unserem Ebenbilde entwarfen. Daß Gott entsteht nach unserem Willen und daß er verschwindet, wenn wir es wünschen. Und daß der Teufel nichts ist als eine Projektion unseres Ich von einem anderen Winkel. Daß Gott und Teufel identisch sind, nämlich zwei verschiedene Aspekte des Ich. Daß wir den Teufel erfanden und ihn neben die Gottheit stellten aus ästhetischen Gründen, um Gleichgewicht zu halten. Und daß der Teufel verschwindet, wenn wir Gott vernichten, daß sie sich beide auflösen im Licht des selbsterkennenden Geistes. Was ist und was war und was wird und was möglich ist, alles ist unser Ich und aus unserem Willen heraus entstanden. Und alles, was wir wissen können und wissen wollen, ist das Ich. Wir gehen beim Wissen vom Ich aus, um zum Ich zurückzukehren. Wenn wir in der Natur forschen, dann erkennen wir das Ich und seine Gesetze am

Grunde der Phänomene. Und wenn wir in unserer Seele forschen, dann finden wir dasselbe Ich auf ihrem Grunde und dieselben Gesetze. Natur und Seele sind zwei Seiten einer einzigen Münze, nämlich des Ich, sie unterscheiden sich nur durch den Standpunkt, den wir zum Ich einnehmen wollen. Naturwissenschaft und Seelenforschung sind die zwei Klammern einer Zange, die zwischen sich die Nuß der Illusion erfassen und sie zerknacken, um den Kern, das Ich, ans Licht der Erkenntnis zu bringen.

Dieses Zerknacken der Nuß der Illusion, diese Entdeckung des Ich, es ist in unseren Tagen besonders klar ersichtlich. Die naturwissenschaftliche Klammer der Willenszange (die europäische Seite) beginnt mit der psychologischen Klammer (der indischen Seite) in Berührung zu kommen. Wenn sie aneinandertreffen, am Grund des Atoms und des Atman, dann wird die Illusion für alle Zukunft zerspringen, und das Ich, befreit von Gott und Teufel, wird sich selbst erkennen. Naturwissenschaft und Yoga sind die zwei Seiten der Selbsterkenntnis, gemeinsam werden sie den Schleier der Maja zerreißen. Sie sind die beiden Methoden des menschlichen Willens, Herr seiner selbst zu werden.

Warum aber will oder soll sich der Mensch von seinem eigenen Werk, von Natur und Seele, befreien? Weil er vergessen hat, daß er der Schöpfer der Welt ist. So herrlich sind seine Werke und täuschen so vollständig vor, unabhängig zu sein, daß sie den eigenen Schöpfer foppen können, und Wissenschaft und Yoga sind nichts als ein Erinnern an den Ursprung des Kosmos. Naturforscher und Yogi sind Detektive des Ich im Dickicht des Nicht-Ich. Natur und Seele, vor kurzem noch Werk eines unbekannten Autors, entpuppen sich als Kunstwerke des menschlichen Willens. Sie sind aber nicht die einzige Schöpfung des Willens. Neben ihnen steht der Kosmos des ganz bewußten und unvergessenen Schaffens, die gewollte Illusion, nämlich die Welt der Künste. In ihr liegen das Wesen und die Schaffensmethode des Willens kristallklar zutage. Wir wollen uns darum zuerst mit der Welt der Künste befassen, denn eine Erklärung dieser Welt beleuchtet ganz von selbst auch die Welt der Natur und der Seele, dieser unbewußten Künste.

1. Das Weben des Schleiers der Maja

Es ist das Wesen des Ich, sich aus sich selbst herauszuschleudern, sich zu realisieren, sich phänomenal zu machen, sich nach außen zu projizieren. Das heißt, mit anderen Worten, das Ich ist ein Wille. Die Worte und Bilder versagen, um diese Tatsache zu beschreiben. Man muß sie entweder erleben oder ihre Resultate betrachten. Alle Worte und Bilder sind schief, denn sie sind selbst schon Kunstwerke, sie sind Werke des Willens. Selbstredend kennt das Ich weder außen noch innen, es ist allumfassend und raumlos. Unsere Sprache verdammt uns aber, von außen und innen zu sprechen, und darum wollen wir bei unserem Bilde verharren. Das Ich also dürstet und drängt, sich aus sich selbst zu entwerfen. Es drängt im Ich, sich auszudrücken, artikuliert zu werden. Das Ich sucht nach einer Sprache. Die Kunstgebiete sind ebenso viele Sprachen des Ich, und die Sprache sensu stricto ist das höchste und reinste aller Kunstwerke.

1.1. Der Schuß und die Kette der Sprache

Wir haben die Sprache schon gestreift als Sublimation der Wollust. Wir haben versucht, sie zu behandeln als Grundlage des Neids und des Geizes. Wir werden nun versuchen, noch tiefer in ihr Gewebe einzudringen und sie zu erkennen als das Netz, durch das das Ich aus sich herausdringt, durch das es nach außen blickt und auf das es den schillernden Schleier der Maja aufträgt. Denn das Ich sitzt da wie eine Spinne und sammelt in sich seine Sekretion, die Gedanken, und läuft diese auf und ab, um sie an den Ästen, den Sinnen, zu befestigen und sein Netz aus Worten und Sätzen zu weben. Wo die Fäden einander schneiden, entstehen Begriffe. Und wo die Begriffe durch Fäden verbunden sind, entstehen Relationen. Immer weiter reicht das Netz, immer gewaltiger schwillt die Zahl der Begriffe und Relationen. Man kann es dehnen oder zusammenziehen, dieses Netz. Wenn man es ausdehnt, kann die Sprache unendlich werden in ihrem Umfang, sie kann alles umfassen und umschließen, selbst das sie webende Ich. Aber die Fäden werden dabei zusehends dünner, die Knotenpunkte werden weicher und beginnen sich zu verschieben, bis ein Stadium kommt, da die Fäden der Relationen zerplatzen und die Knotenpunkte der Begriffe zerfließen. In diesem ausgedehnten Netz, im Netz der Logik und Mathematik, läßt sich zwar alles umfangen, aber einfangen läßt sich nichts, es geht zwischen den Maschen wieder verloren. Doch wollen wir uns hier mit dem ausgedehnten Netz nicht befassen. Das Dehnen des Netzes, seine Verfeinerung und Verdünnung, das ist die Sache der Trauer des Herzens, ist Sache des nächsten Kapitels.

Man kann das Netz aber auch zusammenziehen, man kann es raffen und verdichten, und das ist Sache der Dichtung und gehört in dieses Kapitel. Je mehr man das Netz zusammenzieht, je enger die Maschen werden, desto näher liegen die Begriffe beisammen, desto verwandter werden sie untereinander, desto reicher wird ihr Inhalt. Wenn das Ich das Netz der Sprache auswirft, um es wieder zusammenzuziehen, wenn es ausgeht, sich selbst zu fischen und einzuholen, um sich zu bereichern und zu erkennen, dann ist das Ich ein Dichter. Dieses Auswerfen und Zusammenziehen der Sprache, also das Dichten, das ist die ursprünglichste Form des Willens, es ist der Keim der Hoffart.

Man muß den Rausch eines solchen Fischzugs erlebt haben, um die Zauberkraft und die Beglückung der Dichtung ermessen zu können. Da sitzt man und wirft die Worte und Sätze, die Begriffe und die Verhältnisse tastend und zaghaft um sich herum und zieht sie zusammen, und plötzlich erfüllen sich die Worte mit neuem Inhalt und neuer Bedeutung, und die Sätze verbinden sich und verschmelzen zu einem neuen Gewebe von ungeahnter Harmonie und unerwarteter Schönheit. Man steht vor einer neuen, aus sich selbst erschaffenen Welt, einer Welt voller Bedeutung und Schönheit, man ist Gott der Schöpfer geworden. In dieser zusammengezogenen und zusammengerafften Welt, in diesem neuen Gedicht, ist die ganze Welt gefangen. Nur dieses Gedicht ist wirklich, alles andere ist verweht und vergessen. Jedes neue Gedicht umfaßt und ersetzt und übertrifft alle möglichen Kosmen, denn es hält das Ich, also die Wirklichkeit, in gedrängter Form gefangen. Je dichter das Netz gezogen ist, je stärker seine Fäden binden, je strenger die Gesetze des Geistes die Gedanken fesseln, desto ausdrücklicher ist das Gedicht, desto klarer ist es eine Artikulation des schöpferischen Willens. Darin eben besteht die göttliche Freiheit des menschlichen Willens, daß er seine Geschöpfe, seine Gedichte, nach eigenen Gesetzen bindet und festhält. Je gebundener die Sprache ist, desto freier ist der Wille, der sie gewoben. Das gilt nicht nur für die Gedichte der Sprache, sondern für alle übrigen Werke des Willens. Es gilt für die Gedichte der Sinne, für die Natur, deren Gesetze beweisen, daß sie ein Kunstwerk des Ich ist. Es gilt auch für das Gedicht des umgekehrten Sinns, für die Seele, denn auch sie ist von den Gesetzen des Willens gebunden. Es ist eine der Methoden des schöpferischen Ich, daß es seine Geschöpfe gesetzmäßig bindet. Wenn man diese Methode erkannt hat, dann ist man nicht nur Gott der Schöpfer, sondern auch Gott der Richter. Und läßt man dann das Gedicht wieder eindringen in den Geist, holt man den kostbaren Fang zurück ins geöffnete Ich, dann beginnen sich die Begriffe einzuverleiben ins Ich und sich in ihm aufzulösen. Und die Fäden, die die Begriffe fesseln, fügen sich ein in die allgemeine Ökonomie des Willens, das Gedicht ist verdaut, genossen und verstanden. Wir sind dann nicht nur Gott der Schöpfer und Gott der Richter, wir sind auch Gott der Erlöser.

Diese Schilderung darf selbstredend nicht hoffen, auch nur ein schwaches Spiegelbild der Begeisterung wiederzugeben, die das Dichten begleitet. Es ist auch nicht ihre Absicht. Was wir zu schildern uns bemühten, ist die Methode des Willens, zu schaffen, das heißt die Methode der Hoffart.

1.2. Das Summen der Sprache

Der Wille kann aus der Sprache die Knotenpunkte, die Begriffe entfernen. Sie verliert dann jede Bedeutung, nur die Verhältnisse bleiben übrig, die Sprache hört auf zu sprechen, sie beginnt zu summen. So ein Netz, das nur aus Fäden besteht, die sich überschneiden, aber nicht verbinden, ist natürlich kein Fischernetz, man kann darin nichts fangen. Es ist ein labiles, ein flüchtiges Gewebe, kaum ist es gewoben, ist es schon zerfallen. Eine Sprache, deren Struktur aus einem solchen Gewebe besteht, hat keine Bedeutung. Dafür ist sie aber, da bedeutungslos, auch vollkommen illusionslos. Sie ist das reine sich artikulierende Ich. Sie sagt nichts über das Ich aus, sondern sie ist das Ich auf organisierte Weise. Diese bedeutungslose Sprache, die nicht spricht, sondern summt, die Musik, sie ist die reine Wirklichkeit, sie ist die einzige Form, in der das Ich die Wirklichkeit hört, wenn es nach außen horcht, statt nach innen zu hören. Die Musik ist die einzige nach außen gewandte Meditation, ein Selbstgespräch bei wachen und wachenden Sinnen.

Man kann das Entstehen der Musik auch umgekehrt schildern, nicht als ein gewolltes Entfernen der Knotenpunkte, der Worte. Man kann sagen, daß bei der Musik die Sprache so eng zusammengerafft ist, daß die Worte verschmelzen und nur die reinen, bedeutungslosen Töne bleiben. Von diesem Standpunkt erscheint die Musik als die höchste, die dichteste Dichtung.

Wie immer wir die Entstehung der Musik verstehen wollen, das Resultat ist die reine Realisation des Ich, ein bedeutungsloses Preislied des Willens auf den Willen. Mit anderen Worten, es ist die reine Schönheit. Die Musik ist abstrakt in dem Sinne, daß sie sich von der Illusion abstrahiert hat. Die Illusion ist nichts als ein Verwirren und Vergröbern des Ich, ein Verwischen seines innersten Wesens. Denn die Illusion bringt Gut und Böse mit sich und Falsch und Richtig. Ethik und Logik sind die Unreinheiten, die die Illusion ins Ich hineinträgt. Es ist ein Defekt des Ich qua Schöpfer, daß es Logik und Ethik hervorbringt. Nur die Musik ist von diesen Schlacken bar, sie steht außerhalb und jenseits von Falsch und Richtig, jenseits von Gut und Böse. Die Musik ist die reine Schönheit, und darum ist sie wirklich. Denn das Wesen des Ich ist die Schönheit und seine Gesetze sind die Gesetze der Ästhetik. Das ist der Grund, weshalb die Musik uns so tief erfaßt und mitreißt: Sie ist das letzte Argument, nach ihr ist nichts mehr zu sagen. Gott und Teufel sind aufgelöst in ihr, sie sind in ihr vernichtet. Wir wissen, wenn wir Musik hören: das ist das allerletzte. Alle Debatten und alle Dialektik sind nun beendet, es herrscht absolutes Schweigen. Die Sprache, da sie zur Schönheit wurde, ist reiner Selbstzweck geworden. Wir wollen angesichts der Musik nicht mehr sprechen, sondern uns nur hingeben dem herrlichen Summen der Sprache. Die bedeutungslose Sprache, sie ist die Wirklichkeit, weil sie das Ich ist, sie ist der Besieger der Illusion, eben weil sie nichts bedeutet. Die bedeutungslose Sprache ist das Grab des Teufels und der Gottheit, sie ist das Ziel des menschlichen Willens.

Die Musik, das bedeutungslose Sprechen, das Summen, ist also das Meisterwerk des Willens, und seine übrigen Werke sind, von diesem Standpunkt aus gesehen, unvollendetes Schaffen. Der Wille wird sein Werk erst dann vollendet haben, wenn alle Künste und die Natur und Seele sich völlig in Musik sublimiert haben werden, also bedeutungslos und abstrakt geworden sind und sich verwandelt haben in absolute Schönheit. Das Wort »abstrakt« ist allerdings relativ, es heißt »entzogen«. Vom Standpunkt der Illusion aus ist die Musik abstrakt, sie ist der Illusion entzogen. Vom Standpunkt der Wirklichkeit, vom Ich aus, ist sie hingegen konkret im allerhöchsten Sinne des Wortes. Darum sind in der Malerei, also in jenem Gebiet, das eben im Begriff ist, sich in Musik zu verwandeln, die Worte »abstrakt« und »konkret« beinahe Synonyme.

Bevor wir jedoch von der Malerei zu sprechen beginnen, wollen wir im Auge behalten, was wir von der Musik gelernt haben: Es ist das Ziel des Ich, all seine Werke, das heißt die Welt, in Musik zu verwandeln, sie bedeutungslos, sie ästhetisch zu machen.

1.3. Das Leuchten der Sprache

Wir können nicht mehr umhin, von den Sinnen zu sprechen. Wir haben es in diesem Kapitel, solange wir konnten, vermieden. Wie aber sollen wir die Sinne vermeiden, diese für die Erkenntnis so problematischen und doch unerläßlichen Tentakeln des Ich, wenn wir von der Malerei zu sprechen beginnen? Die Musik ist nicht sinnlich in ihrem Wesen; man könnte, wäre man dazu erzogen, aus ihren Symbolen, den Noten, ihre Botschaft entnehmen. Die Malerei ist noch nicht so weit, sie ist noch nicht abstrakt oder konkret genug, um symbolisiert werden zu können. Sie ist noch den Sinnen verhaftet. Wir müssen also wohl oder übel von diesen seltsamen Werkzeugen sprechen, mit denen das Ich die Welt erzeugt, von diesem Webstuhl des Schleiers der Maja.

Dem naiven Beobachter, in dessen Seele sich der Kampf zwischen Teufel und Gott noch nicht so weit entwickelt und verwickelt hat wie in der selbstbewußten Seele, sind die Sinne nicht problematisch. Erst die Verwüstung der Seele, die die vorangegangenen Kapitel zu schildern versuchten, macht die Sinne zu Problemen. Für den naiven Beobachter sind sie die Brücke zwischen der Welt und dem Bewußtsein. Über diese Brücke fließen die Phänomene in den Geist, um wahrgenommen zu werden. Daß diese Brücke selbst phänomenal ist, macht zwar die Sachlage etwas verzwickt, doch geht man meistens über diese unangenehme Tatsache hinweg mit verlegenem Schweigen. Wenn die Phänomene das Ende der Brücke erreichen, verwandeln sie sich in Symbole, ein Umstand, den wir im Kapitel des Zornes zu betrachten versuchten. Das also ist das Bild, das sich der naive Verstand von den Sinnen zu malen versucht, ein etwas widerspruchsvolles Bild, aber dafür ein vertrautes.

Für die selbstbewußte Seele ist es nicht zu gebrauchen. Für sie läuft der Verkehr der Phänomene in umgekehrter Richtung. Das Ich, so weiß die sich selbst erkennende Seele, saugt die Phänomene nicht in sich hinein, um sie zu Symbolen zu machen. Sondern es speit, im Gegenteil, die Symbole aus sich heraus, um sie in Phänomene zu verwandeln. Die Sinne sind also nicht Organe zum Betrachten der Welt, sondern zu ihrem Erschaffen. Sie stehen also logisch vor den Phänomenen, ohne die Sinne gäbe es die sinnliche Welt nicht. Und dabei sind die Sinne – und der Körper und die Seele, die ja die Träger der Sinne sind – ein Bestandteil der sinnlichen Welt und scheinen aus ihr entstanden. Es besteht da ein Widerspruch zwischen der Logik und der Naturbetrachtung. Der selbstbewußte Geist hat verschiedene ausgeklügelte Erklärungsversuche erfunden, um diesen Widerspruch aus dem Wege zu räumen. Er wird sich aber erst endgültig lösen, wenn sich die Natur in reine Symbole aufgelöst hat, wenn sie zurückgekehrt ist zum Ich, wenn sie zu Musik geworden ist. Die Problematik der Sinne beleuchtet die Notwendigkeit, die Illusion zu zerbrechen, um das in ihr verhüllte Ich wieder zutage zu fördern. Bis dahin wollen wir diese Frage auf sich beruhen lassen und uns nun mit der Malerei, diesem ersten Versinnlichen des Willens, befassen.

Statt das ausgeworfene Netz der Sprache einzuholen, wie bei der Dichtung und Musik, läßt es der Wille im Meer der Sinne schweben. Und es setzen sich an das Netz, gleich Muscheln und Korallen, die Farben und Formen. Das Netz ist sinnlich geworden. Die Farben und Formen bedecken es, und wenn man es aus dem Wasser zieht, dann ist es kein Netz mehr, sondern ein Schleier. Wenn man diesen Schleier betrachtet, dann erkennt man das Netz nicht mehr daran, man sieht nur das Leuchten der Farben. Erst wenn man den Schleier gegen das Licht der Selbsterkenntnis hält und durchschaut, sieht man das Netz am Grunde der Farben. Das ist die Malerei, dieser Schleier, der in sich die Gesetze des Willens trägt und auf sich die Farben der Tiefsee der Sinne.

Man hat den Schleier der Malerei nicht immer gegen das Licht gehalten, das ist eine neue Erscheinung. Man hat sich früher begnügt, die Malerei nur sinnlich zu genießen. Man hat sie nicht erkannt als das, was sie ist, nämlich die Sprache in Farben und Formen statt in Worten und Sätzen. Die abstrakte oder konkrete Malerei ist das Resultat des bewußten Sprechens in Farben und Formen. Es ist die reine sinnliche Grammatik. In solchen modernen Gemälden wird uns das schöpferische Ich viel deutlicher vor Augen geführt als in den halb unbewußten und den Sinnen völlig versklavten Gemälden der Vorzeit bis zum Ende des neunzehnten Jahrhunderts. Auf dem Gebiet der Malerei macht die Selbsterkenntnis atemberaubende Fortschritte.

Es ist für unsere Zwecke wichtig, die neueste Entwicklung der Malerei richtig zu interpretieren. Für uns sind die abstrakten Maler Propheten des Willens. Sie künden von kommenden Dingen, sie geben einen Vorgeschmack auf die Entwicklung der Naturwissenschaften. Der abstrakte oder konkrete Maler hat sich von der Illusion befreit, er durchblickt das Wesen der Kunst, er erkennt am Grunde des Schleiers das Netz des menschlichen Willens. Für ihn sind die Farben und Formen willkürliche Oberflächenerscheinungen der Sprache. Ihr Zweck ist, die Sprache sichtbar zu machen. Darum sind diese Maler bewußte Komponisten des Auges. Ein abstraktes Gemälde erweckt nicht Illusionen, sondern Selbsterkenntnis. Es zeigt uns nicht die Kopie einer Kopie, sondern es ist ein Original, es ist der Mensch als Schöpfer und Richter. Es bestärkt uns in unserer Erkenntnis der Einzigartigkeit des Willens, es vernichtet Gott und Teufel. Das ist es, was uns an der abstrakten Malerei erfaßt und begeistert. Sie ist eine sinnliche Yoga, eine Turnübung des Willens auf dem Gebiet der Farben. Ein abstrakter Maler ist Herr der Formen wie der Yogi Herr seiner Glieder, und er beherrscht den Rhythmus der Konturen wie der Yogi das Atmen. Ein figurativer Maler verhält sich zum abstrakten wie ein europäischer Turner zum Yogi. So einer ist sich der Kräfte nicht bewußt, die in ihm schlummern, er kennt nicht das volle Ausmaß des Willens und zaudert, ihn ganz zu mobilisieren. Er ist ein Knecht der Farben wie der Turner ein Knecht seines Körpers. Er hat die Illusion, daß die Farben wirklich sind, statt Konventionen des Willens zu sein. Er glaubt noch an die Wirklichkeit außerhalb seiner selbst, er ist der Illusion des Glaubens noch verfallen. Das eben ist aber die Aufgabe der Malerei, uns vom Glauben auf dem Gebiet der Farben zu befreien, und diese Aufgabe erfüllen die abstrakten Maler. Darin sind sie leuchtende Beispiele für die Naturwissenschaftler, welche noch nicht so vollständig die Kraft ihres Willens durchblicken und noch im figurativen Denken verstrickt, noch expressionistisch sind. Auf dem Weg von der Illusion zur Musik sind die Maler den Wissenschaftlern voraus, sie zeigen ihnen die Richtung. Darum bilden die neuen Gemälde nicht mehr die Natur ab, sondern im Gegenteil, die Natur bemüht sich, die modernen Gemälde zu kopieren, ihnen nachzueifern. Nicht mehr bemühen sich die Maler, die Perspektive der Optiker täuschend nachzumachen, sondern die Physiker bemühen sich, den Raum des Gemäldes mathematisch zu kopieren. Das Resultat dieses Wettlaufs zwischen Wissenschaft und Kunst, zwischen Logik und Ästhetik ist der Sieg des freien, des selbstbewußten Willens auf dem Gebiet der Sinne. Die moderne Malerei ist ein Prophet der Hoffart.

1.4. Überblick auf das Gewebe der Maja

Wir haben versucht, in der Dichtung, in der Musik und in der Malerei die Methode des Willens aufzudecken, den Schleier der Maja zu weben. Die ganze Welt der Illusion, auch die Natur und die Seele, sind nach derselben Methode vom Ich erschaffen worden. Nur ist in ihnen das Netz der Sprache viel dichter verkrustet, es ist viel länger im Meer der Sinne eingesenkt gewesen. Darum erscheint die Oberfläche des Schleiers so bunt und ungeordnet, und darum ist es so schwer, den Phänomenen auf den Grund zu kommen, sie abzuschürfen vom Netz des Ich, das Ich zu entblößen, sich seiner bewußt zu werden. Doch weist uns die Malerei den Weg, die Erscheinung zu entfernen und in die Tiefe zu dringen. Das Abstrahieren und die bewußte Anstrengung des Willens, das ist die Methode, die Welt zu erkennen. Es ist der Weg der Erlösung. Wir wollen nun versuchen, einen Blick auf die Welt vom Standpunkt des Willens zu werfen, so wie er sich bietet, bevor das Erlösungswerk, also die Auflösung der Welt, beginnt, bevor wir Samadhi erleben. Wir wollen uns, mit anderen Worten, in den Schleier der Maja hüllen und uns mit ihm gürten, bevor wir darangehen, ihn zu zerreißen. Selbstverständlich stehen wir der Welt nicht mehr naiv gegenüber. Der Zorn hat die Logik erledigt, der Neid und der Geiz die Ethik. Wir wissen, die Grundlage der Illusion sind die Gesetze der Schönheit. Wahrheit und Güte sind Beiprodukte, Schlacken der Werke des Willens, aus denen die Trugbegriffe »Gott und Teufel« entstanden sind. Wir haben uns, dank unserem Willen, von unseren Scheuklappen befreit, wir stehen unserem Werk, der Welt, unbefangen und ohne Vorurteil und Aberglauben gegenüber. Das ist eine Vorbedingung für die Erlösung. Logik und Ethik, das heißt das Karma, sind also nicht ein Teil des Gewebes der Welt, sondern Oberflächenerscheinungen. Teufel und Gott sind die illusionärsten Dinge in der Welt der Illusion, sie sind am weitesten von der Erkenntnis, von der Musik entfernt. Sie werden sich also als letztes auflösen im allgemeinen Werk der Erlösung. Sie liegen nicht am Grunde der Welt, dort ist das Ich, sondern sie bilden ein illusionäres Netz an der Oberfläche. Sie sind die Projektion des Ich, ein Spiegelbild des menschlichen Willens, um die Schichten der Phänomene von oben zu binden, um sie zu erdrücken. Zwischen dem Netz des Ich einerseits und dem Netz des Karma andererseits ist die Welt der Phänomene wie ein Sandwich zusammengehalten, das Ich und Gott und der Teufel sind ihre Grenzen. Je mehr wir die Illusion vernichten, desto näher rücken Ich und Karma, desto enger hängen sie aneinander. Der letzte Akt der Erlösung, wenn das letzte Phänomen verschwindet, ist auch das Zusammenfallen von Gott und Teufel und Ich, ist der Sieg des menschlichen Willens.

Wenn wir darum die Welt von der Oberfläche her betrachten, so wie wir es eben tun, dann sehen wir zuerst ihre logische und ethische Ordnung. Die Welt, von der Oberfläche aus gesehen, ist magisch geordnet. Sie aber etwa magisch beherrschen zu wollen, wie es die Wilden tun oder die unaufgeklärten Wissenschaftler, hieße der Illusion vollkommen verfallen. Die magische Ordnung ist nur ein Trugbild, Logik und Ethik, das heißt Magie, sind die Umkehrung der wirklichen Ordnung des grundlegenden Willens. Wenn wir durch die Brille der Magie die Phänomene betrachten, dann erscheint uns nicht nur die Welt, sondern auch das Ich determiniert und gebunden, was evidenterweise absurd ist. Denn was tatsächlich determiniert ist, sind nur die Phänomene, unsere Geschöpfe. Wir aber und unser Wille sind frei, und eben darin besteht die Illusion des Netzes der Magie, die Falschheit des Gottesbegriffes. In diesem Sinne vor allem sind Logik und Ethik Umkehrungen der Gesetze des Willens. Sie täuschen uns vor, daß der Wille gebunden sei an die Phänomene, während doch im Gegenteil die Phänomene untereinander und mit uns gebunden sind durch unseren Willen. Solange die Wissenschaft diese doch einfache Tatsache nicht zu würdigen weiß, solange ist sie in Maja verstrickt und verfangen. Die Erkenntnis dieser Tatsache würde aber schlagartig alle Zweifel und Schwierigkeiten der wissenschaftlichen Erkenntnis begleichen. Der Zufall, der uns im Kapitel des Zornes so sehr verwirrte und den wir dort dem göttlichen Einfluß zuschreiben wollten, er entpuppt sich als der freie menschliche Wille. Es ist nämlich so, als ob ein Teil des Willens beschäftigt wäre, die Phänomene zu binden, und so weit sind sie gesetzlich. Ein anderer Teil des Willens hingegen schwebt frei zwischen den Phänomenen herum, und das ist der Zufall. Darum ist der Zufall, weit entfernt, ein Beweis für die Gottheit zu sein, im Gegenteil ein Beweis für die Göttlichkeit des menschlichen Willens. Wenn sich die Phänomene gesetzlich entfalten, dann beweisen sie die von uns entworfene und gewollte Ordnung; durch die gesetzlich geordnete Welt erkennen wir unser Wesen. Wenn sie sich zufällig entfalten, dann sind sie ein Werkzeug für unser weiteres Schaffen; durch die zufällig schweifende Welt entfalten wir unser Wesen. Der zufällige Teil der Welt wird von uns getrieben, er ist erst im Begriff, geordnet zu werden. Der Zufall ist das Gesetz in statu nascendi. Wir sahen das schon, allerdings von einem falschen Standpunkt, im Kapitel des Zornes. Die Welt ist also, sei sie gesetzlich oder zufällig, ein Werk und eine Illustration des menschlichen Willens, sie ist die sinnliche Sprache des Willens.

Die Seele des Menschen ist die Kehrseite der Welt der Phänomene. Sie ersteht vor uns, wenn wir die Schleier der Maja umdrehen wie einen Teppich, um ihn so zu betrachten. Wir bedienen uns dabei sozusagen umgekehrter Sinne. Dann erscheint uns das Ich als Oberfläche, und Gott und der Teufel scheinen am Grunde zu liegen. Darin besteht eben das Illusionäre der Seele. Denn wenn wir in sie eintauchen, erkennen wir auch da, daß sie vom Willen durchtränkt ist. Wir werden jedoch die Seele nicht hier zu besprechen versuchen, sondern erst, wenn wir das Zerreißen des Schleiers beschreiben.

Wir wollen also zusammenfassend den Schleier der Illusion etwa wie folgt beschreiben. Wenn wir ihn durch die äußeren Sinne betrachten, dann ist er ein Sandwich, zusammengehalten durch das Gewebe des menschlichen Willens einerseits, das heißt durch die Sprache, und durch das Spiegelbild dieses Willens andererseits, das heißt durch Gott und den Teufel. Dazwischen weben die farbigen Nebel der Phänomene, teils unserem Willen gehorchend, teils von unserem Willen getrieben und sich nach ihm ordnend. Wenn wir den Schleier mit unseren Sinnen betrachten, erscheint er als das Spiegelbild des geschilderten Gewebes. So herrlich und überzeugend ist dieses Wunderwerk des menschlichen Willens und so täuschend ahmt es Wirklichkeit und Unabhängigkeit nach, daß wir darin den menschlichen Willen nicht mehr erkennen. An dieser Täuschung leiden wir, denn wir glauben uns, irrtümlicherweise, von den Dingen gebunden. Wenn wir jedoch den Schleier zerreißen, dann erkennen wir, daß wir frei sind und daß wir die Schöpfer sind des einst gefürchteten Kosmos. Wir sind die Quelle des Schicksals, denn wir sind das, was wir früher abergläubischerweise Gott und

Teufel nannten. An dieses Zerreißen des Schleiers, an diese höchste Erkenntnis, an Buddha, laßt uns nun herangehen.

2. Das Zerreißen des Schleiers der Maja

Wir haben zu Anfang dieses Kapitels von einer Zange des Willens gesprochen, die die Nuß der Illusion zerknackt, um das Ich an den Tag zu bringen. Wir sagten, diese Zange habe eine europäische, das heißt wissenschaftliche, und eine indische, das heißt psychologische Seite. Wir wollen nun dieses Bild dem Obengesagten anpassen und nicht mehr von einer Nuß, sondern einem Schleier sprechen. Die europäische Klammer der Zange erscheint dann als ein Abtragen der Schichten des Gewebes von der Logik und Ethik aus in Richtung aufs Ich, auf die Sprache. Die indische Klammer erscheint als der Versuch des Ich, sich an sich selbst zu erinnern, das heißt das Schaffen der Illusion zu rekonstruieren. Der wissenschaftliche Geist läuft dem schaffenden Willen entgegen, der meditative Geist verfolgt ihn. Wissenschaftler und Yogi sind Detektive mit verschiedenen Methoden. Der Wissenschaftler geht von der Mordtat aus und versucht, die Handlungen des hypothetischen Verbrechers in umgekehrter Richtung zu durchlaufen. Der Yogi sucht den Mörder nicht, er weiß, wer der Verbrecher ist, er will es nur beweisen. Darum rekonstruiert er die Tat in der ursprünglichen Richtung. Das ist nicht nur ein Unterschied in der Methode, sondern auch in der geistigen Haltung. Der Wissenschaftler zweifelt (oder gibt vor, zu zweifeln), der Yogi ist überzeugt (oder gibt vor, keine Zweifel zu kennen). Zwar schwant es dem Wissenschaftler in unseren Tagen, daß der Ursprung der Welt das Ich ist, aber er tut so, als ob er das nicht wüßte, denn er muß die wissenschaftliche Skepsis wahren. Der Yogi, wenn er sich herabläßt, zu sprechen, erzählt von seinen Gesichten des Ich im Grundton der Überzeugung, aber eben dieses Behaupten ist vielleicht ein Zeichen verschwiegener Zweifel. Dem mag sein, wie es wolle, heute beginnen diese beiden Methoden und die beiden Haltungen aufeinanderzutreffen. Der wissenschaftliche Geist ist so tief in den Schleier gedrungen, hat so viele Schichten abgetragen, daß das nun hauchdünne Gewebe im Begriff ist zu zerreißen. Und durch dieses dünne Gewebe erblickt man den Yogi, wie er dahinter sitzt, um es zu zerblasen und so unserer Wissenschaft den Weg zu sich zu öffnen. Es fehlt nur noch der letzte Schritt, und unsere Wissenschaftler werden zu Yogis und die Yogis zu Wissenschaftlern. Es gehört nicht viel Fantasie dazu, sich dieses dramatische Zusammentreffen der europäischen und indischen Halbinseln vor Augen zu führen. Der Kreis der Geschichte der weißen Rasse wäre damit geschlossen, und was sich vor fünftausend Jahren trennte, hätte sich wieder vereint. Vom Standpunkt des Ich wäre dann die Geschichte Europas und Indiens eine Illustration des Webens und des Zerreißens des Schleiers der Maja, und das Zusammentreffen wäre seine Erlösung. Wir werden nun versuchen, dieses Zusammentreffen, das Zerreißen der Illusion zu beschreiben.

Die sinnliche Welt, wie sie sich dem forschenden Geist bietet, besteht aus Eigenschaften. Sie ist ein Haufen von Farben und Tönen und Düften und Tasteindrücken. Und dieser Haufen ist in ständiger Bewegung. Es war schon den alten Griechen klar, daß so eine Welt Illusion ist. Die Geschichte des europäischen Denkens ist die Suche nach dem Urstoff, dem Träger der Eigenschaften, dem »das« in der Bewegung. Man versuchte zum Beispiel, die Eigenschaften in primäre und sekundäre zu trennen und den primären, zum Beispiel der Ausdehnung oder der Härte, Realität zuzuschreiben. Man versuchte andererseits, mit Parmenides die Bewegung zu leugnen oder mit Heraklit sie als wirklich zu sehen. Man versuchte sogar, mit Plato die ganze Welt als Schattengebilde zu sehen, als Kopie ewiger Gedanken. Doch war das bei den alten Griechen nur eitel Spekulieren. Die Sinne lassen sich durch Spekulieren nicht von der Unwirklichkeit der Welt überzeugen. Eine ganz andere Überzeugungskraft hat die Methode der Wissenschaften. Sie demonstriert den Sinnen, daß sie sich irren, sie spricht, um die Sinne zu widerlegen, eine sinnliche Sprache. Sie beweist, daß der Tisch weder braun noch hart ist, ja, daß er nicht einmal da ist. Er ist auch nicht das Ebenbild einer mythischen Tischheit. Sondern er ist ein elektromagnetisches Feld, das heißt, er ist möglich. Wo sich die richtige Zahl von Möglichkeiten kreuzt, dort entsteht der Eindruck, den wir »Tisch« zu nennen gewohnt sind. Der Urstoff der sinnlichen Welt ist das Feld, das heißt ein Gefüge gedachter Linien, an denen das Sein sich ermöglicht. Es ist klar, daß die grammatikalische Form der Welt nicht das Real, sondern das Potential ist. Daß wir von ihr in der Realform zu sprechen gewohnt sind, ist das Werk unserer Sinne. Eigenschaften und Bewegung sind also grammatikalische Fehler, sie sind falsche Syntax. Und daß wir Unsinn reden, wenn wir in der Realform reden, das läßt sich auf experimentelle Weise beweisen.

Wir brauchen nicht viel zu fantasieren, um den Schritt vom Potential zum Irreal zu wagen. Die Wissenschaft hat ihn noch nicht getan, dazu ist sie noch zu skeptisch oder zu expressionistisch, wie wir unter »Malerei« zu sagen wagten. Aber die Philosophie hat weniger Skrupel, und die Philosophen, die die Irrealität der sinnlichen Welt behaupten, sind Legion. Das Neue ist, sie waren früher Widersacher der Wissenschaft, jetzt sind sie ihre Wegbereiter. Die Bejaher der Welt, die Materialisten, müssen sich langsam daran gewöhnen, als unwissenschaftlich und doktrinär erkannt zu werden und von diesem Standpunkt ihre Rolle mit den Idealisten zu tauschen. Es wird also nicht mehr lange dauern, und die Wissenschaft wird die Irrealität der Welt auf sinnliche Art beweisen. Das wird aber keineswegs das Ende der Wissenschaft sein, sondern im Gegenteil ihr eigentlicher Anfang. Bewußt ihrer Rolle, nicht Wirklichkeit zu erkennen, sondern sie zu erschaffen, wird die Wissenschaft eine strahlende Laufbahn betreten. Sie wird sich dessen bewußt, was sie ist, disziplinierter menschlicher Wille. Sie wird erkennen, daß die Gesetze, die sie formuliert, der Welt nicht etwa von ihr abgelauscht werden, sondern daß sie diese Gesetze den Phänomenen aufdrückt. Diese Gesetze, welche im vorwissenschaftlichen Stadium ethischen und im wissenschaftlichen Stadium logischen Charakter hatten, werden dann im Stadium der Selbsterkenntnis völlig ästhetisch werden. Das heißt, die Gesetze der Wissenschaft werden weder gut noch schlecht, weder richtig noch falsch sein, sie werden harmonisch sein. Die Phänomene werden sich nach den Gesetzen der Wissenschaft richten, nicht weil sie sollen, noch weil sie müssen, sondern weil sie der menschliche Wille so komponierte. Die Welt der selbstbewußten Wissenschaft wird ein wirklich gewordenes Traumgebilde des freien Willens werden. Was immer der Wille erträumt, die Wissenschaft, seine Disziplin, wird es nach den Gesetzen der Harmonie in Wirklichkeit verwandeln. Und auf Geheiß des Willens wird diese Komposition wie der Schaum, der sie ist, verschwinden. Der Schleier der Illusion ist gebrochen, die Wissenschaft ist bewußte Komposition, die Natur ist zu Musik geworden. Und die Philosophie hat sich erübrigt, denn Selbsterkenntnis ist nun identisch mit Metaphysik, und Logik und Ethik haben sich aufgelöst in der Ästhetik. Die prophetische Vision des Pythagoras hat sich verwirklicht, der Mensch ist frei geworden.

Wenn wir die äußeren Sinne abblenden und unseren Körper zum Schweigen bringen, dann ersteht in uns ein neuer, ein innerer Sinn, und ihm eröffnet sich eine andere Welt, unsere Seele. Sie besteht aus Gedanken und Vorstellungen, aus Gelüsten und Trieben. Die europäische Psychologie beginnt seit kurzem, diese Dinge ernst zu nehmen. Aber den Indern, welche die Disziplin des Abblendens der Sinne und Ausschaltens des Körpers schon lange besitzen, ist diese Welt der Seele schon längst bekannt, und sie wissen schon seit der Zeit der Weden, daß sie Illusion ist. Mit einer Methodik, die unserer Wissenschaft geschwisterlich verwandt ist, haben sie die Schichten jener Welt erforscht und beleuchtet. Sie haben darin dieselbe logische und ethische Ordnung gefunden wie wir in den Phänomenen und nannten sie Karma. Nur haben sie Logik und Ethik nie voneinander getrennt, das heißt, um es europäisch zu sagen, sie haben nie Religion von Wissenschaft abgezweigt, sie hatten es nicht nötig. Europa spaltete die Magie in Religion und Wissenschaft, um sie in unseren Tagen im Lichte der Selbsterkenntnis, in der ästhetischen Schau zu verschmelzen. Indien aber schritt direkt von der Magie zur Mystik. Es löste das Gemengsel von Logik und Ethik direkt auf in der Ästhetik. Es übersprang dreitausend Jahre europäischer Entwicklung. Darum erscheint in unseren Augen die indische Gedankenwelt primitiv und fortschrittlich zugleich, wir sehen in den Yogis gleichzeitig unsere barbarischen Ahnen wie unsere erleuchteten Enkel. Die Sprache, die die Yogis sprechen, ist daher gleichzeitig barbarisches Gelall und prophetisches Stottern. Wir werden versuchen, sie folgendermaßen in zivilisierte Grammatik zu übersetzen:

Wenn sich der selbstbewußte Wille nach innen wendet, um die Tiefen der Seele zu durchleuchten, dann stößt er durch zahlreiche Schichten der Illusion. Als erstes fällt die Illusion der Einmaligkeit der Verkörperung der Seele. Man erkennt, daß die Seele sich zum Körper verhält wie der Körper zu seiner Bekleidung und daß sie den Körper wechselt nach den logisch-ethischen Gesetzen des Karma. Als zweites fällt die Illusion der Persönlichkeit, der Individualität der Seele. Man erkennt, daß die einzelne Seele nur ein Stadium ist eines riesigen Lebensrades, nur sozusagen ein Organ ist eines riesigen rollenden Übertieres oder Untergottes, daß sie daraus entstanden ist und daß sie darin aufgeht. Und daß dieses Übertier oder dieser Untergott sich nach den Gesetzen des Karma entwickelt und wieder auflöst. Und daß die Reinkarnation der illusionären Einzelseele nur gleichsam ein Metabolismus des Untergottes ist, daß sie nur Schein ist. Als drittes fällt die Illusion von Samsara, des Lebensrades. Man erkennt, daß es nur eine Manifestation des Willens, nur ein Wirbel im Ich ist, im grundlegenden Atman. (Hier beginnt man zum erstenmal, auf Europa zu stoßen.) Als viertes fällt die Illusion der Trennung zwischen Materie und Psyche. Man erkennt sie als zwei verschiedene Aspekte des Atman. Man könnte also, statt von einer Reinkarnation der Seele zu sprechen, mit dem gleichen Recht von einer Reinpsychation des Fleisches reden. Man lernt verschiedene Zwischenstadien zwischen Seele und Materie kennen, Astralleiber und Geister und Götter, die Grenzen verwischen sich, die Illusion wird ersichtlich. Die fünfte Stufe der Erkenntnis ist, unserer Meinung nach, in fromme Lüge gekleidet. Die Yogis sagen, sie hätten erkannt, daß Atman, das Ich, nur ein Aspekt von Brahman sei, dem unpersönlichen Urschlamm Gottes und des Teufels. Was sie aber wirklich sagen wollen, ist, glauben wir, eben das Umgekehrte, denn nur das Umgekehrte folgt aus dem Gebäude und der Methode des Yoga. Nämlich daß Brahman, das heißt der Teufel und Gott in statu nascendi, nur ein Aspekt des Atman, des Ich, ist, daß er seine Projektion ist. Wäre dem nämlich nicht so, wäre Brahman das Primäre, dann hätte sich der Yogi eigenwillig und gegen den Willen des Brahman bis zu ihm durchgerungen. Er wäre der Sünde verfallen, und das ganze Gebäude des Yoga wäre antibrahman. Wir sind auch der Meinung, daß sich ein Yogi gegen unsere Interpretation nicht allzusehr wehren würde. Schließlich sind Atman und Brahman für ihn identisch. Wer Atman, das Ich, erblickt, der bricht die Kette des Karma und zerreißt den Schleier der Illusion, er befreit sich von Maja. Er erkennt die Seele als eine Schöpfung des Atman, des freien menschlichen Willens, und Karma erkennt er als das harmonische Gesetz dieses Willens, der Seele aufgezwungen. Seine Erkenntnis deckt sich daher vollauf mit der Erkenntnis der westlichen Wissenschaften.

Das also ist die Lage der Dinge für die sich selbst erkennende Seele. Die Welt der äußeren und der inneren Sinne ist ein Kunstwerk des menschlichen Willens, ein Lobgesang des Ich auf das Ich, ein Monolog des Atman. Was diese Welt zusammenhält, ist eine harmonische Ordnung, welche ihrem Wesen nach identisch ist mit der Ordnung der Sprache und der Musik, es ist eine grammatikalische Ordnung. Das ist selbstverständlich, ist doch die Welt ein Monolog und ein Gesang, also Musik und Sprache. Aber, ganz wie ein Lied ohne Worte, ist sie vollständig sinnlos. Darum ist auch die Ordnung in ihr eine ästhetische Ordnung, sie ist reine zwecklose Schönheit. Diese Ordnung ist ein Beweis für den freien schöpferischen Willen des Ich. Solange der Mensch sich selbst nicht durchblickt, solange er noch in der Illusion verhaftet ist, solange erscheint ihm diese Ordnung gestört durch die Freiheit des Willens (von der er weiß) und durch den Zufall der Dinge (an dem er leidet). Jetzt aber erkennt er, daß die Phänomene, wenn sie gesetzlich sind, seinem artikulierten Willen gehorchen, und wenn sie zufällig sind, seinem artikulierenden Willen. Gesetz ist ausgesprochener, verlautbarter, offenbarter Wille, Zufall ist das Sprechen des Willens, das »eben Sinnlichwerden« des Willens. Wenn der Wille sinnlich *wird*, dann entsteht der Zufall, ist er sinnlich *geworden*, dann wird aus Zufall Gesetz. Darum eben ist Zufall mit Wunder identisch. Er ist das immer erneute Eingreifen des menschlichen Willens in sein Kunstwerk, den Kosmos, um es zu bereichern. Der Zufall ist die Spitze des Pinsels des schaffenden Malers. Erleben wir ihn von der Leinwand des Gemäldes aus, dann empfinden wir ihn als störend. Wenn wir ihn jedoch aus der Seele des Künstlers erleben, und wir sind ja selbst dieser Künstler, dann erkennen wir den Zufall als das, was er ist, als Brücke zwischen der Ordnung des Willens und der Ordnung der Phänomene. Er überträgt das Schema des Gemäldes auf die wartende Leinwand. Und mit dieser Erkenntnis haben wir den Zufall, und damit das Gesetz und den Willen, verstanden, das Schicksal, Karma, ist gebrochen, wir sind frei von der Illusion und ihren Ketten. Solange wir noch in der Illusion verhaftet sind, solange erscheint uns die Ordnung der Welt nicht als sinnlose Schönheit. Wir sehen in ihr logische und ethische Werte, die Ordnung ist gut und richtig oder böse und ein Irrtum. Jetzt aber erkennen wir, daß diese Aspekte des Netzes der Ordnung verschwinden, wenn wir es von oben, von außen, das heißt vom selbsterkennenden Ich aus betrachten. Die Gesetze sind weder wahr noch falsch, denn sie sagen ja nichts aus, sie sind logische idem per idem. Sie sind rein formell zu werten, ob sie nämlich grammatikalisch sind oder nicht, sie sind ästhetisch zu werten. Sie haben keinen Inhalt, sie sind nichts als grammatikalische Form. Die kantische Suche nach dem synthetischen Urteil, nach dem Urteil mit einem Inhalt, ist nun beendet. Die Gesetze sind reines grammatikalisches Summen, sind Musik. Dasselbe gilt selbstredend von den ethischen Werten. Wo die Gesetze nichts sind als Aussagen über sich selbst, und das sind alle Gesetze des vom Ich erschaffenen Kosmos, dort gibt es nicht Gut noch Böse. Das sich selbst erkennende Ich hat diese Begriffe vernichtet. Denn Gut und Böse setzen einen Sinn voraus, aber die Welt ist sinnlos. Sie setzen Wirklichkeit voraus, aber die Welt ist nicht wirklich. Und jetzt erst erkennen wir, warum das Ich die Begriffe des Guten und des Bösen erschaffen hat, nämlich um die Illusion der Wirklichkeit und der Zweckhaftigkeit des Kosmos zu erwecken. Das Ich hat Gut und Böse und Gott und Teufel erschaffen, um seine Schöpfung abzurunden und glaubhaft zu machen. Gott und der Teufel sind also die Krone der Schöpfung des menschlichen Willens. Der Mensch schuf Gott und den Teufel am sechsten Tag, um am siebten ruhen zu können. Die illusionäre Verzerrung der reinen Schönheit zu Wahrheit und Güte (und zu Lüge und Bosheit), die das Wesen der Gottheit und des Teufels ausmachen, geben der Welt den Schein der Unabhängigkeit vom menschlichen Willen, sie erwecken das Trugbild des Objektiven. Gott und dem Teufel sind zu verdanken, daß die Welt nicht verschwindet, wenn sich der menschliche Wille von ihr einen Moment entfernt, um in reineren Sphären zu weilen. Gott und der Teufel sind also Stellvertreter des menschlichen Willens, sie sind Prokuristen der Schöpfung. Hätte das Ich den Teufel und Gott nicht aus sich heraus projiziert und unter die Phänomene geschoben, um sie zu stützen, die Welt wäre sprunghaft. Sie würde verschwinden, wann immer der menschliche Wille abstrakt wird, wann immer er sich mit reiner Kunst oder mit reiner formaler Spekulation beschäftigt. Und wenn der Wille sich wieder abwendet vom Betrachter der reinen Form, von der Selbstbetrachtung, er müßte die Welt immer von neuem erschaffen, hätte er sie nicht inzwischen Gott und dem Teufel anvertraut und damit einen gewissen Grad von Objektivität erschaffen. In diesem beschränkten Maße also ist der Glaube an Gott und den Teufel für die selbstbewußte Seele von Nutzen: Was die Welt der Illusion an Wirklichkeit hat, das hat sie Gott und dem Teufel zu verdanken. Und was Gott und der Teufel an Wirklichkeit haben, das verdanken sie dem menschlichen Willen. Darum sind sie auch ein Ebenbild dieses Willens, der Mensch hat Gott und den Teufel nach seinem Gleichnis erschaffen. Der menschliche Wille manifestiert sich in grammatikalischer, in ästhetischer Ordnung. Darum verkörpern Gott und Teufel auch ein Ordnungsprinzip, nur ist es bei ihnen zu Logik und Ethik vergröbert. Gott und der Teufel sind eben vergröberte Manifestationen des menschlichen Willens, unvollständige Kopien des reinen Ich-Originals. Das Ich ist ein Schöpfer reiner Kunst, der Teufel und Gott sind nur applizierte Künstler, denn sie sind ja nur im zweiten Grade wirklich. Darum erscheinen auch die Natur und die Seele so unvollkommen im Vergleich zu den Werken der Musik oder Malerei oder Dichtung. Musik, Malerei und Dichtung sind direkte Werke des menschlichen Willens, sie sind darum von kristallener Schönheit. Natur und Seele sind von Gott und dem Teufel erschaffen und nur indirekt durch den menschlichen Willen, sie sind darum von den Schlacken der Ethik und Logik verunziert. Der selbstbewußte Wille jedoch, der sich selbst im Teufel und Gott erkennt, der sich erinnert, diese beiden Enden der Skala erschaffen zu haben, der klärt durch diese Erkenntnis Natur und Seele, bereinigt sie um ihre Schlacken und macht sie zu reiner Schönheit. Die Schleier der Natur und der Seele sind durchsichtig geworden, ein Gewebe von Musik, die das Bildnis des Ich nicht mehr verhüllt, sondern in voller Klarheit beleuchtet.

3. Die Zerknirschung

In diesem ganzen Kapitel ist das Wort »Hoffart« beinahe nicht gefallen. Es hat sich erübrigt. Wir sind auch kaum zu Atem gekommen, um dieses Wort zu hauchen. Die Kontorsionen des Willens in Wissenschaft, Kunst und Philosophie und im indischen Yoga haben uns zu sehr in Atem gehalten. Wir konnten unseren Augen und Ohren kaum trauen, wenn wir diesen Verschlingungen und dieser Akrobatik des Ich zu folgen versuchten. Jetzt sitzt es da, die Füße hinter dem Nacken gekreuzt, quod erat demonstrandum. Wir holen nun Atem, um das Bild des erfolgreichen Willens zu betrachten, und siehe da, es ist nicht restlos erquickend. Der Schöpfer der reinen Schönheit bietet keinen lieblichen Anblick, er ist, offen gesagt, ausgesprochen unappetitlich. Die ausgemergelten Glieder dieses erleuchteten Yogi, die so verschlungen sind, daß wir Arme von Beinen nicht richtig zu unterscheiden vermögen, bieten nicht gerade das Bild einer befreiten und darum aufrechten Seele. Im Gegenteil, wir müssen es offen gestehen, es mutet uns unheimlich und verteufelt an, was uns da der Wille vormacht. Das ging nicht mit rechten Dingen zu, dieser ganze Prozeß der Selbsterkenntnis, dieses Zerreißen des Schleiers. Da ist etwas Verderbtes daran, etwas Blasiertes und Raffiniertes, kurz, etwas Gewolltes, an dieser Befreiung des Willens. Wir sehen nicht ein, warum wir es länger verheimlichen sollen und es nicht ehrlich eingestehen sollen: Der ganze Vorgang der Selbsterkenntnis, das selbstbewußte Schaffen der Kunst als Dank der Kunst, die Erkenntnis des menschlichen Willens in der Natur, das Durchleuchten der Seele, das disziplinierte methodische Erzwingen der Erleuchtung, es ist ein Werk des Teufels, es ist die Todsünde der Hoffart. Dieses systematische Umwerten der Werte, dieses Verdrehen des Untersten zum Obersten, dieses Verschieben des Äußersten nach innen und des Innersten nach außen, das die sogenannte Erleuchtung begleitet, das Erkennen durch den Willen, es ist das Wesen der Hölle. Die aller Illusion befreite Seele, die das Schicksal zerbrechende Seele, die sich selbst bewußt gewordene Seele, sie ist dem Teufel verfallen. Weh dem, der zu der Wahrheit kommt mit Schuld, er hat den Schleier zu seinem Unheil zerrissen.

Wie aber, so müssen wir uns fragen, ist es ein Werk des Teufels, daß ihn der Mensch als Blendwerk erkennt, daß er ihn vernichtet? Um diesen verwirrenden Gedanken zu beleuchten, müssen wir an die Situation erinnern, mit der wir dieses Kapitel begannen.

Es war eine Situation der absoluten Verzweiflung. Alles in uns hatte der Kampf zwischen Teufel und Gott vernichtet. Unser naiver Glaube ans Leben war dahin und unser Glaube an die Vernunft und an den praktischen Verstand und an die Gesellschaft. Wir hatten die ursprüngliche Lebensfreude verloren und die Freude an der reinen Erkenntnis und an der praktischen Arbeit und unseren Platz im Gefüge der Menschen. Die Lebensmoral war vernichtet und die intellektuelle Moral und die Schaffungsmoral und der soziale Ethos. Alles das hatte sich aufgelöst im entsetzlichen Feuer der Gottheit, alle diese Gefäße der Seele zersprangen an der Glut des göttlichen Hauches, es blieben nur ihre teuflischen Scherben. Wir standen, als die Gesellschaft zerfiel in Neid und in Geiz, dem gähnenden Nichts gegenüber. Wir brauchten, sollten wir nicht sofort dem Wahnsinn verfallen, einen neuen Glauben. Und als unsere Not am größten war, da stand uns Gott am nächsten. Wir waren im Begriff, an das Zeitlose, an das Absolute, an Wahrheit und Güte zu glauben.

Um diese kosmische Katastrophe zu verhüten, in der sich die Scheinwelt auflösen würde, um sich in Gott zu erlösen, griff der Teufel zur Schönheit, auf die Gefahr hin, selbst vernichtet zu werden. Er verführte die Seele zu abstrakter Kunst, abstrakter Wissenschaft, abstrakter Meditation, um sie von Gott zu abstrahieren, um die Welt aufzulösen, anstatt sie zu erlösen. Er gab den Kampf um die Wirklichkeit der illusionären, von ihm erschaffenen Welt vollkommen auf, um die Wirklichkeit des Ich aufrechtzuerhalten, ja, um sie zu erhöhen und zu verstärken. In der verzweifelten Lage der zerrissenen Seele erschuf er den unbedingt benötigten Glauben, nämlich den Glauben an den menschlichen Willen. Damit hat er die Seele vor dem Wahnsinn gerettet und, so glaubt er, dem göttlichen Einfluß entzogen. Die selbstbewußte Seele ist zwar scheinbar nicht nur Gott, sondern auch dem Teufel entkommen, doch lebt sie fortan in einer privaten Hölle. Sie ist in Einzelhaft, und von allen Seiten verhüten Mauern, daß sie getroffen werde von den Strahlen des Glaubens. Sie ist darum indirekt, und eben weil sie den Teufel leugnet, eine Beute des Teufels geworden. Eine Lage, die für den Teufel beinahe hoffnungslos war, hat sich in einen triumphalen Sieg des Teufels verwandelt.

Noch aber ist die Stimme der Gottheit in dieser am Rande der Hölle wandelnden Seele nicht definitiv verklungen. Wir haben ihr leises Echo gehört, als wir von Brahman sprachen. Das Ich mit der Gottheit zu identifizieren ist zwar die höchste Hoffart, es ist höllisch im allerhöchsten Grade, aber es ist geheimnisvoll im Begriff, ins Gegenteil umzuschlagen. Das mag zwar für den erkennenden Geist wie ein Wortspiel erscheinen. Es ist doch gleichgültig, mag er sagen, ob ich behaupte, daß ich Gott sei oder Gott sei die menschliche Seele. Zwei Seiten einer Gleichung kann man doch frei vertauschen. Aber für den Teufel ist es der Unterschied zwischen Himmel und Hölle. Wenn ich erkenne, daß ich Gott bin, wie mich die Wissenschaft und Philosophie lehrt, wie mir die Künste beweisen und wie mich das Yoga erleuchtet, dann bin ich dem Teufel verfallen. Sollte ich aber glauben, daß Gott ich ist, aller Erkenntnis und Erleuchtung zum Trotz, dann bin ich für den Teufel verloren. Die Gefahr, daß ich diesem Glauben verfalle, ist zwar nicht beträchtlich. Ein disziplinierter Wille ist dem Glauben, wie wir sehen, fast vollständig verschlossen, er ist eingemauert. Er hat jede Naivität, die Grundlage des Glaubens verloren, er hat sich von den Quellen des Glaubens, von der Wirklichkeit, diametral entfernt. Aber vielleicht ist eben dieses diametrale Entgegenstehen der Wirklichkeit eine Gefahr für den Teufel. Vielleicht steht die Seele des selbstbewußten, des hoffärtigen Menschen, eben weil sie sich so weit von Gott entfernte, von Angesicht zu Angesicht ihrem Schöpfer und Richter gegenüber. Vielleicht, eben weil sie alles ins Gegenteil wandte, hat sie sich selbst umgewandt und erblickt das Antlitz der Gottheit? Vielleicht ist sie im Begriff, vor diesem Antlitz niederzustürzen, geblendet von seinen Strahlen. Vielleicht macht die Dunkelheit der Zelle, in der sich die erkennende

Seele angeblich freiwillig kerkert, das Licht der Gottheit doppelt erstrahlen, so daß sie den Blick des sündigen Akrobaten des Willens verbrennt und versengt und ihn umwirft? Vielleicht lösen sich mit einem Schlag die krampfhaft verschlungenen Glieder des meditierenden Willens, und er wälzt sich vielleicht, schon im nächsten Moment, zerknirscht und verzweifelt vor seinem Schöpfer im Staube? Wie soll der Teufel dieser Gefahr begegnen?

Was wir zu schildern versuchten, das ist das plötzliche Umschwenken des Willens in den Glauben, das blitzartige sich Verwandeln der Hoffart in die Demut. Das ganze Gebäude der Selbsterkenntnis ist in ständiger Gefahr, zusammenzubrechen vor dem plötzlichen Ansturm der Erkenntnis der Gottheit. Dieser Zusammenbruch kann jederzeit stattfinden, mitten in der Wissenschaft und Philosophie, in der Kunst und im Yoga. Denn so etwas gibt es, wir wissen es alle, eine Wissenschaft und Philosophie, eine Kunst und ein Yoga des Glaubens. Oder ist vielleicht die echte Zerknirschung etwas vollständig anderes, und was der Teufel fürchtet ist vielleicht gar nicht der fromme Künstler oder der fromme Grübler?

Das sind nämlich wunderliche Disziplinen, die frommen Wissenschaften und Künste, und es ist schwer, sie vom Standpunkt des Teufels zu werten. Es scheint bei ihnen, als brächte der Wille sich selbst der Gottheit zum Opfer. Als brächte er seine Werke und Schöpfungen dar und sagte zu Gott: »Siehe, was du durch mich geschaffen hast.« Als wäre die Blüte der Selbstverleugnung dem Boden der Selbsterkenntnis entsprossen. Als wäre, mit einem Wort, der Autor des Willens ins Anonyme versunken. Aber, so darf sich der Teufel fragen, ist das echte Demut, anonym zu schaffen? Ist dieser Wille, der inkognito auftritt, nicht eigentlich hoffärtiger als der sich selbst bekennende Wille? Ist zum Beispiel die religiöse Kunst nicht eigentlich geheuchelte Demut? Ist die Gotteserkenntnis des Yogi, nach verschlungener Willensübung erzwungen, nicht die allerhöchste Hoffart? Ist der Gottesglaube des Wissenschaftlers, nach durchlaufenen Theorien, nicht hypokritische Ausflucht?

Wir haben nicht den Mut, über dieses schwankende Niemandsland, das zwischen Hoffart und Demut liegt, ein Urteil zu fällen. Denn wir sind von seiner Schönheit und Überzeugungskraft geblendet. Uns will es scheinen, als hätte der Glaube nie reiner geglüht als in den Fenstern der Gotik. Als hätte man die Gottheit nie demütiger gepriesen als in den Oratorien der klassischen Komponisten. Doch sollten wir uns von dieser vielleicht teuflischen Schlinge nicht unbedingt fesseln lassen. Wir wissen ja, daß es das Wesen der Kunst ist, sich auf sich selbst zu besinnen, auf die Gesetze des menschlichen Willens und auf die schöpferische Kraft, die ihm eignet. Die Kunst ist die reine Hoffart, und die fromme Kunst ist Hoffart im Dienste der Demut. Dasselbe gilt selbstredend von der Philosophie als Magd der Theologie und vom Yoga. Das alles sind hoffärtige Methoden, demütig zu werden. Und je mehr sie der Demut Lippendienst leisten, desto verdächtiger sind sie. Die unerhörten und komplizierten Gebäude der gotischen Kathedralen, der scholastischen Systeme und der Wedanta sind krampfhafte, wenn auch monumentale Versuche, erlöst zu werden. Wenn also der durch Disziplin seiner selbst bewußt gewordene Mensch sich mittels derselben Disziplin der Gotteserkenntnis nähert, dann gerät unser Gefühl für Hoffart und Demut ins Schwanken. Das ist ein seltsamer Glaube, der da entsteht in den verschrobenen Ungeheuern an den Giebeln der Kirchen, in den verzwickten Gottesbeweisen der frommen Doktoren, in den hochdurchdachten und durchkomponierten Präludien und Fugen, in den systematisch und konsequent erklommenen Erleuchtungen des Sadhu. Das ist eine sehr zivilisierte Art des Glaubens, und, offen gesagt, sind wir der Meinung, daß sie dem Teufel recht ist. Unter den Hymnen komponierenden Künstlern und gläubig forschenden Physikern fühlt er sich, unserer Meinung nach, heimisch. Das also ist nicht jener Glaube, vor dem sich der Teufel fürchtet, das ist nicht der Zustand, den wir »Zerknirschung« nannten. Die Erkenntnis der eigenen Nichtigkeit und der alleinigen Größe Gottes läßt die Seele, so fürchten wir, keine Loblieder singen. Sie macht sie verstummen. Dieses Schweigen, glauben wir, ist das Entsetzen des Teufels. Er muß es, koste es, was es wolle, verhüten, und sollte er selbst dabei vernichtet werden. Denn in dem heiligen Schweigen der Zerknirschung geht nicht nur der Teufel zugrunde, sondern mit ihm aller Wahn. Die Wirklichkeit wird ersichtlich, und die Gottheit ist siegreich. Das zeitlose Sein, das alle Sprache zersetzende und zerreißende Sein, es liegt in diesem heiligen Schweigen. So dürfen wir, die wir es nie erkannten, wenigstens aus den Botschaften der heiligen Menschen schließen.

Zum Glück für den Teufel gibt es ein anderes, ein unheiliges Schweigen, ein verbissenes Schweigen der Verzweiflung, das dem heiligen Schweigen ähnelt. Dieses Schweigen entsteht nicht, wenn man aufhört zu sprechen, sondern wenn man versucht, zwei entgegengesetzte Sätze gleichzeitig auszusprechen. Dieser Versuch, »ja« und »nein« zugleich zu sagen, sozusagen diaphan zu sprechen, er hört sich an wie Schweigen. Aber er ist in Wirklichkeit ein intensiveres Sprechen. Es ist ein derart intensives Sprechen, daß es sich selber auslöscht. Es sieht aus, als wäre in diesem Schweigen alles aufgelöst und erlöst, wie in dem heiligen Schweigen, aber das ist Trug und Schwindel, in Wirklichkeit ist die Auflösung das Resultat einer doppelten Spannung. Es ist sozusagen ein doppeltes Yoga.

Zu diesem unheiligen Schweigen greift nun der Teufel, um das Schweigen des Glaubens zu imitieren und dadurch zu verhüten. Er greift zu dem alles verschluckenden Ende. Von diesem unheiligen Schweigen, von der Trägheit und Trauer des Herzens, handelt das nächste Kapitel.

SIEBENTES KAPITEL:
DIE TRÄGHEIT UND TRAUER DES HERZENS

So sind wir denn wohl oder übel, holpernd und stolpernd, beim letzten Kapitel angelangt, beim Ziel dieses Buches und beim Ziel des Teufels. Wenn wir von dieser entsetzlichen, dieser allerletzten Sünde zu sprechen beginnen, dann stocken uns, wir wollen es gestehen, Atem und Herzschlag. Aus der Trauer und der Trägheit des Herzens gibt es keine Erlösung. Führt aus der schwarzen Verzweiflung der Hoffart, so wollten wir zeigen, ein steiler Steg zum Glauben, so weist kein Weg aus der kühlen, gelösten und gesitteten, freundlich lächelnden, sanft blinzelnden, alles und nichts wissenden Trägheit. Die sanfte Weisheit, daß alles eitel ist, die edle Trauer der Resignation, der lächelnde Verzicht auf die Wirklichkeit, das ist die letzte Weisheit. Der Kampf um die Seele, den dieses Buch zu schildern versuchte, hat sich erschöpft, die Waffen ruhen, es ist alles zu Ende. Wehmütig lächelnd können wir auf die Geschichte dieses Kampfes zurücksehen, es war ein einziger Irrtum. Nicht nur die beiden Kräfte, Gott und Teufel, Gut und Böse, waren Illusionen, auch das Objekt ihres Kampfes, die Seele, ist nichts, ist Wahn und Irrtum. Der Weg dieses Buches ist darum zu Ende und auch wieder am Anfang. Der Kreis hat sich geschlossen. Der Teufel hat die Welt erschaffen, und jetzt ist er daran, sie zu vernichten. Oder, um es anders und aufgeklärter zu sagen: Aus dem Nichts kam das Nichts und wurde vom Nichts vernichtet. Wir hätten ja von Beginn an nichts anderes erwarten sollen und dürfen. Schließlich ist der Teufel ein negatives Prinzip, und als wir ihn zum Schöpfer machten, da betraten wir schon den Weg ins Nirwana. Das Ende des Wegs des Teufels deutet also auf seinen Anfang. Wir wollen uns dieses Anfangs besinnen, bevor wir darangehen, die Trauer und Trägheit des Herzens zu schildern, wir wollen zu den naiven Quellen, bevor wir in den erleuchteten Ozean münden.

Was hat uns denn dazu geführt oder verleitet, ganz gegen die Gewohnheit Europas, dem Teufel die Schöpfung zuzuschreiben, ihn an den Anfang zu stellen? Wieso verfielen wir, gleich zu Beginn unseres

Buches, in Trägheit und Trauer des Herzens? Auf diese Frage gibt es eine psychologische und eine logische Antwort. Die logische Antwort, so hoffen wir, liegt in den einzelnen Kapiteln dieses Buches. Sie wollen beweisen oder zumindest beleuchten, daß alles, was wir die Schöpfung nennen, die Marke des Teuflischen trägt und von ihm abstammt. Wir haben, logisch gesprochen, nichts getan, als die einzelnen Kapitel im Vorwort vorwegzunehmen.

Die psychologische Antwort klingt anders. Wir wollten den Teufel beschwören, um ihn zu exorzieren. Wir wollten sein Blendwerk, die Schöpfung, durchblicken, um dahinter die Wirklichkeit, den Glauben, zu finden. Wir hofften, der Teufel sei der Vorhang, der das Antlitz der Wirklichkeit verdeckt, und wenn man den Teufel erforscht und versteht, dann verschwindet er und es erscheint das zeitlose Sein, die unsterbliche Seele und der Gott, aus dem sie entsprungen. Jetzt aber soll der letzte Rest des Vorhangs entfernt werden. Der Teufel ist tatsächlich daran zu verschwinden. Jetzt erst, und etwas zu spät, erfaßt uns ein Grauen, diesen letzten Rest des Teufels, nämlich das Bewußtsein des Ich, zu entfernen. Wir beginnen zu ahnen, was sich hinter dem Teufel verbirgt, nämlich nichts. Das Noumenon, das Ding an sich, dieses angeblich hinter dem Teufel sich verbergende Sein, die Gottheit, die den Teufel aus sich erschaffen haben soll, es ist, so fürchten wir, nicht dort. Der Teufel, dieses Vernichtungsprinzip, ist alles. Die Kräfte, die sich dem Teufel in den Weg zu stellen schienen und die wir als göttlich begrüßten, sie waren, so befürchten wir nun, nur Spiegelbilder des Teufels auf der Oberfläche des Meeres des Blendwerks, nur Illusion einer Illusion, Trugbilder zweiten Grades. Der ganze Kampf zwischen Teufel und Gott hat überhaupt nicht stattgefunden, der Teufel hat sich nur amüsiert, mit sich selbst zu spielen. Dieses Buch ist darum, wir sehen es jetzt klar, in doppeltem Sinne sinnlos. Es ist sinnlos wie die ganze Schöpfung, und innerhalb der Schöpfung ist es auch noch sinnlos, weil es die Illusion der Illusion wiederzugeben bemüht ist. Oder, um es anders zu sagen: Was immer die Menschen sprechen und schreiben, es handelt vom Teufel. Und was sie versuchen, über den Teufel zu sagen, es handelt vom Spiegelbild des Teufels.

Wir sollten also, angesichts solcher Erkenntnis, endlich zu schweigen lernen. Wir sollten erleichtert das Manuskript ins Feuer werfen und von jetzt ab in sanfter Ruhe das Blendwerk betrachten, in dem die anderen Menschen scheinbar verstrickt sind. Die Erkenntnis der Sinnlosigkeit sollte uns Freiheit und Frieden geben. Doch das Gegenteil tritt ein. Vollkommen wider allen Verstand macht uns diese Einsicht weder befriedigt noch schweigen. Es drängt uns vielmehr, von diesem unsagbaren Nichts zu erzählen, das da hinter dem Teufel lauert. Es drängt uns, Wort an Wort zu reihen und in Grammatik zu verwandeln, was sich nicht einmal denken läßt, nämlich die Trägheit und Trauer des Herzens. Mag dieser Drang nach dem Unmöglichen, dieser Durst, den zu stillen wir nicht können oder nicht dürfen, ein Fingerzeig sein für die Berechtigung dieses Versuches. Er mag aber, andererseits, ein letzter Beweis sein für seine Nichtigkeit und für seine Verblendung.

Die Worte »Trägheit und Trauer des Herzens« haben einen anderen Klang als die Namen der übrigen Sünden. Die katholische Kirche hat sich bei der Benennung dieser allerletzten Sünde poetisch hinreißen lassen. Selbst sie, die dem Teufel gegenüber eindeutig feindlich dasteht, kann sich bei der Benennung dieser höchsten Sünde, zu keinem gehässigen Wort entscheiden. Und wenn wir diesen Namen hören und versuchen, uns einzuleben in den seelischen Zustand, den er umschreiben will, dann müssen wir uns fragen: Ist Trauer und Trägheit des Herzens überhaupt noch eine Sünde? Wir haben bisher versucht, in der Sünde eine Methode des Teufels zu sehen, der menschlichen Seele habhaft zu werden. Fällt Trauer des Herzens in diese Kategorie? Kann man dabei überhaupt noch von einer Seele sprechen? Scheinbar stellt sich unbewußt selbst die Kirche diese Frage. Auch ihr ist scheinbar nicht sehr wohl in den extremen Gebieten, in denen die Trägheit des Herzens wohnt, und auf den eisigen Berggipfeln der Trauer des Herzens. Sie bekämpft mit Lust und mit Liebe einen vorstellbaren und faßbaren Teufel. Sie schleudert den Strahl ihres bannenden Lichtes gegen eine Hölle, wo sich der Teufel in Wollust windet, in Zorn vergeifert, in Völlerei verschluckt, in Neid und in Geiz vergiftet und in der Hoffart verrenkt und umstülpt. Aber vor der stillen, sanften und lächelnden, verzichtenden und weisen Hölle der Trägheit des Herzens, vor dem Teufel mit den halbgeschlossenen Augen und den friedlich gefalteten Händen, steht die Kirche ratlos. So eine Art Hölle und Teufel ist von ihrem Standpunkt propagandistisch nicht zu gebrauchen. Die Aufgabe der Kirche ist, die Seelen vor dem Teufel zu warnen. Sie tut ihr Bestes, wenn sie den sanften und lächelnden Teufel »träge und traurig« nennt statt »enthoben und erleuchtet«, aber das Beste ist lange nicht gut genug, es ist noch immer verlockend. Die Kirche tut darum wahrscheinlich recht, wenn sie die Hölle der übrigen Sünden in möglichst prächtigen Farben malt mit genügend flackernden Feuern und kochenden Töpfen, aber von der stillen Hölle der allerletzten Sünde so wenig wie möglich redet. Denn diese tiefste der Höllen ähnelt vertrackt dem Himmel. Aus demselben Grund ist es ganz in Ordnung, daß die Kirche den Himmel weit weniger gründlich beschreibt als die Hölle, daß sie die Fantasie der Gläubigen mehr mit dem Zähneklappern der Hölle beschäftigt als mit dem Psalmensingen der Engel. Denn der Himmel ähnelt allzusehr der alleruntersten Hölle. Man soll, so sagt sich wahrscheinlich die Kirche, gar nicht auf den Gedanken kommen, Himmel und Hölle vergleichen zu wollen. Man käme vielleicht in Versuchung. Und doch, *uns* steht kein anderer Weg mehr offen, wir müssen vergleichen. Wir müssen hinuntertauchen zum Reich der Mütter, wir müssen, was wir begannen, beenden. Wir müssen, getrieben oder gezogen, auf den Grund des Teufels kommen. So laßt uns untertauchen.

1. Der Hauch der Stimme

Noch einmal, und zum letztenmal, greifen wir zur Sprache. In ihr, so glauben wir immer noch, ist der Schlüssel zur Weisheit verborgen. In der Hoffart sahen wir, wie sich ihr Netz verdichtet und wie aus dieser Verdichtung die Phänomene entstehen, wie die Sprache die Welt gebiert zum höheren Ruhme des Menschen. Jetzt wollen wir versuchen, das Verfeinern und das Verdünnen der Sprache zu betrachten, das unendliche Ausdehnen und Allumfassen des Netzes, die Sprache der Universalien, die Sprache des flatus vocis.

Schon der alte Pythagoras ahnte auf dumpfe und mystische Weise, was die modernen Analytiker in trockene Worte zu kleiden bemüht sind: Die Mathematik ist mit der Musik und mit der Erkenntnis, das heißt mit Religion, geheimnisvoll unterirdisch verbunden. Diese Ahnung ist vielleicht noch weit älter als Pythagoras, sie reicht vielleicht über Orpheus hinweg bis zu den Uranfängen des Denkens. Musik, Erkenntnis und Mathematik sind die drei Aspekte der Sprache, so scheinen die alten Orphiker gesagt oder gemeint zu haben. Oder sie meinten vielleicht, Musik und Mathematik seien die beiden Seiten der Sprache und gemeinsam ergäben sie das Wort Logos, die Erkenntnis. Doch sind für uns diese dunklen Einsichten nicht mehr so recht zugänglich, wir können das Wort nicht mehr synkretisch als Musik und als Mathematik erfassen. Allzuweit haben sich für uns das musikalische Symbol, die Note, und das mathematische Symbol, die Zahl, vom lebenden Worte entfernt. Für uns ist oder war bis vor kurzem Musik das Gegenteil, nicht die Ergänzung der Mathematik. Für uns ist oder war die Musik das dichteste Wort, die absolute Dichtung und Verdichtung. Und die Mathematik ist oder war das abstrakteste Wort, die absolute Verallgemeinerung und Verflüchtigung der Bedeutung. In allerletzter Zeit scheinen Musik und Mathematik wieder zusammenzustreben, die Logizisten und Zwölftonkomponisten scheinen einander die Hände zu reichen. Doch wollen wir von diesen modernen Pythagoräern und europäischen Buddhisten vorläufig nicht sprechen. Sie sind nicht der Ausgangspunkt, sondern das Ziel dieses Paragrafen.

Die Mathematik ist also für uns Moderne normalerweise das Gegenteil der Musik, sie ist eine Auflockerung, Verfeinerung, Verdünnung, eine Objektivierung der Sprache. Das lebende Wort, zum Beispiel »dieser Baum«, ist ein Symbol für ein Phänomen, für ein Datum der Sinne. Die Mathematik geht daran, das Symbolische an diesem Wort herauszuschälen und das Phänomenale zu entfernen. Sie macht aus »dieser Baum« zuerst »ein Baum«, dann »eins«, dann »a« und so weiter bis zum reinen grammatikalischen und logischen Symbol. Am Ende dieses Weges ist das Phänomen vollständig verschwunden, das reine Symbol strahlt in heller Klarheit. Die Musik geht den umgekehrten Weg, bei ihr verwandelt sich das Symbol zu einem neuen Phänomen von höherer Wirklichkeit, wie wir zu schildern versuchten. Doch ist der Weg der Musik in Worten nicht so klar zu schildern wie der Weg der Mathematik. Darum ist das Resultat der Musik ein dichtes Gewebe von sinnlich gewordenen Symbolen, worüber man nicht reden kann, man kann es nur erleben. Das Resultat der Mathematik ist im Gegenteil ein unendlich weites Gewebe von unsinnlichen, beinahe möchten wir sagen, sinnlosen Symbolen, die man nicht erleben kann, man kann darüber nur reden. Und so fein und so nobel ist dieses Gewebe, daß man darüber nicht etwa reden kann in unserer ordinären alltäglichen Sprache, sondern nur in dem seltsamen Dialekt der logischen Analyse. Was man in dieser Sprache bespricht, das sind Formen und Verhältnisse und Klassen und Klassen von Klassen. Man spricht von Universalien, es ist die Sprache des Reiches der Mütter. Die Schlacken der Vergänglichkeit sind auf diesem Gebiete abgefallen, und auch die Krusten des Privaten und Individuellen. Alle unsere Aussagen sind objektiv, a priori und unvergänglich richtig. Es gibt auf diesem Gebiet keinen Raum für Zweifel oder Bedenken. Diese entstehen erst, wenn wir unsere Aussagen in gröbere Sprache zu übersetzen versuchen. Dann bemerken wir nämlich, daß sich die Phänomene nicht wieder richtig einschalten lassen in die Symbole, aus denen wir sie ursprünglich verbannten. Der Versuch, die Sprache der Mathematik in die sinnliche Sprache zurückzuübersetzen, erscheint als Verrat am mathematischen Geiste. Nirgends wie hier, auf dem Gebiet der reinen Symbole, ist der Satz *traduttore é tradittore* so wahr. Diese Diskrepanz zwischen der Mathematik und der Welt der Sinne hat folgende Erklärung:

Das Netz der mathematischen Sprache ist zeitlos und unendlich, aber es besteht aus lauter gähnenden Löchern. Diese entstanden dort, wo einst die Phänomene standen, und wenn wir versuchen, sie einzufangen, dann schlüpfen sie immer wieder durch die gähnenden Lücken. Zwar bemüht sich der mathematische Geist, diese Lükken zu stopfen. Er erfindet immer neue und listigere Zahlen, wie irreale, imaginäre und integrale Zahlen, um die Reihen dichter zu machen. Sie werden aber immer nur länger und breiter, nicht enger. Die Reihe der arithmetischen Zahlen besteht aus Zwischenräumen, und die Reihe der geometrischen Zahlen besteht aus Übergängen.

Zwischen zwei arithmetischen Zahlen, und seien sie so benachbart wie 1,0 und 1,1, schlüpft die ganze sinnliche Welt und geht dem Netz verloren. Und die geometrischen Zahlen, die Punkte, stehen so dicht beieinander, daß sie nicht Punkte sind, sondern Linien in statu nascendi, und diese wiederum Flächen, und diese wiederum Körper. Das Ganze ist sinnlich geworden, bevor es noch richtig begann, etwas einzufangen. Zum Einfangen der sinnlichen Welt ist also die Sprache der Mathematik nicht eigentlich zu benutzen. Die Wissenschaften sind sozusagen ein Mißbrauch der Mathematik. Sie sind ein zwar teilweise geglückter Versuch, die Mathematik in eine physikalische Sprache zu übersetzen, aber vom Standpunkt der reinen Erkenntnis sind sie ein Verrat am mathematischen Geist. Die echte Stellung zur Mathematik ist die Stellung Platos am Eingang zur Höhle. Die Sprache des Alltags ist von diesem platonischen Standpunkt die Sprache der in der Höhle angeketteten Wesen. Die wissenschaftliche Sprache ist die Sprache der aus der Sonne der mathematischen Klarheit zurückgekehrten Seher. Darum sind die Aussagen der Wissenschaftler so unklar, denn auch sie sehen nur Schatten und sind von der Helligkeit der mathematischen Sprache geblendet.

Es ist also nicht eigentlich die Aufgabe der Mathematik, die Sprache der Wissenschaft zu sein, sondern, ganz im Gegenteil, die Wissenschaft ist eine Vorstufe der Mathematik. Die Mathematik ist nicht eine Methode, sondern sie ist das Ziel des menschlichen Denkens. Das Auflösen der Phänomene in reine Symbole ist nicht ein Weg, die Phänomene zu beherrschen, sondern es ist Selbstzweck. Daß man dabei die Phänomene zum großen Teil oder vielleicht zur Gänze beherrscht, das ist ein Nebenprodukt und verschleiert nur das wahre Wesen der mathematischen Erkenntnis. Diese Erkenntnis besteht in der Hauptsache im Zerreißen des Persönlichen und Individuellen an allen Begriffen, im Entpersönlichen und Objektivieren aller Worte und Sätze und im Reduzieren all dieser Sätze auf Null, mit anderen Worten, in der aufgelösten Gleichung. Das Ziel alles menschlichen Denkens und Sprechens ist darum, in Mathematik übersetzt zu werden und sich dort auf Null zu reduzieren. Sollte sich irgendein Satz oder Gedanke weigern, so reduziert zu werden, dann ist dies ein Beweis für seine Falschheit. Solch ein nicht reduzierbarer Gedanke birgt einen grammatikalischen Fehler in sich. Die logische Analyse legt diesen Fehler bloß, er wird entfernt, und die Gleichung ist wieder möglich, man kann die Null wieder erreichen. Die mathematische Logik ist wie eine ätzende Säure, sie zersetzt alle Fehler und Irrtümer und bringt alle Gegensätze in Ausgleich. Dabei wird auch klar, welcher Art alle Fehler des Denkens sind, es sind formale Fehler. Der menschliche Geist irrt nicht aus Unwissen oder aus Sünde, denn es gibt nichts zu wissen oder zu wollen, er irrt sich, weil er nicht richtig spricht, er beherrscht nicht die Syntax. Die Mathematik begleicht diese Fehler, sie ist vollendetes Sprechen. Und da sie sich auf Null reduziert, ist sie zugleich vollendetes Schweigen. Im Augenblick, da der Geist die Sprache beherrscht, hat er sie auch verworfen. Sie ist die Leiter, die er besteigt, um sie nachher umzuwerfen. Aber damit ist die mathematische Erkenntnis noch nicht zur Gänze beschrieben. In ihr verflüchtigt sich nicht nur die Sprache, sondern auch das Besprochene und der Sprecher. Sie ist nicht nur selbst auf Null reduziert, sondern sie ist auch bar aller Bedeutung und alles Individuellen. Sie ist das bedeutungslose, objektive, alles umfassende Schweigen. Sie ist, mit einem Wort, ein logisches Nirwana.

Das also ist der mystische »Logos«, der sich aus dem Orphismus in das Christentum und in alle späteren metaphysischen Spekulationen gießt, wenn man ihn vom Standpunkt der logischen Analyse betrachtet. Es ist aber selbstredend nicht der ganze Logos, es ist nicht die ganze Sprache. Es fehlt sein musikalischer Aspekt, es fehlt das Prinzip der Ästhetik. Darum ist die reine Logik nicht ein kompletter Buddhismus. Sie ist nicht radikal genug, sie vernichtet nur den denkenden Geist, aber nicht auch die Sinne. Sie vernichtet das Ich im Sinne der Logik, aber nicht im psychologischen Sinne des Wortes. Doch gibt es, wie wir schon sagten, neuerdings Ansätze zu einem volleren Begreifen der Sprache, zu einem Abrunden des Wortes »Logos«, zu einem Musikalisieren der Logik. Erst damit wird die Sprache – und damit der Mensch – zu einem flatus vocis, zu einem Hauch der Stimme.

Die Wiedervereinigung der Mathematik mit der Musik, von der wir eingangs sprachen, ist kein vollzogenes Phänomen, aber tastende Vorstöße werden heute von beiden Disziplinen unternommen. Nicht, daß sich etwa diese Tendenz überraschend geäußert hätte. Die Mathematik war immer schon von der Musik trächtig, die mathematische Einsicht ist ja der musikalischen Eingebung verwandt, und das Komponieren von Musiknoten ähnelt dem Jonglieren mit Zahlen. Aber heutzutage beginnen sich Mathematiker und Musiker ihrer Verwandtschaft bewußt zu werden, sie beginnen zu philosophieren. Das Bewußtsein der erkenntnistheoretischen Wichtigkeit der Mathematik zieht sich mindestens schon seit Leibniz durch die Philosophiegeschichte, die daraus folgende erkenntnistheoretische Nichtigkeit ist aber ein junges Erlebnis. Das reine logische Komponieren ist mindestens seit Bach musikalische Wirklichkeit geworden, die exakte mathematische Methode ist aber jüngsten Datums. Um dasselbe in anderen Worten zu sagen: Die Mathematik wird sich bewußt, daß ihr Ziel, die kontrapunktische Auflösung der Gegensätze in der Gleichung, ein ästhetisches Ziel ist, daß das »Stimmen« in der Gleichung nicht die Wahrheit, sondern die Harmonie zum Ideal hat. Und die Musik wird sich bewußt, daß die Harmonie, die ihr vorschwebt, eine logische Harmonie ist und daß die Schönheit der Komposition in der Notation liegt, welche die Exekution der Instrumente nur verbrämt und manchmal verschleiert.

Noch sind selbstredend beide Disziplinen weit voneinander entfernt. Unsere geistige Einstellung ist diametral entgegengesetzt der mathematischen Einsicht, wenn wir uns der Musik übergeben. Wir erwarten und empfangen eine völlig andere Eingebung im musikalischen Erlebnis. Aber wir beginnen zu ahnen, was die Griechen meinten, wenn sie Musik und Mathematik als eine Einheit empfanden. Wir selbst beginnen, in beiden die »mystische« Auflösung der Gegensätze zu spüren, es sind, wir beginnen es zu merken, Disziplinen der Erlösung. »Gott ist ein Mathematiker«, sprach schon der alte Newton, und ein Romantiker sagte: »Entfernter noch, um mehr gesucht zu sein, verbarg Er in die Töne sich hinein.« Wir beginnen diese mystische Einsicht synkretistisch zu sehen, die Noten und die Zahlen beginnen vor uns zu verschwimmen. Nur sind wir nicht mehr so fromm und naiv wie Newton und nicht einmal so wie die Romantik. Wir sind nicht mehr so überzeugt, *wer* sich verbirgt in den Tönen und Zahlen. Denn die Erlösung, die uns die Mathematik und die Musik verleiht, ist keine christliche Erlösung, sie ist unberührt vom Glauben. Wir wissen, daß diese Erlösung heidnisch ist, wir stehen in dieser Sache den Griechen bei weitem näher. Wir erkennen die Blockflöte des Pan in der mathematischen Gleichung und die orgiastische Flucht des Bacchus in den logischen Fugen. Der »Logos«, der da vor uns ersteht durch die Verbindung von Zahl und Ton, das ist nicht der christliche Heiland. Er hat nichts Jüdisches an sich, er kennt nicht Gut und Böse. Dieser panische und enthusiastische Logos kommt aus anderen Welten. Er erlöst uns nicht von der Sünde, er erlöst uns von uns selber. Er ist, mit anderen Worten, ein Dämon. Durch die Musik und Mathematik, wenn sie sich verbinden, erkennen wir uns selbst, und zwar so, daß wir erkennen, daß wir nicht sind. Wir erkennen uns als einen flüchtigen illusionären Knoten im Gewebe der unpersönlichen, sich auf Null reduzierenden harmonischen Fäden der Zahlen und Töne. Und die Erlösung ist eben das Auflösen dieses Knotens. Das »Ich«, so erkennen wir, ist eine Dissonanz, ein grammatikalischer Fehler, der dort entsteht, wo sich Mathematik und Musik verknüpfen anstatt zu verschmelzen. Er ist eine Folge der dialektischen Trennung von Logik und Ästhetik. Die Illusion des Ich entsteht, weil das Wahre zum Schönen strebt und das Schöne nach Wahrheit durstet. Das Ich ist eine Folge dieses verfehlten Durstes. Darum wähnt es, es könne erkennen oder es könne schaffen. Wenn aber Schönheit und Wahrheit verschmelzen, dann legt sich dieser Irrtum, das Ich reduziert sich auf Null, und alles ist beruhigt. Im Prozeß der Verschmelzung erfährt das illusionäre Ich die höchste, wenn auch illusionäre Erkenntnis, eben die Mathematik, und die höchste schöpferische Eingebung, eben das musikalische Schaffen. Musik und Mathematik sind also vom Standpunkt der Erlösung des Ich die allerhöchste Leistung, und vom Standpunkt der Erlösung sind sie die letzte Stufe. Auf dem Weg zur Auflösung meistert das Ich, wie von ungefähr und vollständig absichtslos, durch Mathematik und Musik die Welt der Phänomene. Es ist sich aber dabei bewußt, daß dieses Meistern, so wie es selbst und so wie die Phänomene, vollkommen illusionär ist. Erst in Verbindung mit der Musik verliert die Mathematik den Charakter des Selbstzwecks und wird zur Methode der Erlösung des Ich, zum Werkzeug der Auflösung, der allgemeinen Vernichtung.

Das alles, was wir hier sagten, ist nicht etwa tatsächlich schon erlebt und verstanden. Wir glauben nur, es im Keim in den modernen Tendenzen entdecken zu können. Diese teuflischen Höhen haben heute weder die Musik noch die Mathematik erklommen. Dazu sind sie beide noch nicht genügend mystisch und bewahren noch zu viele positivistische Schlacken. Wir kommen aber zu unserem Resultat, wenn wir die Ohren den jetzt schon raunenden Stimmen öffnen, wenn wir uns an die alten Griechen erinnern und wenn wir über die Achsel hinweg nach Asien schielen. Denn was wir hier schilderten, was ist es anderes als eine vertrackte Verbindung von logischer Analyse, orphischen Mysterien und Buddhismus? Es ist, mit anderen Worten, die Trägheit und Trauer des Herzens. Es ist, so glauben wir, der letzte und tiefste Grund der Sprache.

Das zugleich verdichtete und aufgelockerte Netz der Sprache, die logische Analyse und die musikalische Schöpfung in einem, das ist das westliche Äquivalent zum Nirwana. Und seine Vorstufe sind mathematische Erkenntnis und musikalische Harmonie, das europäische Satschitananda. Die Violine spielenden Mathematiker und die kalkulierenden Komponisten sind unsere Bodhisatwas. Die Frömmigkeit, die aus dieser Erkenntnis entsteht, ist die Frömmigkeit des Buddha. Und das Schweigen, das dieser Frömmigkeit, Gott verhüte es, folgen wird, ist das Schweigen des Buddha. In diesem höchsten und tiefsten Sinn beginnt Europa, seine Sprache zu beherrschen und darum vielleicht zu schweigen. Die Mathematik und die Musik sind die höchsten Produkte Europas, es sind seine süßesten Früchte. Wenn sie sich verbinden, ist es vielleicht das Ende Europas. Denn, so sagt ein Wort aus einer anderen Welt: An ihren Früchten sollt ihr sie erkennen. Aller anderen Sünden uneingedenk wollen wir behaupten: Der tiefste Grund für unser Elend, für unseren Verlust der Wirklichkeit sind unsere Trägheit und Trauer des Herzens.

Und mit diesem Wort, das wir zitternd aussprechen, verlassen wir die Sprache. Sie hat uns nichts mehr zu sagen. Sie hat sich als das erwiesen, was sie ist: das höchste und edelste Instrument des Teufels. Trotz dieser Erkenntnis können wir nicht umhin, sie weiter zu lieben. Wir lieben sie weiter in allen ihren Formen: als Vergeistigung, als Protest gegen unsere Körperlichkeit, als Erbe unserer Väter, als

Schatzhaus unserer Weisheit, als Kunstwerk, an dem wir feilen, vor allem aber als Musik und als Mathematik. Wir wissen zutiefst, wir sollten sie nicht lieben, wir sollten sie zerreißen. Sie, und nur sie, entfernt uns von der Wirklichkeit, nur durch ihre Schuld verfallen wir in Gerede. Wäre uns die Gnade zuteil, uns wie Moses die Zunge zu verbrennen, wir könnten vielleicht schweigen. So aber sind wir, wie ganz Europa, zum ewigen Sprechen verurteilt oder zum schuldbeladenen Schweigen der Reduktion auf Zero. Und dieses Schweigen, wir wissen es nun, ist das intensivste Sprechen. In diesem intensiven Schweigen ist aller Lärm und alles Geschrei der Hölle verborgen. Die Wahrheit, wir begreifen es nun, ist der geometrische Ort aller erdenklichen Lügen. Zu diesem Netz der Lügen oder zu ihrem Sammelpunkt, dem erleuchteten Schweigen, sind wir auf ewig verurteilt. Gott gnade unseren Seelen.

2. Der Elfenbeinturm

Wir wollen nun die Situation dort wieder zu erfassen versuchen, wo wir sie nach durchrungener Hoffart verließen. Im Ringkampf des Willens mit sich selbst wurden nicht nur Gott und der Teufel umgestülpt und dann erwürgt und erdrosselt, nicht nur die Welt der Sinne und die Welt des inneren Sinns wurden zerfleischt, zerrissen und vernichtet, nein, auch das Ich, das doch diesen Massenmord bewerkstelligt hatte, ist unter den verkrümmten und verschlungenen Gliedmaßen nicht mehr zu erkennen. Der Mord an Gott und am Teufel und an der Illusion hat sich als Selbstmord erwiesen. Statt des goldenen Throns, von dem aus das Ich die Welt zu beherrschen dachte, entstand ein wunderlich geschnitzter und abenteuerlich verzierter und verkrusteter Elfenbeinturm, an dessen Spitze das Gespenst des erwürgten Ich sich schwankend und wobend anschickt, das schwankende und wobende Gespenst der erwürgten Welt zu betrachten. Das also ist das Ende der die Wirklichkeit suchenden Seele, ein metaphysischer *danse macabre*. Wollüstig ging die Seele aus, die Wirklichkeit zu genießen. Sie hat sie nicht gepackt und sich selbst verloren. Was wir daran sind zu schildern, das ist selbstredend die tiefste Hölle, das Ende der Seele und des Weges des Teufels. Es ist aber, wie alles am Teufel, doppelgesichtig und vielfältig zu deuten. Die tiefste Hölle ist nicht nur träge und traurig, sie ist abgeklärt und erfahren, sie ist mit einem Wort weise. Laßt uns darum den Staub dieser Welt von unseren Füßen schütteln und uns den Turm der Weisheit erklimmen.

Um die Schönheit und Ruhe dieses Schattenreichs genießen zu können, müssen wir nicht nur bis zu den edlen Pagoden des Ostens reisen oder die Federzeichnungen der Zenmönche entrollen, wir finden es viel näher in den Schriften unserer eigenen Weisen, in den erhabenen Gebäuden unserer Philosophiesysteme. Wenn wir nur aufhören, an die Worte unserer weisen Lehrer zu glauben (an die sie ja wahrscheinlich selbst nicht geglaubt haben), und wenn wir beginnen, ihre Werke und Schriften als Kunstwerke zu genießen, dann ersteht vor unserem geistigen Auge der Elfenbeinturm in ganzer Schönheit aus dem Nebel der Worte. Das ist der echte, der weise Geist, an die Philosophie heranzugehen, nicht wissensdurstig, sondern resignierten und meditierenden Geistes. Wenn wir die Philosophie mit Fragen bestürmen, wie es der Zorn tut und die Hoffart vorgibt zu tun, dann werden wir erdrückt und verschüttet von der Lawine der einander widersprechenden Antworten, oder wir erfrieren von dem eisigen Hauch ihres Schweigens. Wenn wir uns ihr jedoch nähern nicht als Schüler, sondern als Jünger, nicht kommen, um sie zu melken, sondern um uns ihr zu ergeben, dann beginnt sie uns, wenn auch änigmatisch, anzulächeln. Dem zornigen und dem hoffärtigen Geist ist die Philosophie ein Mittel zum Zwecke des Wissens, er entwürdigt die Philosophie zu einer Magd der Wissenschaft, zu einem bloßen Werkzeug. Darum verhüllt sich die Philosophie vor seinem Blick und verweigert ihre erlösenden Gaben. Dem trägen und traurigen Geist ist die Philosophie die einzige Möglichkeit, das Leben zu fristen, und ihm öffnet die heilige Mutter gnädig die Arme. Dem wissensdurstigen Geist, dem »Wirklichkeitsmenschen«, ist und bleibt die Bedeutung und Größe der Philosophen von gestern und heute eine ungelöste Frage. Das, was sie sagen, so scheint es ihm, ist entweder von anderen widerlegt, oder es ist sinnlos. Er versteht nicht, daß es sich nicht darum handelt, *was* unsere Weisen sagen, sondern *wie* sie es sagen. Daß das Wesen der Philosophie nicht in ihren Aussagen liegt, sondern in ihrer Stimmung. Wir haben versucht, etwas von dieser Stimmung zu erhaschen, als wir von der Verbindung von Musik und Mathematik sprachen. Sie ist zugleich erhaben und nüchtern. Sie ist, vom Zorne und von der Hoffart her gesehen, träge und traurig (und vielleicht ist sie das auch vom Standpunkt des Glaubens), aber von innen gesehen ist sie friedlich und heiter. Es ist allerdings ein seltsamer Friede und eine seltsame Heiterkeit dort oben an der Spitze des Elfenbeinturms. Der Friede ist das Resultat der Unwirklichkeit der philosophischen Fragen. Und die Heiterkeit kommt von der fundamentalen Überzeugung von der Sinnlosigkeit jeder Antwort. Es ist eine seltsame Bescheidenheit in dem Sich-Bescheiden der Philosophen, die stark an die Hoffart erinnert, und im heiter philosophischen Lächeln verbirgt sich, noch erkenntlich, das satanische Meckern der Hoffart. Die Philosophie ist eine Schwester des Yoga, und die Trauer des Herzens ist eine rebellische Folge der Hoffart.

Das Wesen der Philosophie ist also die philosophische Stimmung. Wenn wir das im Auge behalten, dann gewinnt der Wirrwarr der Behauptungen und Widerlegungen, aus denen die Philosophie scheinbar besteht, eine einheitliche Färbung, eine gemeinsame Unterlage. Wir können dann bei den Philosophen, wenn wir wollen, verschiedene Stufen der Ehrlichkeit unterscheiden. Sätze wie »Ich denke, also bin ich« oder »Ich bin, aber ich denke nicht«, oder »Ich denke, aber ich bin nicht« sind nicht sonderlich ernst zu nehmen, sie gehören zum Gesellschaftsspiel der Philosophie und sind nicht eigentlich ehrlich. Sie sind Varianten eines sogenannten ewigen philosophischen Problems, sie werden geäußert und widerlegt, um das Rad der Philosophie am Rollen zu halten. Die Frage »Was bin ich, und bin ich überhaupt?« gehört einer anderen Stufe der Ehrlichkeit an, sie ist ernster zu nehmen. Sie ist zwar unehrlich in dem Sinne, daß sie gefragt wird, ohne eine Antwort zu erwarten. Aber sie ist ehrlich in dem Sinne, daß sie einer echten Verzweiflung entsprießt, einem echten Zweifel. Wirklich echt und ehrlich aber ist die Überzeugung, daß Frage und Antwort aussichtslos sind, daß das Befragte unwirklich ist und das Fragen nur ein erhabener Ritus. Und mit diesem Wort haben wir den philosophischen Geist definiert, er ist das Ritual des gespenstischen Totentanzes der verstorbenen Seele. In diesem Tanz bewegt sich die Seele, als ob sie lebendig wäre. Sie scheint dieselben Fragen zu stellen wie eine wirkliche Seele und sich dieselben Sorgen zu machen wie eine wirkliche Seele. Das Mißverständnis des Zornes und der Hoffart beruht eben auf dem Umstand, daß sie nicht merken, daß die philosophierende Seele tot ist, ein tanzendes Seelengerippe. Sie ist nicht mehr von dieser Welt, sie tanzt an der Spitze des Elfenbeinturms. Ihre feierlichen Gebärden, ihre erhobenen Finger, ihr zweifelndes Kopfschütteln, ihr wissendes Lächeln und frommes Händefalten sind schattenhafte Possen. Echt ist nur, daß sie tot ist. Die Bewegungen sind aber sehr überzeugend, und es gehört die Witterung der Trägheit und Trauer des Herzens dazu, den süßen und betörenden Verwesungsgeruch in den philosophischen Werken zu spüren. Spürt man ihn aber, dann liegt der Reiz der Philosophie eben in diesem hochdekadenten Duft. Darin liegt die Größe eines philosophischen Denkers: Dem Uneingeweihten gaukelt er Wirklichkeit vor, den Jünger beglückt er mit dem Parfüm der überwundenen Wirklichkeit, des Todes der unsterblich geglaubten Seele. Die Philosophie ist ein einziger Spaß des trägen und trauernden Herzens, und darum ist sie heiter.

Der Elfenbeinturm, in dem die philosophische Seele spukt, besteht aus reich verzierten logischen Stufen und ist mit Silberglöckchen der Ethik behangen. Das heitere Gespenst schreitet bedächtig induktiv die Stufen hinan und läßt sich sanft deduktiv an ihnen herunter. Bei dieser reizvollen Übung läßt sie fromm die Glöckchen der moralischen Lehre erschallen, und entzückt lauscht und staunt die lehrbegierige Menge. Müde, mit halbgeschlossenen Augen betrachtet der Philosoph diese wallende Menge, und siehe da, sie verschwindet vor seinem schweifenden Blicke. Und wenn der Philosoph seinen eigenen Turm betrachtet, verschwindet auch er vor ihm im wohligen Nebel des Nichtseins. Er schwebt über den Wolkenschwaden wie der Weise in einem chinesischen Druck. Er greift in die Wolkenschwaden, und sie formen sich nach dem Wunsch seines traurigen Herzens. Und er selbst ist nur eine Wolke unter den Wolken und wird von den Wolken geformt, die er eben formte. Der

Windhauch der Wirklichkeit, der dieses Wolkengebälk auseinandertreiben könnte, er käme aus fremden Regionen, aus dem Gebiet des Glaubens. Doch dieses Gebiet ist für die tote Seele verschlossen. Sie würde den Windhauch nicht erkennen, selbst wenn er sich erhöbe. Er wäre für sie nichts als noch ein Strom im trägen Getriebe der Wolken. Längst sind ihre Wurzeln des Glaubens verdorrt und vertrocknet. Die Philosophie ist eine Blüte in kristallener Vase; die Wiese, aus der man sie entrissen, hat sie längst vergessen. Manchmal, ganz selten, rührt sich in ihr ein heliotropisches Sehnen nach der Sonne des Glaubens. Der rigor mortis scheint sich gespenstisch zu lösen. Doch was sich ereignet, das ist nur ein heiter-trauriges Surrogat, der philosophische Glaube. Dann opfert vielleicht der Philosoph in Kirche und Kapelle. Der lächelnde Jünger weiß jedoch, es ist ein Teil des Tanzes. Die Philosophie spielt dann, manchmal bezaubernd und täuschend echt, die Rolle des Glaubens auf der Bühne der Hölle. Das ist der Augenblick, da die Hölle dem Himmel am meisten ähnelt.

Daß der philosophische Geist die zur Trägheit und Trauer des Herzens inklinierende Seele bei der Hand nimmt und einführt in den heiteren Reigen, das ist nur eine Vorstufe, aber nicht das Ziel dieser Sünde. Und es ist auch nicht der Reigen, nach dem die lebensmüde und sterbende Seele verlangt, es ist, endlich zur Ruhe zu kommen. Ganz erschöpft ist die Seele vom Wirbel des Kampfes in ihr zwischen Gott und dem Teufel, und erschlafft ist sie von den Verrenkungen und der Akrobatik der Hoffart. So führt sie denn der philosophische Geist tänzelnden Schrittes kreuz und quer durch den Elfenbeinturm, aber immer höher hinan zur Spitze der Trauer und Trägheit des Herzens. Und die Seele läßt sich aufgelockert und willenlos führen. Unvoreingenommen und ohne jede Absicht, irgendwo anzukommen, folgt sie dem philosophischen Geist und läßt sich von ihm überraschen. Diese Absichtslosigkeit und ehrliche Unkenntnis des Ziels, das unterscheidet die Philosophie von allen anderen menschlichen Tätigkeiten, darum ist sie so erhaben und edel. Alles, was Menschen sonst machen, ist irgendwie noch mit der Wirklichkeit verbunden, es hat darum ein Ziel und ein Motiv, das Ziel zu erreichen. Die Philosophie ist von dieser Utilitarität befreit, sie beschmutzt nicht ihre Hände mit Arbeit, sie ist der Aristokrat unter den menschlichen Disziplinen. Darum erscheint, von der Philosophie aus gesehen, alles menschliche Tun verkrampft und vom Willen verzeichnet. Alles, außer der Philosophie, trägt das Stigma des Gewollten und darum des Verstellten. Alles, nicht nur das tägliche Leben, auch die Wissenschaft und Religion, die Kunst und die östliche Sucht nach Erkenntnis, ist hypokritisch, weil gewollt und dem Willen untergeordnet. Es gibt vor, Selbstzweck zu sein, und ist doch alles nur Werkzeug des Willens zum Dienste des Willens. Alles, außer der reinen Philosophie, ist verkleidete Hoffart. Die Philosophie allein ist bescheiden und ehrlich. Sie allein hat den Willen verwunden und das Ich gebrochen. Sie allein ist vollkommen ehrlich, obwohl sie sich bewußt ist, Theater zu spielen, während alles andere meint, ehrlich zu handeln. Eben darin liegt die Ehrlichkeit der Philosophie, daß sie nicht Ehrlichkeit heuchelt, sondern zugibt, scheinbar zu sein, während alles andere seine Scheinbarkeit leugnet. Und das ist vielleicht die letzte philosophische Weisheit: Sie erkennt, daß alles, auch sie, ein Schattenspiel des Willens ist, aber sie als die einzige erkennt auch die Schattenhaftigkeit des Willens.

Und mit dieser Erkenntnis findet das Ritual der Philosophie sein selbstverständliches Ende. Der gelockerte, edle Reigen, der Totentanz, das Vorspiel der Trägheit des Herzens, wird immer langsamer und sanfter und führt die Seele immer bedächtigeren und kaum noch merklichen Schrittes zur Spitze des Turmes, hin zum unbeweglichen Sitz der Trauer des Herzens. Und dort oben herrscht sie, die so lange gesuchte und endlich gefundene philosophische Ruhe. Von nun an kann die Seele von nichts mehr angefochten werden, sie ist allem Leid und aller Lust enthoben, sie hat sich die Wirklichkeit versagt, sie ist offenen Blicks und heiter erhobener Stirn in den Tod gegangen. Das also ist das Ziel des philosophischen Weges, der Selbstmord der Seele.

Nicht jeder, der die Philosophie betritt, darf hoffen, dieses Ziel zu erreichen. Er muß sein Herz zuvor von allen Schlacken säubern. Es muß rein sein in seiner Trauer und Trägheit. Letzte Reste von Hoffart, von Neid und von Geiz und von Zorn müssen entfernt werden und auch alle vielleicht noch vorhandenen Reste des Glaubens und seiner Begleiter, der Liebe und des Mitleids. Die Seele ist zwar scheinbar entleert durch den Kampf zwischen Gott und dem Teufel, sie hat sich scheinbar erschöpft und ausgeschöpft und ist reif für die philosophische Ruhe geworden. Aber sie ist ein verschlungenes Gebilde mit unerwarteten Ecken und Winkeln, in denen sich verschiedener Unrat und Brocken aus vergessenen Tagen versteckt haben mögen. Es ist eine der Aufgaben der Philosophie, diese Winkel zu durchstöbern und den Unrat zu entfernen. Die Philosophie ist, mit anderen Worten, die Strategie der niedergebrannten Erde. Was der Teufel oder Gott zu vernichten vergaßen, das räumt der philosophische Geist aus dem Weg. Es überrascht uns aber doch, in diesem fortgeschrittenen und beinahe schon erlösten Stadium der Seele noch Reste des Glaubens, der Liebe und des Mitleids zu finden. Wir hatten vollständig vergessen, daß sie sich je dort befanden. Sie müssen sich dort seit der Urzeit, seit der Zeit der Wollust versteckt und verborgen haben. Und erst die Trauer und Trägheit des Herzens brachten sie zum Vorschein.

Wir können, wenn wir die Liebe und das Mitleid finden, ein wehmütiges Lächeln nicht unterdrücken. Haben diese armseligen Blümchen all den Sturm überdauert, der da über unsere Seele gegangen ist? Haben sie die Gluten der Wollust, die Feuerwerke des Zornes, den Heißhunger der Völlerei ebenso überlebt wie die eisigen Zapfen des Neides und des Geizes und die frostige Hoffart, und soll sie erst jetzt die kühle Trauer des Herzens entwurzeln? Die klimatischen Extreme der übrigen Sünden sind für diese Gänseblümchen des Glaubens weniger gefährlich als das gemäßigte Klima der Trägheit. Und unsere Trägheit und Traurigkeit bekommen einen Stich ins Sentimentale, wenn wir darangehen, dieses resistente Unkraut aus unserer Seele zu reißen. Wir wissen selbstredend: Liebe und Mitleid sind Unkraut, sie müssen gerodet werden, will man die Ruhe erreichen; wir können aber nicht umhin, ihre Widerstandskraft zu bewundern. Es ist wohl wahr, daß beide, besonders die Liebe, auch vom Teufel wiederholt im Laufe des Kampfes gedüngt und gezogen wurden und daß der Boden, auf dem sie wuchsen, von Wollust und Neid und Geiz vorbereitet und geäckert wurden, aber im Grunde sind sie Gewächse des Glaubens. Ihre Samen flogen in die Seele von außerhalb der Schöpfung. Liebe und Mitleid sind eine exotische Flora, sie passen nicht in unsere Seele. Es ist ein peinlicher Fehler, daß wir sie nicht schon im Stadium der Wollust verwarfen. Wir müssen das nun nachholen und wollen sie schnell entfernen.

Es hat der ganzen Seele einen leichten Schock gegeben, als wir an den feinen, aber tiefen Wurzeln der Liebe und des Mitleids rissen, jetzt aber sind sie entfernt. Wir haben mit dieser Operation allzuviel Zeit verloren, wir wollen von solchen verächtlichen Kleinigkeiten nicht mehr so viel Wesen machen und uns sofort versenken in die enthobene Schau der philosophischen Ruhe. Jetzt, nachdem wir die Seele gereinigt haben, ist sie erobert. Und endlich dürfen wir schweigen. Die Fittiche der Stille senken sich über unsere müden Herzen und bedecken und lindern die Wunden, die die Klauen und Krallen des Guten und Bösen darin gerissen haben. Im Schutz dieser dunklen Gefieder lösen sich alle Krämpfe, die Gegensätze legen sich, die Spannungen werden locker. Die Gedanken beginnen, immer langsamer und sanfter zu kreisen, die Gefühle versickern, der Wille hört auf, sich zu regen. So fallen von uns das Ich und die Welt sacht wie Blütenblätter im Wind, und wir tauchen ins Vergessen.

Das ist, durch die Brille des Westens gesehen, die allertiefste Hölle. Das ist der Sieg des Gegenspielers Gottes. Gott hat den Teufel erschaffen, damit dieser eine Welt erschaffe, die erlöst werden kann zu zeitloser Wirklichkeit und somit Gott bereichert. Doch hat sich die teuflische Welt nicht in Wirklichkeit aufgelöst, sondern in Nichts, in das Nirwana der philosophischen Ruhe. Das ist es, was die europäischen Religionen und die europäischen Wissenschaften und Künste am meisten fürchten. Alles europäische Denken, mit Ausnahme der reinen Philosophie, versucht, diese tiefste der Höllen zu verhüten oder zu leugnen. Oder zumindest, uns zu verschweigen.

Ganz anders die Asiaten. Sie erkennen die Tatsachen so wie wir, aber sie nennen sie anders. Diese verschiedene Nomenklatur ist die Quelle unendlicher Mißverständnisse, denn sie verschleiert die Tatsache, daß die Asiaten im Grunde die Welt genauso sehen wie wir, aber umgekehrt wählen. Da wir ihre Worte falsch übersetzen, glauben wir irrtümlich, sie wählen ähnlich wie wir, aber sie sehen anders. Wir suchen darum in Asien irrtümlicherweise neue Erkenntnisse, wo keine sind, sondern nur umgekehrte Methoden. Wenn wir aber verstehen, daß unser Himmel in Asien Hölle heißt und unsere Hölle Nirwana und unser Gott Teufel und unser Teufel Erlöser und wenn wir vor allem erkennen, daß Asien ganz bewußt auf der Flucht vor dem Leben ist wie wir auf der Flucht vor dem Tode, dann ist uns ein Tor zum Verständnis Asiens offen. Und dieses Verständnis ist wichtig, wenn wir Himmel mit Hölle vergleichen wollen. Asien flieht vor unserem Gott und sucht unseren Teufel. Daher können wir von den Buddhisten vielleicht die letzte noch fehlende Aufklärung über den Teufel erfahren. Wir wollen daher versuchen, dem Schweigen des Buddha zu lauschen.

3. Der eherne Gong

Wir haben im Kampf zwischen Gott und dem Teufel vieles als selbstverständlich angenommen, was dem erkennenden Blick des Ostens nicht standhält. Uns war selbstverständlich, daß die Wirklichkeit ein Gut ist und daß die Gottheit die Wirklichkeit ist und unsere unsterbliche Seele Erlösung in ihr findet. Und der Teufel war uns ebenso selbstverständlich unwirklich und wirklichkeitsfeindlich und daher böse, und die Sünde war für uns das Entfernen der Seele von der Wirklichkeit und ihr Verfall in den Tod, in die Hölle. Und unsere Verzweiflung ist die Folge unserer drohenden Entdeckung, daß es keine Wirklichkeit gibt, daß daher Gott und die Seele nur eine Illusion der Illusion sind, daß es keine Erlösung gibt, sondern nur Auflösung im Nichts. Die Fähigkeit, die Wirklichkeit zu erkennen, nannten wir den Glauben, und im Verlust dieser Fähigkeit sahen wir den Sieg des Teufels und Gottes Niederlage. Ein Buddhist würde dieselbe Lage der Dinge vollkommen anders ausdrücken und umgekehrt reagieren. Er würde sagen, daß es selbstverständlich keine Wirklichkeit gibt und keine unsterbliche Seele, daß aber die Illusion der Wirklichkeit und der Seele ein Werk des Teufels sind, daß also in diesem verdrehten Sinne Wirklichkeit und Seele identisch mit dem Teufel sind, also mit anderen Worten ein Übel. Daß die Quelle all unseren Leidens unser Durst nach der Wirklichkeit ist (wir würden sagen, der Glaube). Daß wir uns von diesem Durst und damit vom Leiden befreien, wenn wir erkennen, daß Wirklichkeit und Ich Illusionen sind (wir würden sagen, wenn wir Gott leugnen). Daß die Methode zu dieser Befreiung das Brechen der Fesseln des Karma ist (wir würden sagen, die Sünde). Und daß das Resultat dieser Befreiung das Heil und die Erlösung im Nirwana sind (wir würden sagen, Vernichtung und Hölle).

Wir sehen also, der Buddhist *meint* dasselbe wie wir, er *will* nur das Umgekehrte. Er will, um es in unseren Worten zu sagen, den Glauben verlieren, Gott leugnen und mittels der Sünde (vor allem der Trägheit des Herzens) in die tiefste Hölle gelangen. Und ihm erscheint dieser Weg mindestens ebenso schwierig wie uns der Weg in den Himmel. Das ist eine seltsame Tatsache, wir wollen sie illustrieren: Für uns ist der Verlust der Seele die letzte Gefahr, für ihn ist sie das höchste Ziel. Wir fürchten, der Verlust der Seele könne jeden Moment erfolgen, jeden Moment könne der Teufel der Gottheit die Seele entreißen. Er fürchtet, die Wiedergeburt der Seele könne jeden Moment erfolgen, der Tod der Seele könne sich immer wieder nur als Illusion der Illusion entpuppen, der »Teufel« könne die Seele immer wieder beleben. Wir stehen immer wieder am Rande des gähnenden Nichts, vor ihm entflieht das Nichts wie eine Fata Morgana. Uns stellt der Teufel Schlingen, um uns ins Nichts zu stürzen, ihm stellt er die umgekehrten Schlingen, ihn vom Nichts fernzuhalten. In unserer Seele benützt der Teufel die Wollust und die Vernunft und den Willen und die künstlerische Schöpferkraft, um den Glauben zu vernichten. In seiner Seele benützt er das alles, um den Durst nach der Wirklichkeit (das heißt den Glauben) zu stützen und aufrechtzuerhalten. Der Teufel spielt, von uns aus gesehen, in der Seele des Buddhisten die Rolle unserer Gottheit. Der europäische Teufel ist, von China und von Japan her gesehen, unsere Erlösung. Teufel und Gott haben die Rollen getauscht in diesen beiden Seelen, aber der Kampf ist ebenso wild und unentschieden geblieben. Unsere Frömmigkeit gebietet uns, an den Endsieg unseres Gottes zu glauben, die Frömmigkeit des Buddhisten gebietet ihm, an den Endsieg unseres Teufels zu glauben. Er ist von der Gewalt unseres Gottes ebenso verzweifelt wie wir von der Gewalt unseres Teufels. Er ist ebenso unfähig, die Stimme des Glaubens zu erdrosseln wie wir, sie aufrechtzuerhalten. Das glaubenlose Schweigen ist für ihn ebenso schwer zu erringen wie für uns das Schweigen des Glaubens. Er fürchtet, daß das Schweigen des Buddha unmerklich hinübergleite in das Schweigen des Thomas, so wie wir fürchten, der Thomas habe am Ende ähnlich geschwiegen wie Buddha. Denn das ist das Entsetzliche, Teufel und Gott vertauschen die Rollen und sehen einander dabei zum Verwechseln ähnlich. Wer soll sich da noch zurechtfinden in diesem verwirrenden Kampf? Was die Kirche verhüten wollte, dieses Vergleichen von Himmel und Hölle, ihm sind wir nun verfallen. Wenn wir uns aber in den Buddhismus versetzen, dann wechseln wir nicht nur die Fronten, sondern die Fronten verschwimmen. Der Kampf zwischen Gott und Teufel rast unvermindert weiter, aber es ist nicht mehr zu erkennen, wer wo steht und für wen er kämpft und was das Ziel des Kampfes ist. Es ist Zeit, den ehernen Gong zu schlagen und einen Moment Atem zu holen vor der letzten Runde.

Das also war der Weg unserer Seele und unseres Buches, wir schritten, ohne davon zu wissen, den vielfältigen Pfad des Buddha. Was den östlichen Weisen in lebenslangen Meditationen nicht gelingen will oder kann, das ist uns wider Willen und auf gänzlich unorthodoxe Weise gelungen? Das wäre ein Riesenspaß, man müßte ihn mit ehernem Gong vor der letzten Runde im ganzen Osten verkünden. Das wäre die frohe Botschaft: Seid wollüstig und zornig und heidnisch und geizig, ergebt euch der Völlerei und der Hoffart, ihr werdet die Trägheit des Herzens erzielen und Nirwana erobern. Lernt vom frommen Westen, er hat schon beinahe erreicht, was ihr wollt, er ist beinahe des Teufels geworden.

Wenn wir unseren Gedankengang auf diese Weise ad absurdum führen, dann merken wir: Etwas ist wieder einmal aus der Ordnung gekommen. Und durch diese Unordnung, durch dieses Chaos, erstrahlt mit einem Male in unserer totgeglaubten Seele eine erneute Hoffnung. Es scheint ja nicht so einfach zu sein, dem Teufel zu verfallen. Da sitzen die heiligen Männer des Ostens und lösen sich auf und lösen die anderen auf und versprechen die Erlösung des Teufels, und siehe da, Gott gibt sich nicht geschlagen. Absurderweise erneuert die bloße Betrachtung dieser Teufelsreligion in uns den Glauben an den Herrn. Und die jahrtausendealten Versuche des

Ostens, die Seele zu töten, erneuern in uns die Gewißheit der Unsterblichkeit unserer Seele. Es mag zwar, o Ironie der Ironie, der Osten einen ähnlichen Trost im Betrachten unserer Kirchen und Religionen finden. Er mag in unseren Predigern und Priestern neue Hoffnung auf die Sterblichkeit und Gebrechlichkeit seiner Seele schöpfen. In diesem doppelt ironischen Sinne mögen Osten und Westen einander befruchten. Aber eine Unordnung ist Gott sei Dank in unserer Seele doch entstanden, sie ist aus den Fugen geraten. Und in der Unordnung, das ahnen wir tief, verbirgt sich der Glaube. Die Ordnung ist eine teuflische Sache, in ihr gibt es keine Hoffnung. Die Betrachtung des Buddhismus hat eine neue Unordnung in unsere Seele gebracht, wir beginnen, Atem zu holen. Mit neuem Mut lassen wir den Gong wieder erschallen, die letzte Runde beginne.

Was da zum letzten Kampf in den Ring getreten ist, auf Geheiß des trägen und traurigen Gongs, wer mag es noch Gott und Teufel nennen? Und wer wagt es, was da geschieht, noch als Ringkampf zu bezeichnen? Die beiden Zwillingsbrüder, die sanft die Arme umeinander winden, man weiß nicht, ob um sich gegenseitig zu erdrosseln oder zu küssen, und die vor unserem nicht begreifen könnenden Blick beinahe in eins verfließen, sie schweigen beide, von ihnen können und werden wir nie etwas erfahren. Und das Strahlen, das von ihrem sanften Drosselkuß ausgeht, es ist das Strahlen der in den Himmel mündenden Hölle. Diese Runde des Kampfes wird nie ausgetragen und nie beendet werden. Mitten in ihm ist nämlich die Zeit steckengeblieben, das Filmband ist gerissen. Der Kampf um die Seele ist weder zu Ende gekämpft, noch ist er unbeendet. Weder Gott noch der Teufel haben gesiegt, noch haben sie verloren. Weder ist die Seele verschwunden, noch hat sie sich erhalten. Und wir wissen nicht einmal, wer Gott und wer der Teufel ist und wem wir wünschen, er möchte siegen, wäre so etwas möglich. In diesem Kampf um die Seele ist weder Sieg noch Niederlage noch Unentschiedenheit möglich, eben nur dieses verschwimmende Erstarren. Und nicht einmal das ist möglich, denn es ist unbegreiflich. Alle Worte versagen vor dieser letzten Trauer und Trägheit des Herzens, der Rest ist Schweigen.

NACHWORT

Ausgegangen sind wir, um Teufel und Gott zu trennen, und heimgekehrt sind wir, und sie sind nicht zu entwirren. Ausgegangen sind wir mit der schwach verschleierten Absicht, den Teufel zu vernichten, und heimgekehrt sind wir mit beinahe vernichteter Seele. Begonnen haben wir unsere Reise in den majestätischen Schluchten der Sterne und Äonen, und beendet haben wir sie in den zitternden Winkeln und flüchtigen Falten unserer Seele. Wir sind, gelinde gesagt, etwas bescheiden geworden. Das ist das einzige greifbare Resultat der so weit angelegten und so kläglich beendeten Reise. Aber vielleicht ist so ein Resultat nicht ganz von der Hand zu weisen. Vielleicht tut es unseren Seelen heute not, weite Reisen zu wagen, um kläglich heimzukehren. Vielleicht sollten die Menschen sich beschränken und bescheiden. Vielleicht folgt auf ein Zeitalter der Entdeckungen und Erfindungen eine Epoche des Vergessens und des Verlierens. Das müßte nicht unbedingt eine schlechtere Zeit sein. Der griechische Himmel (oder die Hölle?) war ein Platz des Vergessens, und wir sind, nach diesem Buch, nicht mehr fähig, Himmel und Hölle zu trennen.

Im Laufe des ganzen Buches haben wir versucht, eine Stellungnahme zum Teufel zu vermeiden. Das ist uns selbstverständlich nicht überall gelungen. Immer wieder haben wir uns hinreißen lassen, gegen ihn zu sprechen und zu agitieren, obwohl wir immer schon ahnten, daß ein Angriff auf den Teufel der Gotteslästerung ähnelt. So stark ist in uns die Kraft der antiteuflischen Erziehung. Aber sie ist nicht stark genug, den Glauben an die Gottheit zu stützen. Wir haben den Glauben in diesem Buch nicht erobert. Das wäre ja auch eine völlig verschrobene, eine verlogene und hoffärtige Methode, zum Glauben zu kommen. Aber was wir an Glauben hatten, den letzten Kontakt mit der Wirklichkeit, das haben wir im Laufe dieses Buches ebenfalls nicht verloren. Man kann an der Getrenntheit des Teufels von der Gottheit zweifeln und dabei seinen Glauben an Gott nicht vollkommen verlieren. Das hoffen wir, in unserem Buch illustriert zu haben. Es ist möglich, alles Böse und Negative in der Welt der Gottheit zuzuschreiben und trotzdem die Hoffnung nicht zu verlieren. Es ist möglich, in der Sünde eine Absicht Gottes zu sehen und sie doch zu hassen. Das ist eine sehr verwirrende Möglichkeit, und sie gehört, Gott sei Dank, nicht zu unserem Thema.

Wir haben es bei der Beschreibung des Teufels, so gut es ging, vermieden, ad personam zu argumentieren und private Sünden zu zeichnen. Dadurch verlor der Teufel in unserem Bilde selbstredend an Tiefe und an Schrecken. Wir haben versucht, in allen Sünden das Unpersönliche und das Prinzipielle zu finden, und damit haben sie viel von ihrer Anziehungskraft und ihrer Qual in der einzelnen Seele verloren. Damit ist uns aber hoffentlich gelungen, eine Ordnung in die Sünden zu bringen, und Ordnung ist doch so typisch teuflisch, daß wir glauben, recht getan zu haben. Der Weg des Teufels, das wollten wir zeigen, ist von der Ordnung begleitet, wenn er auch aus dem Chaos kommt und in das Chaos mündet. Über das Chaos selbst, darüber wollten wir schweigen. Wir hatten uns vorgenommen, vom Widersacher des Teufels so wenig wie nur überhaupt möglich zu sprechen. Wir bitten um Verzeihung, wenn wir es nicht so, wie wir wollten, vermieden haben. Der Stoff hat uns mitgerissen, vielleicht hat man an den entsprechenden Stellen für so eine Verfehlung aus Zerrissenheit Verständnis. Vielleicht ist aber andererseits eben dieser Satz eine Lästerung höchsten Grades. Eilig wollen wir dieser Frage entschlüpfen.

Wenn wir einen letzten Blick auf die Metamorphosen des Teufels zu werfen versuchen, wie wir sie da vor unserem Auge und dem Auge des Lesers vorbeimarschieren ließen, so finden wir, es ist eine von der Tradition geheiligte und doch überraschende Reihe: Don Juan geht Hand in Hand mit Faust und mit Prometheus, der aber einen ziemlichen Wanst hat. Hammurabi und Solon, die Gründer der Gesetze, führen den Orpheus ein und den Pan und werden gefolgt von Buddha. In allen diesen Gestalten, so hoffen wir, werden der paradiesische Ursprung und das paradiesische Ziel des Teufels ersichtlich, die weise, die wissende Schlange. Im Don Juan ist sie noch ganz ein Phallussymbol, im Buddha ist sie ganz verklärt zum umfassenden, weltvernichtenden, welterlösenden Drachen, aber es ist dieselbe Schlange vom Baum des Guten und Bösen. Es war reine Willkür, bei Don Juan zu beginnen, um bei Buddha zu enden. Wären wir frommer gewesen, wir wären den umgekehrten Weg gegangen und wären, nur Gott kann es wissen, vielleicht anderswo gelandet. Wir sind aber, einmal in der Barke des Teufels, diesem Bootsmann willig gefolgt und haben ihn nicht beeinflußt. Die Reise, die wir hinter uns haben, war vorher nicht geplant gewesen in einer philosophischen, religiösen oder »weltanschaulichen« Reisegesellschaft. Sie war daher für uns voller Überraschungen und ungeplanter Exkursionen, und wir hoffen, etwas davon dem Leser übermittelt zu haben. Die Inkoexistenzen dieses Buches quillen aus diesem Umstand.

Nun also wollen wir diesem Buch unseren Rücken wenden. Der Teufel, das ist unser frommes Gebet, mag sich nun andere Gründe suchen, darin zu jagen. Man hat uns geraten, den Teufel zu lieben. Kann es der Leser, nachdem er dieses gelesen?